불교 경전과 마음공부

• 일러두기

본문에 쓰인 …(말 줄임표)는 경전의 원문을 일부 생략하고 해석하였을 때
사용하였습니다.

불교 경전과
마음공부

법상 지음

서
문

불교를 공부하는 많은 이들은 경전의 원문을 직접 보기보다는 경전을 토대로 세워 놓은 교리나 사상, 교학(敎學) 등을 통해서만 불교를 접하기 쉽다. 마치 교과서는 안 보고 참고서만 가지고 공부를 하는 것과 비슷하다.

물론 경전 자체가 좀 어렵고, 옛날 문장으로 되어 있다 보니 가까이하기가 어려운 것도 사실이고, 또한 경전이 한두 가지가 아니라 너무나도 방대하고 많다보니 어떤 한 경전만 공부하려고 해도 그 양과 난해함에 놀라 겁을 먹게 된다.

그렇다고 경전의 원전(原典)을 소홀히 할 수는 없으니, 어찌하면 좋을까 하고 생각하다가 '그 많은 경전들 중에 꼭 필요한 경전과 가르침들을 뽑아, 거기에 간략히 해설을 붙여 준다면 좋지 않을까.' 하는 마음으로 시작하게 된 결과물이 바로 이 책이다. 그러한 취지로 절에서 신도 교육용으로 만들기 시작하다가 차츰 보완이 되어 결국 한 권의 책으로 펴낼 수 있게 되었다.

팔만대장경이라고 불릴 정도로 그 방대한 대소승의 불교 경전들 가운데 여기에 실은 내용들은 주로 몇 가지 이유로 뽑히게 된 것들이다. 가장 먼저 당연히 그 경전의 핵심적인 사상과 교리가 담긴 가르침들을 우선적으로 뽑았다. 그리고 신도님들 교재용으로 만들다보니 신도님들께 체계적으로 불교를 이해할 수 있도록 하기 위해 불교 공부에 있어 이런 점들은 꼭 알아야 한다고 생각되는 기본적인 입장들 또한 함께 실었다. 가장 큰 목적은 이 가르침을 통해 실제 마음공부와 수행에 도움을 주는 것이었다.

결과적으로 이 책은 불교를 체계적으로 이해할 수 있는 '경전으로 읽는 불교 입문서'이자, 불교의 깨달음과 수행은 무엇이며, 그것이 어떻게 내 삶 속에서 실천될 수 있는가에 대한 '수행 지침서'이기도 하다.

또한 현재 한국불교뿐 아니라 부처님 당시와 선의 초기 황금기를 제외하고는, 불교 역사 속의 가장 큰 문제점이었던 '왜 부처님 당시처럼 많은 이들이 깨닫지 못하는가?' 하는 점에 문제의식을 가지고 그 답을 찾아보고자 하는 마음으로 이 책의 방향을 잡아 보았다.

부처님 가르침의 핵심은 직접 와서 이렇게 드러나 있는 법을 스스로 맛보라고 한 것에 있다. 부처님 당시를 보면, 스님들뿐 아니라 재가자까지 수도 없이 많은 이들이 부처님의 법문을 듣고 그 자리에서 깨달아 대 해탈의 자유인이 되었다. 또한 선의 황금기 때에도 스님들뿐 아니라 재가 신도님들까지 수없이 많은 견성(見性) 도인들이 출현했다.

사실 이것이 불교의 핵심이고 골수다. 깨달음이야말로 불교의 전부다. 그럼에도 불구하고 필자가 어릴 적부터 해온 불교 공부와 수행은 어딘가 모르게 깨달음과는 동떨어진 느낌이었다. 아무리 수행을 해도 깨닫는다는 것은 너무 멀게만 느껴졌다.

더욱이 현재 우리 불교 안에는 온갖 차원과 단계의 무수한 방편의 가르침들이 혼재되어 있다. 2500년 동안 이어져 내려온 무수한 방편들이 서로 자기가 진짜 불교이고, 자신의 방편이야말로 불교의 핵심이라고 설하고 있다.

그러다보니 지금의 시대에 우리는 그 수많은 방편들 중에 무엇이 진짜인지를 선별해 내는 데만 너무 많은 세월을 낭비하고 있다. 가치지기하는 데 너무 많은 시간이 필요한 것이다.

이제 그 수많은 '달을 가리키는 손가락'이라는 방편을 버리고 곧장 '달' 그 자체에 관심을 가져야 하지 않을까? 애석하게도 그렇게 하기란 정말 어렵다. 너무 많은 방편들이 저마다 '내가 진짜'라고 말하고 있기 때문에 그 중에서 옥석을 가려내기란 쉽지 않다.

이 책을 펴낸 이유가 바로 여기에 있다. '달을 가리키는 손가락'을 또 하나 만들어내려는 것이 아니라, 이제는 곧장 '달' 그 자체로 우리의 시선을 옮겨야 한다는 점이다.

사실 깨달음에 대한 불교의 가르침은 이 인류 역사 속에 유일무이하다고 할 정도의 완벽한 깨달음 텍스트다. 고통을 없애주고 중생을 깨닫게 하는 방법과, 심지어 깨달음 이후의 보임(保任)에 이르기까지를 이토록 체계적이고 명명백백하게 보여주는 텍스트나 영성은 인류 역사 속에 거의 없었다고 생각된다. 그러다보니 요즘 서양에서 깨달음을 얻었다고 하시는 분들조차 깨달음 이후에는 불교의 가르침 속에서 자신의 깨달음 이후의 공부를 도움 받는다. 텍스트만 그런 것이 아니라, 불교 안에서처럼 이토록 깨달음의 꽃을 활짝 피운 보살과 선사들, 선지식들이 대 화엄의 숲을 이루는 이런 영적 전통은 단연코 없다!

그런 유일무이한 놀라운 깨달음 텍스트인 경전과 역대 전등(傳燈)의 스승들을 보유해 놓고서도 현재의 불교는 어떨까? 시대가 흐르면서 깨달음은 역사 속의 먼 이야기로만 들리고, 가르침은 머리로 이해하는 교학 이해의 수준을 벗어나지 못한다. 안타깝게도 현재 불교는 세상 속에서 복을 구하고, 행복을 구하고, 괴로움에서 벗어나는 방법들을 배우며, 힐링하거나, 심지어는 세상에서의 성공을 위해 불법에서 필요한 내용들을 뽑아다 쓰는 자기계발서 같은 범주에서 좀처럼 벗어나지 못하는 듯하다.

불법의 참맛은 그런 것이 아니다. 직접 와서 이렇게 늘 드러나 있는 이 완전한 진리를 직접 맛보고 깨달으라는 것이 바로 불교다. 깨달음이야말로 중생의 고통을 완전하게 벗어나도록 하는 근원적인 삶의 답이기 때문이다. 불법은 고통을 잠시 위로해주거나, 현재 처한 어려움을 보다 지혜롭게 바꾸어 주는 그런 좁은 길이 아니라, 근원적으로 완전하게 괴로움에서 벗어나 영원한 열반의 길을 제시하기 때문이다.

그럼에도 불구하고 오늘날을 사는 우리들에게 깨달음이 여전히 요원한 이유는 무엇일까? 이 완벽한 텍스트인 경전과 논서, 어록을 우리가 오해한 것은 아닐까? 경전이 문제가 아니라 경전을 바라보는 우리의 이해가 어긋난 것은 아닐까? 그리고 그 오해의 문제는 너무나도 오랫동안 역사 속에서 지속되어 왔다. 그러다보니 진짜 불교가 아니라, 우리 머릿속에서 오해되고 왜곡된 불교를 진짜라고 믿으며 불교를 안다고 해온 것은 아닐까?

불교를 안다고 하는 사람은 불교를 모른다. 참된 불법은 알고 모르고에 있지 않기 때문이다. 우리가 지금까지 공부해 왔던 그 모든 안다는 착각에서 벗어나, 왜곡된 불교 이해에서 벗어나 마음을 깨끗이 비우고 이 경전의 여행을 함께 떠나 보자.

이 오리지널 깨달음 텍스트를 마음을 비우고, 생각과 희론(戱論)을 내려놓고 함께 읽어 보자. 이 안에 우리의 참된 근원이 그토록 기다리고 찾아왔던 바로 그것이 담겨 있다. 그것이 바로 경전이고 어록이기 때문이다.

우리가 그토록 찾아왔던 바로 그것이 여기에 다 있다. 이 책에 있는 것이 아니라, 경전 속에 있는 것이 아니라, 그 책을 펴고 경전을 읽고 있는 바로 거기에 있다. 경전 속에 있는 것이 아니라 경전이 드러나고 있는 바로 거기에 있다.

그 모든 것은 이미 우리 모두가 완벽하게 갖추고 있다. 가지고 있으면서도 바깥으로 찾고 있을 뿐. '이것'이 바로 '그것'이다. '지금 이 자리'가 바로 '그 자리'다.

그것이 무엇일까? 우리의 참된 근원은 무엇일까? 삶의 진리는 무엇일까? 이제, 부처님의 말씀을 통해 우리가 그토록 찾아왔던 그것이, 바로 여기에 있는 이것이 무엇인지를 확인하는 이 깨달음의 여행을 함께 떠나 보자.

서울 용산 원광사에서
법상

목
차

서문 4

Ⅰ. 초기 경전

경전의 결집 18 ㅣ 경전의 언어 20 ㅣ 팔리삼장, 니까야 20 ㅣ 아함경 23 ㅣ
오늘날의 초기 경전 25

01. 중아함경
　　연기법 28
　　독화살의 비유와 사성제 32
　　업의 가르침 36

02. 장아함경
　　십이연기 42

03. 잡아함경
　　중도 46
　　중도는 곧 연기 49
　　여래는 법을 의지한다 52
　　여래가 보는 죽음 53
　　오온무아와 열반 55
　　십이처 57
　　두 번째 화살 59
　　선지식과 좋은 도반 61

04. 중일아함경
　　출세간과 십팔계 66
　　살펴볼 경구들 68

05. 디가 니까야
  여섯 방향의 비유 72

06. 맛지마 니까야
  뗏목의 비유 78
  차제설법 81

07. 상윳따 니까야
  오온의 무상 고 무아 84
  열반, 모든 것은 무너진다 90
  4가지 믿음, 삼보와 계율 92
  사념처, 4가지 마음챙김 95
  마음챙김의 방법 97
  호흡에 대한 마음챙김 101

08. 앙굿따라 니까야
  자주 새겨야 할 5가지 명제 106
  깔라마경 108

09. 쿳다까 니까야
  담마파다(법구경) 112
  숫타니파타(경집) 121

II. 대승 경전

부파불교 132 ㅣ 불탑신앙 134 ㅣ 대승비불설 136 ㅣ 초기 대승경전 138 ㅣ
중기 대승경전 141 ㅣ 후기 대승경전 145

10. 반야심경 148

11. 금강경 152

12. 반야경
  공, 본래 없다 158
  선지식 160
  이름과 모양(명상) 161
  반야바라밀 162

13. 유마경
  심청정 국토청정 166
  보살의 병 중생의 병 167
  불이법문 168
  직심이 보살정토 171
  본래 죄가 없다 172
  악도가 곧 최상의 길 174
  선불교 관련 경구들 178

14. 화엄경
  일체유심조 182
  일진법계 183
  일즉일체다즉일 184
  바다와 파도 186
  정진과 믿음 187
  보리심 189
  법성, 깨달음 192
  보현행원 193
  살펴볼 경구들 195

15. 법화경
  일불승 200
  개시오입 202
  법화경 사구게 204
  법사 205
  만선 성불사상 207

구원실성의 본래부처 209

상불경보살 212

불타는 집의 비유 214

장자궁자의 비유 217

초목의 비유 220

화성의 비유 222

계주의 비유 225

왕계의 비유 227

의사의 비유 229

16. 아미타경

서방정토 극락세계 아미타불 234

아미타불의 세계에 태어나기를 발원 240

17. 무량수경

불국토가 여기에 있다 244

발원하면 성취된다 246

무상삼매와 무원삼매 248

손바닥 위의 세계 250

법문을 듣고 부처 되어 중생을 구제하라 251

있어도 걱정, 없어도 걱정 252

18. 열반경

상락아정 256

사무량심 258

일천제 259

불신상주 260

악업을 끊을 수 있다 262

공덕천과 흑암녀 264

열반경 사구게 267

살펴볼 경구들 267

19. 원각경

    허공꽃 272

    원각 274

    방편 275

    구경각 277

    수행자의 4가지 병 278

    원각경 사구게 281

20. 능엄경

    보는 성품 284

    손가락을 구부리고 피는 것 286

    바다와 물결의 비유 287

    진여의 성품 288

    듣는 성품 290

    머리를 찾는 연야달다 292

21. 능가경

    장식과 여래장 296

    삼계유심, 유식무경 298

    삼계유심

    점수와 돈오 301

    삼자성상 304

    오법 306

    4가지 선, 인무아와 법무아 308

    선불교와 관련된 경구 310

22. 승만경

    승만부인의 십대원 312

    3가지 서원과 하나의 큰 서원 313

    여래장 314

23. 해심밀경

삼성 318

삼무자성 320

승의제 322

아타나식 323

24. 여래장경

여래장 326

여래장을 밝히려면 불법을 만나 수행하라 327

여래장의 9가지 비유 330

25. 부증불감경

증가와 감소 334

중생이 곧 여래장 335

26. 대일경

삼구법문 340

일체법이 곧 실상 342

본성은 공함 343

III. 대승논서

초기경전의 해설서, 논장의 성립 348 ㅣ 부파불교의 논장 349 ㅣ 대승불교의 논장 350
ㅣ 대승기신론 350 ㅣ 대지도론 351 ㅣ 중론 352 ㅣ 유식삼십송 353

27. 대승기신론

일심이문 356

시각과 본각 357

염법훈습과 정법훈습 359

28. 대지도론

　법도 취하지 말라 364

　반야바라밀은 다툼이 없다 365

　무아인데 '이와 같이 내가 들었다'고 하는 이유 367

　듣는 자가 없으나 인연 따라 듣는다 369

　사리불도 부처님에 비하면 어린이 수준　372

　법의 실상 374

　수희찬탄의 공덕 377

29. 중론

　팔불중도 380

　연기=공=가명=중도　384

　공, 사성제, 수행 386

　무생 387

30. 유식삼십송

　3가지 마음 390

　삼성　394

　삼무성 396

I
초
기
경
전

🪷 경전의 결집

보통 초기경전이라고 하면 『아함경』과 『니까야』를 들 수 있다. 『아함경』과 『니까야』라는 초기 경전이 오늘날 우리들에게 전해지기까지 2500여 년에 거쳐 전해진 과정을 간략히 살펴보고자 한다.

먼저 결집(結集)의 의미를 먼저 알고 넘어가자. 결집이란, 부처님께서 열반하신 뒤 제자들이 모여 부처님의 말씀을 모으기 위해 경전의 내용을 함께 합송(合誦)하고 공인하기 위해 소집된 모임을 말한다. 초기에는 언어로 표기할 수 없었기 때문에 스님들이 모여 합송함으로써 함께 외웠다고 하여 결집을 '합송'이라고도 한다.

부처님께서 열반하신 뒤에 경전을 결집하기 위해 공식적으로는 크게 총 세 번에 걸친 결집이 있었다고 알려지고 있다.

1차 결집은 부처님께서 열반하신 뒤에 상수제자였던 가섭존자가 주관하고 아난존자가 경전(經典)을 암송했으며 우파리존자가 율(律)을 암송하여 이루어진 결집이다. 1차 결집은 마가다국 왕사성(王舍城)의 칠엽굴(七葉窟)에서 이루어졌으며 500명의 아라한(阿羅漢)들이 모여 결집했다고 하여 '500결집'이라고도 한다. 이때는 아직 문자로 경전이 결집된 것은 아니고 아난다가 '이와 같이 나는 들었다'로 시작하여 부처님의 말씀을 전하면 500명의 아라한들이 부처님의 직설이 맞는지를 검증하였고, 그 가르침이 부처님의 직설임이 확인되면 500명의 아라한들이 함께 합송함으로써 부처님 가르침임을 확정 짓고, 모두 함께 외움으로써 결집을 이루게 된 것이다.

2차 결집은 1차 결집이 있은 이후 100년이 흐른 뒤에 이루어졌다. 2차 결집은 바이샬리(Vaishali)에서 700명의 비구들이 모여서 이루어졌다. 야사(耶舍) 비구는 바이샬리의 비구들이 계율에 위배되는 10가지를 행하고 있다는 것을 알고 700명의 비구들을 바이샬리에 모이게 하여 10가지 계율이 올바른 것인지를 심의했다. 심의 결과 10가지 계율에 대해 보수적인 입장과 진보적인 입장의 두 그룹이 생기게 되어 상좌부(上座部)와 대중부(大衆部)라는 최초의 근본분열이 시작되게 되었다. 이것이 부파불교(部派佛敎)의 시작이다.

3차 결집은 2차 결집이 있은 후 또다시 100년이 지난 뒤에 이루어졌으며 독실한 불교 신자였던 아쇼카왕(BC269~232)의 후원에 의해 이루어졌다. 아쇼카왕은 목갈리풋다 티사(Moggaliputra-tissa)의 권유로 이 결집을 실시하였으며, 당시 마가다국의 수도인 화씨성에서 1000명의 스님들이 모여 결집을 시행하였다.

이 결집에는 4가지 특징이 있었는데,

첫째는 재가자요 왕이었던 아쇼카왕의 후원에 의해 이루어졌다는 것, 둘째는 처음으로 경전을 논리적으로 해석한 논장(論藏)이 만들어짐으로써 경율논(經律論) 삼장(三藏)이 결집되었다는 것, 셋째는 이때 만들어진 경전을 스리랑카, 태국, 그리스, 이집트 등의 주변국으로 전법(傳法)하였다는 점이다. 사실 이 결집의 목적 자체가 불법을 원형대로 보존하는 차원이 아닌, 불법을 주변국들로 전법하기 위함이었기 때문이다. 넷째는 그동안 스승과 제자 사이에 외우면서 구전되던 경전을 문자화하게 되었다는 점이다.

🪷 경전의 언어

부처님께서는 법을 설하실 때 일반 평민들도 다 알아들을 수 있도록 쁘라크리트(Prakrit)라고 하는 토속어인 '마가다어(Māgadhī)'를 주로 사용했을 것으로 보고 있다. 아마도 3차 결집 당시에 쓰인 언어 또한 마가다어일 것으로 추정되고 있다. 물론 일각에서는 부처님께서도 팔리어(Pāli)를 사용하셨고 3차 결집 때도 팔리어로 결집되었을 것으로 추정하는 학자도 있으며, 마가다어와 팔리어가 거의 흡사한 동일 언어일 것으로 보기도 한다.

이 언어 외에 산스크리트어(saṃskṛtā) 즉 범어(梵語)가 있는데, 이 언어는 고대 인도 아리안족의 언어이자 바라문 사제계급의 상류층 고급 언어이지만, 부처님께서는 산스크리트어를 쓰기보다는 평민들이나 각 지역의 토속어인 쁘라크리트 중에도 마가다어나 팔리어를 쓰셨다고 보고 있다.

🪷 팔리삼장, 니까야

이 3차 결집 이후 아쇼카왕은 자신의 아들이었다가 출가하여 스님이 된 마힌다(Mahinda) 장로에게 스리랑카로 불법을 전법하기 위한 전도사로 보내면서 팔리삼장과 주석서 등을 보냈다고 한다. 여기서 주목해 보아야 할 점은 쁘라크리트어 중에도 서북 인도 웃제니 지역의 언어를 보통 팔리어라고 하는데, 아쇼카왕이 왕자일 때 웃제니 지역의 총독으로 있었고 그 지역의 호족 딸과의 사이에서 낳은 아들이 바로 마힌다 장로다. 아쇼카가 즉위한 후에도 마힌다는 어머니와 함께 웃제니 지역에 살았기 때문에 팔리어를 사용하였는데, 바로 그 웃제니 지역을 중심으로 번창한 불교의 부파가 바로 상좌부 불교였다. 즉 상좌부 불교의 경전이 바로 팔리삼장인 것이다.

그런 연유로 스리랑카에 마힌다 장로가 팔리어 삼장을 전해주게 되었는데, 바로 그 불교가 상좌부라는 부파불교인 것이다. 전체 부파불교 중 삼장을 완전하게 보존하는 것은 팔리어 삼장뿐이다.

그 후 스리랑카에서는 기원전 80~94년경에 전체 팔리삼장을 보다 체계적으로 집대성하게 된다. 이것이 바로 팔리삼장이다. 팔리삼장은 경장(經藏, Sutta Piñaka), 율장(律藏, Vinaya Piñaka), 논장(論藏, Abhidhamma Piñaka)의 삼장(三藏)으로 이루어져 있다. 경장은 부처의 가르침을 기록한 것이며, 율장은 스님들이 지켜야 하는 계율을 기록한 것이고, 논장은 스님들이 만든 경전에 대한 해설서다. 이 중에 핵심이 바로 경장이며, 이 경장은 다시 5개의 모음집, 즉 5부『니까야』(nikàya)로 나뉜다.

경장 – 부처의 가르침을 기록한 것(핵심, 5부의 니까야로 나뉨)
율장 – 스님들이 지켜야 하는 계율을 기록한 것
논장 – 스님들이 만든 경전에 대한 해설서

첫째가 『디가 니까야』(Dãgha Nikàya, 長部)로 길이가 긴 경을 모은 것으로 3품 33경이 있다. 『디가 니까야』에는 『범망경』(1경), 『사문과경』(2경), 『대인연경』(15경), 그리고 부처님의 열반 시 행적과 가르침을 모아 놓은 『대반열반경』(16경), 요즘 위빠사나(Vipassanā)라고 잘 알려진 신수심법(身受心法)의 사념처(四念處) 수행을 설해 놓은 『대념처경』(22경), 우주의 시작과 끝에 대한 내용을 담고 있는 『세기경』(27경), 육방에 예배하는 방법이 담긴 『육방예경』(31경) 등이 담겨 있다.

둘째가 『맛지마 니까야』(Majjhima Nikàya, 中部)로 길이가 중간 정도인 경을 모은 것으로 15품 152경이 있다. 『디가 니까야』가 주로 문제 제시가 많다면, 『맛지마 니까야』는 그 문제에 대한 답변들이라고 할 수 있으며, 비교적 자세한 설명이 동반되는 형식의 가르침이 많다.

셋째가 『상윳따 니까야』(Sa§yutta Nikàya, 相應部)로 5권 56편(상윳따) 203품 2889경으로 이루어져 있고, 이것은 주제가 분명한 가르침들을 주제별로 모아 놓은 것이다.

넷째가 『앙굿따라 니까야』(Aïguttara Nikàya, 增支部)로 170품 2198경이 있고, 이것은 주제의 개수, 법의 수적 특성에 따라 경들을 모아 놓은 것이다.

다섯째가 『쿳다까 니까야』(Khuddaka Nikàya, 小部)인데 이것은 분류에 들어가지 않는 나머지 경들을 모은 것으로써 여기에는 우리가 잘 알고 있는 『법구경』(담마빠다, 2경), 『숫타니파타』(경집, 5경), 『자타카』(전생담, 10경), 『비유경』(13경) 등 15개의 경전이 속해 있다.

이처럼 집대성된 팔리삼장은 이후 태국, 미얀마, 캄보디아 등 동남아 지역으로 전해졌으며, 이를 남전장경(南傳藏經)이라 하고, 이를 중심으로 남방불교가 형성되었다.

🪷 아함경

상좌부가 팔리삼장을 스리랑카로 전해준 것처럼 부파부교 시대에는 각 부파마다 독자적인 자파 전승(傳承)의 경장을 갖추고 있었다. 이러한 수많은 부파마다 전승되어져 내려온 경장들이 초기에 팔리어로 문자화 되었다가 다시 산스크리트어로 번역되었다.

시대적으로 보면 마우리아 왕조(BC 322~185)가 무너지고 뿌샤미트라(Pushyamitra, BC 185~151)가 슝가왕조(BC 185~73)를 세운 뒤에 산스크리트어를 공용어로 채택하여, 산스크리트어로 불교 경전이 본격적으로 쓰이기 시작한 것이다. 이때부터 각 부파들은 자신들이 가지고 있던 경전들을 모두 산스크리트어로 문자화했는데, 이 산스크리트어로 된 경전들이 중국으로 건너가 한문으로 번역되면서 지금 우리가 알고 있는 『아함경』이 성립되게 되었다. 그러나 아쉽게도 현재 『아함경』의 원본인 산스크리트 본은 소실되었다.

팔리어 경전을 산스크리트어로 번역한 것이 '아가마(Agama)'다. 아함이라는 말은 산스크리트 아가마의 음사이고, 그 뜻은 '예로부터 전해져 내려온 가르침' 즉 부처님의 가르침을 뜻한다.

상좌부 계통의 팔리어 경전이 남방의 스리랑카로 전수되어 집대성된 경전이 팔리경전인 『니까야』라면, 다양한 부파의 팔리어 경전이 산스크리트어로 번역된 이후 중국으로 전해져 한역된 것이 4아함이라는 『아함경』인 것이다.

  ＊상좌부 계통의 팔리어 경전 – 스리랑카로 전수 – 『니까야』

  ＊다양한 부파의 팔리어 경전 – 산스크리트어로 번역되어 중국
   으로 전수, 한역 – 『아함경』

『아함경』을 조금 더 살펴보면, 첫째 『장아함경』은 길이가 긴 경전을 모아 놓은 것으로 22권 30경이 속해 있으며, 주로 부파 중 법장부(法藏部)에 속해 있던 경전이라고 한다. 둘째 『중아함경』은 중간 정도 길이의 경전으로 60권 222경이 속해 있고, 설일체유부(說一切有部)의 경장으로 알려져 있다. 셋째는 『잡아함경』으로 짧은 길이의 경전이며 50권 1362경이 속해 있고 이 또한 설일체유부 계열의 부파에 속한 경장으로 분류된다. 넷째는 『증일아함경』으로 법수(法數)에 따라 1부터 11까지

모아 놓은 것이고, 51권 471경이 속해 있으며, 대중부(大衆部) 소속의 경전으로 알려져 있다. 아쉽게도 이 4아함에는 『쿳다까 니까야』에 있는 『숫타니파타』나 『법구경』, 『우다나』, 『자타카』(본생담) 같은 경전은 없다.

『아함경』과 『니까야』는 내용면에서 반드시 일치하는 것은 아니지만 대체로 『장아함경』은 『디가 니까야』와, 『중아함경』은 『맛지마 니까야』와, 『증일아함경』은 『앙굿따라 니까야』와, 『잡아함경』은 『상윳따 니까야』와 상응한다.

✿ 오늘날의 초기 경전

『아함경』과 『니까야』라는 초기 경전이 바로 우리가 현재 석가모니 부처님의 가르침을 살펴볼 수 있는 원음과 가장 가까운 텍스트이다. 이 2가지 초기 경전 중에 우리는 그동안 주로 『아함경』에 의지해 초기불교를 공부해야 했다.

『니까야』 즉 팔리삼장은 스리랑카에서 BC80~94년 집대성된 이후에 2000년간 숨겨져 있었다가 영국이 인도를 지배하면서 발견되었기 때문이다. 1800년경부터 서양의 학자들에 의해 『니까야』는 연구되기 시작했고, 이후 1881년 영국에서는 빠알리성전협회를 창설하여 본격적으로 번역하기 시작했다. 이후 1941년에는 일본어로 번역되어 『남전대장경』이 완성되었고, 우리나라에는 1999년에 『상윳따 니까야』(전재성)

가 한국말로 최초 번역된 이후 『맛지마 니까야』(전재성), 『디가 니까야』(각묵스님), 『앙굿따라 니까야』(대림스님)가 완역된 것은 최근에 들어서이다. 『니까야』에 대한 연구는 이제 시작 단계라고 보아도 될 정도인데, 그래서인지 최근 들어 초기경전에 대한 붐이 일고 있다.

오래도록 한국불교는 선불교와 간화선(看話禪) 중심이었고, 경전 또한 대승불교 경전이 주를 이루었지만, 최근 『니까야』 완역과 함께 초기불교의 가르침으로 돌아가자는 모토는 한국 불교를 다시 뜨겁게 하고 있다. 초기 불교에 대한 바른 이해와 지견을 갖추어야만 그 위에 성립되는 대승불교와 선(禪)불교 또한 바르게 이해될 수 있을 것임은 당연하다.

여기에서 『아함경』과 『니까야』의 전체적인 가르침을 다 살펴볼 수는 없기에 초기 불교의 가장 중요한 가르침이라고 할 수 있는 연기법(緣起法)을 비롯하여, 사성제(四聖諦)와 팔정도(八正道), 중도(中道), 오온(五蘊), 십이처(十二處), 십팔계(十八界), 삼법인(三法印) 등의 가르침과 부처님의 기본적인 입장 등에 대한 중요한 경구들만 뽑아 옮겨 보았다.

01
중
아
함
경

연기법

연기(緣起)를 보는 자는 법(法)을 보고,

법을 보는 자는 연기를 본다.

이것이 있으므로 저것이 있고

이것이 생하므로 저것이 생한다.

이것이 없으므로 저것이 없고,

이것이 멸하므로 저것이 멸한다.

"세존이시여, 이른바 연기법은 세존께서 만드신 것입니까?

아니면 다른 누군가가 만든 것입니까?"

이에 대해 부처님은 다음과 같이 대답하셨다.

"연기법은 내가 만든 것도 아니고, 또한 다른 사람이 만든 것도 아니다. 그것은 여래가 세상에 출현하거나 출현하지 않거나 법계(法界)에 항상 머물러 있다. 이 여래는 이 법을 스스로 깨닫고 정등각(正等覺)을 이룬 뒤에 모든 중생들을 위해 연설하고 드러내 보인다. 그것은 이른바 이것이 있기 때문에 저것이 있고, 이것이 일어나기 때문에 저것이 일어난다고 하는 것이고, 무명(無明)을 인연하여 행(行)이 있고 나아가 큰 괴로움의 무더기가 발생하며, 무명이 소멸하면 행이 소멸하고 나아가 괴로움의 큰 무더기가 소멸하는 것이다."

세상 모든 것들은 상의 상관적으로 연결되어 있다. 상호의존적으로만 존재할 수 있다. 수많은 인(因)과 연(緣)이 서로 화합했을 때 과보를 맺는다. 저 홀로 독자적으로 존재할 수 있는 것은 어디에도 없다. 모든 것은 인연생(因緣生) 인연멸(因緣滅)의 인연가합(因緣假合)된 존재일 뿐이다. 그것은 실체가 없다. 마치 눈병이 난 사람에게 허공 중에 헛것이 보이는 것처럼, 원인이 있을 때만 그에 합당하는 결과가 있을 뿐이다. 원인이 사라지면 결과도 사라진다.

그럼에도 우리는 인연 따라 잠깐 거짓으로 모인 헛된 것들을 진짜로 있다고 착각한다. 진짜로 있다고 착각하니까 거기에 집착하고 집착하지만 가질 수 없을 때 괴롭다. '나'라는 존재도 수많은 인연이 서로 화합하여 거짓으로 잠깐 만들어진 인연생 인연멸의 허망한 존재일 뿐이다. 나뿐 아니라 이 세상도 전부 인연생 인연멸이다. 그것은 실체가 아니다.

그러나 그러한 연기의 진리를 모르는 이들은 '나'도 진짜로 있다고 여기고, '너'도, '세상'도 진짜로 있다고 여긴다. 그래서 아상(我相)이 생기고, 소유욕이 생기고, 욕심과 집착이 생긴다. 원하지만 가질 수 없을 때 괴로움도 생기고, 내가 있다고 여기니까 내가 늙고 병들고 죽어갈 때 괴롭다. 이것이 있으므로 저것이 있고 이것이 소멸되면 저것도 소멸된다는 자연스러운 비실체적인 연기의 실상에 어둡기 때문에 이 모든 괴로움이 생겨난다.

이것과 저것이 서로 인연해서 일어나고 소멸된다는 것은, 모든 것은 동시적이며 한 몸이라는 것을 뜻한다. 이것이 있어야만 저것이 있을 수 있고 저것이 있어야만 이것이 있을 수 있으니, 이 2가지는 서로 동시생 동시멸이다. 연결되어 있는 전체로써의 '하나'다. 그러니 나와 너의 차별이 사실은 없다. 내가 너보다 더 잘날 필요도 없고, 더 많은 것을 소유하려 애쓸 것도 없다. 나와 너는 인연생 인연멸의 연기적 존재로써 동체적인 하나임의 존재다.

이러한 연기적인 깨달음은 곧 동체대비(同體大悲), 하나임에서 오는 자비를 불러온다. 너를 사랑할 때 나도 사랑받고, 너를 미워할 때 나도 미움 받는다. 너와 내가 둘이 아닌 하나이기 때문이다. 그럼에도 내가 따로 있고, 너도 따로 있으며, 세상도 따로 있다고 생각한다. 이것이 바로 중생의 허망한 분별심이며 어리석음, 곧 무명(無明)이다. 이런 어리석음으로 인해 너와 경쟁하고, 세상에서 나를 드러내 보이려고 애쓰고, 더 많이 소유하려고 애쓰면서 힘들고 괴로운 삶이 펼쳐진다.

이처럼 중생의 어리석음을 인연으로 하여 모든 괴로움이 발생하니, 어리석음이 소멸되면 곧 괴로움이라는 환상 또한 소멸된다. 인연으로 만들어진 모든 것은 환영이며 실체가 없기 때문이다.

눈앞에 멀쩡히 보이는 이 모든 것은 있지만 없고, 없지만 있다. 연기된 모든 것은 마치 꿈처럼 잠시 인연 따라 생겨나고 소멸되는 것일 뿐, 진짜가 아니다. 눈앞의 가짜에 속지 말라. 인연 따라 생겨난 모든 것들은 가짜다. 그러니 집착할 아무런 이유가 없다. 집착과 욕망, 분별에서 놓여날 때 무명이 타파되고, 세상은 아무 일이 없다. 모든 일이 다 일어나면서도 동시에 아무 일이 없게 된다.

독화살의 비유와 사성제

존자 만동자는 해 질 무렵 자리에서 일어나 부처님께 나아가 머리를 조아려 예배하고 물러나 한쪽에 앉아 여쭈었다.

"세존이시여, 저는 오늘 혼자 고요한 곳에서 깊이 앉아 사색하다가 이런 생각이 들었습니다.

'세상은 영원한가, 영원하지 않은가? 세상은 끝이 있는가 끝이 없는가? 목숨은 곧 몸인가, 목숨과 몸은 다른가? 여래는 마침이 있는가, 없는가? 여래는 마침이 있기도 하고, 없기도 한가? 여래는 마침이 있지도 않고, 없지도 않은가? 세존께서는 이런 견해들에 대해서는 전혀 말씀해주지 않으셨다.'

그러나 저는 그것을 알기를 원하고, 그것을 모르는 것을 참을 수 없으며, 저는 그것을 모르는 것을 옳게 여기지 않습니다. 만일 세존께서 분명하게 '세상은 영원하다'고 알고 계신다면 저를 위해 말씀해 주세요. 만약 세존께서 '세상은 영원한가'에 대해 분명하게 알지 못하신다면 '나는 모른다'고 정직하게 말씀해 주소서.…"

세존께서는 만동자를 꾸짖으시며 모든 비구들에게 말씀하셨다.

"…비유하면 마치 어떤 사람이 몸에 독화살을 맞은 것과 같다. 그가 독화살로 인해 매우 심한 고통을 받을 때 그 친척들은 그를 가엾고 불쌍히 여겨 그를 위해 곧 의사를 청하였다. 그러나 그 사람이 생각하기를 '나는 아직 화살을 뽑을 수 없다. 그 전에 먼저 화살을 쏜 사람이 어떤 성과 어떤 이름, 어떤 신분이며, 키는 큰지 작은지, 살결은 거친지 고운지, 얼굴빛은 검은지 흰지, 혹은 검지도 희지도 않은지, 찰리족인지 혹은 바라문인지, 어떤 종족인지, 동방 서방 북방 어느 쪽에 사는지 등을 먼저 알아야겠다. 아직 이 화살을 뽑아서는 안 된다. 나는 먼저 그 활이 뽕나무로 만들어졌는지, 산뽕나무로 만들어졌는지, 물푸레나무로 만들어졌는지, 혹은 뿔로 만들어졌는지 알아볼 것이다. 아직 화살을 뽑아서는 안 된다. 나는 먼저 궁찰(弓扎)이 소 힘줄로 되었는지, 노루나 사슴의 힘줄로 되었는지, 혹은 실로 되었는지를 먼저 알아볼 것이다…

그러다보면 그 사람은 결국 그것을 알기도 전에 결국 목숨을 마치고 말 것이다. 이와 같이 만일 어떤 어리석은 이가 '세존께서 나에게 분명하게 말씀해 주지 않으시면 나는 세존을 따라 범행(梵行)을 배우지 않으리라'고 생각한다면 그는 마침내 그것을 알기도 전에 결국 목숨을 마칠 것이다…

'세상은 영원하다'고 나는 한결같이 그렇게 말하지는 않는다. 무슨 까닭인가? 그것은 이치와 맞지 않고 법과 맞지 않으며 또 범행의 근본이 아니어서 지혜로 나아가지 못하고, 깨달음으로 나아가지 못하며, 열반으로 나아가지 못하기 때문이다…

그러면 나는 어떤 법을 한결같이 말하는가? 괴로움과 괴로움의 발생원인과 괴로움의 소멸과 괴로움의 소멸에 이르는 길이 사성제(四聖諦)라는 것만 한결같이 말한다. 무슨 까닭인가? 이것은 이치에 맞고 법과 맞으며 또 이것은 범행의 근본으로써 지혜로 나아가고, 깨달음으로 나아가며, 열반으로 나아간다. 그러므로 나는 한결같이 이것만을 말한다. 이것이 바로 말하지 않아야 할 것은 말하지 않고 말하여야 할 것은 말한다고 하는 것이다. 너희들은 마땅히 이렇게 지니고 배워야 한다.”

　모든 의문들에 대해 배우고 알고자 한다면 그것은 끝없이 계속될 것이다. 수많은 질문에 대한 답변들이 도서관에 가면 수없이 많은 논문으로 책으로 무수히 나와 있지만 여전히 그것들은 종결되지 않은 채 논쟁으로만 계속될 뿐이다. 생각하고 헤아리고 궁금해하는 대신 먼저 독화살을 뽑아라. 당장 내 삶에 처한 괴로움을 먼저 없애라. 괴로움이 사라질 때, 모든 의문은 일시에 해소가 될 테니.

　사실 그 모든 형이상학적인 질문에 대해서는 우리의 알음알이로 답변을 내릴 수가 없다. 생각으로는 그 답을 낼 수도 없고, 답을 내봐야 그것은 하나의 개념일 뿐이다. 부처님께서는 형이상학적인 질문에 침묵하셨다. 그것은 머리로 이해할 수 있는 것이 아니기 때문이다.

　또 그럴싸하게 말로써 그 질문에 대한 답변을 내려 본다고 할지라도,

그것이 우리의 괴로움을 없애주지는 못한다. 우리의 머리는 아무리 훌륭한 답변이 있더라도 끊임없이 그것에 생각에 생각을 더하고, 온갖 논리와 해석을 덧붙여가면서 끝도 없이 개념화해 갈 것이다.

진리는 개념화될 수 없다. 진리는 개념 너머에 있다. 우리의 의식이 가 닿을 수 있는 것이 아니다. 진리는 의식의 대상이 아니기 때문이다. 진리는 알고 모르는 것에 있지 않다. 진리는 언어와 말과 개념과 논리로 해석될 수 없다. 의식이나 말과 생각은 세속의 도구일 뿐이다. 진리는 세간법(世間法)이 아닌 출세간법(出世間法)이다. 전혀 범주가 다르다. 그러니 세간으로 출세간을 이해할 수는 없다.

그런 논리보다 더 중요한 것은 당장에 내가 맞은 괴로움이라는 독화살을 빼는 것이다. 생로병사의 괴로움에서 벗어나는 것이다. 독화살을 빼고 보면 저절로 그 모든 의문은 풀리기 때문이다.

독화살을 맞아 몸에 독이 퍼졌음에도 불구하고 독화살을 뽑지 않고 독화살이 어디에서 왔는지, 무엇인지에 대해서만 따지고 물을 것인가? 아니면 먼저 독화살부터 뽑을 것인가? 부처님 경전의 말씀은 형이상학적인 질문에 대한 답변을 늘어놓거나, 삶의 비밀에 대해 풀어 설명해주는 가르침이 아니다. 경전의 핵심에는 언제나 독화살을 뽑는 법, 괴로움에서 벗어나는 가르침을 설할 뿐이다. 고집멸도(苦集滅道) 사성제를 언제나 고구 정녕히 설할 뿐이다.

업(業)의 가르침

고의로 업을 짓는다면 현세에 그 과보를 받거나 후세에 받을 수도 있다. 그러나 고의적으로 지은 업이 아니라면 과보를 받지 않을 수도 있다. 업에는 몸으로 짓는 신업(身業) 3가지, 입으로 짓는 구업(口業) 4가지, 뜻으로 짓는 의업(意業) 3가지가 있다.

먼저 신업 3가지는

첫째는 살생(殺生)으로, 산목숨을 죽이거나, 동물을 죽여 그 피를 마시거나, 작은 미물을 죽이는 것이다.

둘째는 투도(偸盜)로, 남이 주지 않는 것을 취하는 것이니 상대방의 재물에 집착하여 도둑질하는 것이다.

셋째는 사음(邪淫)하는 것이다.

이러한 3가지 신업은 선업이 아닌 악업으로써 고통의 결과가 있고 괴로움의 과보를 받게 된다.

다음으로 구업 4가지는

첫째는 망어(妄語) 즉, 거짓말이다.

알면서 모른다고 하고 모르면서 안다고 하는 일, 보지 못한 것을 보았다고 하거나 본 것을 보지 않았다고 하는 것, 나와 남을 위하거나 재물을 위해 알면서도 거짓말을 하는 것이다.

둘째는 양설(兩舌)로써 양쪽을 이간질해 화합을 깨는 말이다.
여기서 듣고 저기에서 다른 말을 하거나, 저기서 듣고 와서 여기서 엉뚱한 말을 하는 것이다. 끼리끼리 당파를 만들어 즐기며 그것을 칭찬하는 것도 포함된다.

셋째는 악구(惡口)로 욕하고 악담하는 것이다.
사람들 귀에 거슬리는 말이나 욕하는 말이다.

넷째는 기어(綺語)로 꾸며낸 말이다.
때가 아닌데 말하고, 법이 아닌 것을 말하고, 진실이 아닌 것을 말하는데 쉼 없이 그치지 않는다. 또한 가르쳐 주지 않는 것, 꼭 충고해 주어야 할 때 하지 않는 것도 이에 포함된다.
이러한 4가지 구업은 선업이 아닌 악업으로써 고통의 결과가 있고, 괴로움의 과보를 받게 된다.

다음으로 의업 3가지는 다음과 같다.
첫째는 탐심(貪心)으로 남의 재물과 물품을 내 것으로 하고자 탐욕심을 부리는 것이다.

둘째는 진심(嗔心)으로 미워하고 성내는 마음이다.

미운 마음으로 '저 중생을 죽이고 묶고 빼앗고 파면시키고 배척해야 한다'라고 하면서 남들을 탓하고 화내고 성내는 것이다.

셋째는 치심(癡心)으로 삿된 소견이다.

'보시도 없고, 재(齋)도 없고, 선악의 과보도 없고, 이 세상과 저 세상도 없고, 부모도 없으며, 선지식들이 사는 좋은 세상도 없고, 저 세상으로 잘 가는 이도 없으며, 증득하고 성취해야 할 열반도 없다'라는 삿된 견해를 가진 것이다.

이 3가지 뜻으로 짓는 의업은 선업이 아닌 악업으로 고통의 결과가 있고 괴로움의 과보를 받게 된다. 훌륭한 제자들은 신구의 삼업을 청정히 하고 선업을 닦는다.…

그의 마음은 자심(慈心, 사랑)으로 가득 차서 주변 사람들과 원한을 맺지 않고 두루 원만히 잘 지낸다. 선남자 선녀인들이 자심해탈을 부지런히 닦으면 그는 반드시 아나함과(阿那含果)를 얻고 혹은 그보다 더 높은 경지에 오를 수 있다. 또한 비심(悲心, 연민), 희심(喜心, 함께 기뻐하는 마음), 사심(捨心, 분별 없는 평등한 마음)을 지니면 원한도, 성냄도, 다툼도 없이 크고 넓으며 잘 닦아서 일체 세상에 두루 성취하여 노닌다.

비구는 이렇게 생각하라.

'나는 게으르고 악업을 많이 지었으니 이렇게 지은 모든 업을 이번 생에 다 받을 것이며 다음 생으로까지 가져가지 않겠다'.

행위가 곧 업(業)이다. 업을 지으면 업보라는 결과를 받는다. 그러나 모든 행위가 다 업이 되는 것은 아니다. 의도적인 행위만 업이 되지, 의도가 개입되지 않은 행위는 업이 아니기에 결과를 초래하지 않는다. 그래서 업을 일으키는 행위를 유위행(有爲行)이라고 한다. 유위적이고, 작위적인 의도가 개입된 행위라는 의미다. 이에 비해 의도적이지 않은 행을 무위행(無爲行)이라고 한다. 부처님은 무위행을 하시기에 아무리 많은 행을 하더라도 업이 되지 않고, 업의 결과에서 자유롭다. 업에 얽매이지 않는 것이다. 업을 완전히 받지 않는 것이 아니라 업보에 얽매이지 않는 것이다.

행위가 업이라고 했는데, 어떤 행위가 업이 될까? 몸으로 한 행위만 업이 되는 것이 아니라, 말로 한 행위도 업이 되고, 머릿속에서 생각으로만 일으킨 무형의 행위 또한 업이 되어 그 결과를 현실로 불러온다. 사실 신업(身業)이나 구업(口業)보다 더 중요하게 다루어야 할 것이 의업(意業)이다. 의업이 바탕이 되어 신업과 구업이 일어나기 때문이다.

02

장
아
함
경

십이연기(十二緣起)

태어남(生)이 있기에 늙음과 죽음(老死)이 존재한다. 생은 노사의 원인이다. 생은 유(有)로부터 일어난다. 그러므로 유가 태어남의 원인이다. 유는 취(取)로부터 일어난다. 그러므로 취가 유의 원인이다. 취는 갈애(愛)로부터 일어난다. 갈애가 취의 원인이다. 갈애는 느낌(受)으로부터 일어난다. 느낌이 갈애의 원인이다. 느낌은 접촉(觸)으로부터 일어난다. 접촉이 느낌의 원인이다. 접촉은 육입(六入, 여섯 감각)으로부터 일어난다. 그러므로 육입이 접촉의 원인이다. 육입은 명색(名色, 정신과 물질)으로

부터 일어난다. 그러므로 명색이 육입의 원인이다. 명색은 의식(意識)으로부터 일어난다. 그러므로 의식이 명색의 원인이다. 의식은 업행(行, 業行)으로부터 일어난다. 그러므로 업행이 의식의 원인이다. 업행은 무명(無明)으로부터 일어난다. 그러므로 무명이 업행의 원인이다.

따라서 무명으로 인해 행이 있고, 행으로 인해 식이 있으며, 식으로 인해 명색이 있고, 명색으로 인해 육입이 있고, 육입으로 인해 촉이 있으며, 촉으로 인해 수가 있고, 수로 인해 애가 있고, 애로 인해 취가 있고, 취로 인해 유가 있고, 유로 인해 생이 있고, 생으로 인해 노사 우비고뇌(老死憂悲苦惱) 등 모든 괴로움이 존재한다. 이것이 괴로움의 발생 과정이다.

보살이 괴로움의 발생과정을 깊이 사유했을 때 바른 지견이 생기고, 바른 안목이 생기고, 깨달음이 생기고, 밝음이 생기고, 통달함이 생기고, 지혜가 생기고, 증득함이 생겼다. 보살은 다시 지혜로써 그것들이 없어지는 과정을 관찰해 갔다.···

따라서 무명이 없으면 행이 없고, 행이 없으면 식이 없고, 식이 없으면 명색이 없고, 명색이 없으면 육입이 없고, 육입이 없으면 촉이 없고, 촉이 없으면 수가 없고, 수가 없으면 애가 없고, 애가 없으면 취가 없고, 취가 없으면 유가 없고, 유가 없으면 생이 없고, 생이 없으면 노사와 우비고뇌가 다 없어진다.

보살이 이와 같이 괴로움이 없어지는 과정을 깊이 사유했을 때 바른 지견이 생기고, 바른 안목이 생기고, 깨달음이 생기고, 밝음이 생기고, 통달함이 생기고, 지혜가 생기고, 증득함이 생겼다. 그때 보살이 이와 같이 역순으로 십이연기를 관찰하고는 그것을 있는 그대로 알고, 있는 그대로 보고 나서 그 자리에서 바로 아뇩다라삼먁삼보리(阿耨多羅三藐三菩提)를 성취했느니라.

늙고 죽으며 온갖 근심 걱정이 생겨나는 이유는 태어났기 때문이다. 태어난 이유는 태어날 만한 이유인 업유(業有)가 있기 때문이다. 어떤 업이 있느냐에 따라 욕유(欲有), 색유(色有), 무색유(無色有)의 업유로 나뉘고, 결국 욕계(欲界), 색계(色界), 무색계(無色界)로 태어난다.

업유가 있는 이유는 집착하기 때문이다. 집착하기 때문에 갖고 싶고, 갖기 위해 취하려는 행동, 말, 생각을 현실로 옮겨 업을 짓게 된다. 집착이 있는 이유는 좋아하기 때문이다. 좋아서 갈애(渴愛)하면 집착하게 된다. 갈애가 있는 이유는 느낌 때문이다. 좋은 느낌이 일어나면 좋아하게 된다.

느낌이 일어나는 이유는 접촉하기 때문이다. 육입(六入)[혹은 육근(六根)]과 명색(名色)과 식(識)이 촉(觸)을 통해 화합할 때 느낌이 일어난다. 즉 눈[안근(眼根)]이 아름다운 여인(名色)을 볼 때(觸) 좋은 느낌이 일어나고 좋다는 분별의식이 일어나게 된다. 촉은 육입과 명색과

식으로 인해 일어난다.

식이 일어나는 이유는 행(行) 때문이다. 유위행(無爲行) 즉 의지적인 행위가 만들어내는 유위법들이 있을 때 식이 유위의 존재들을 인식하는 것이다. 행의 이유는 무명(無明)이다. 업이 없는 무위행을 하지 못하고 유위행을 통해 업을 짓는 이유는 바로 어리석음 때문이다. 해도 한 바가 없는 무위행을 한다면 모든 행위를 하면서도 행하는 바가 없을 것이다. 무명이 없다면 행으로 넘어가지 않는 것이다.

결국 어리석음 때문에, 유위행이라는 의지적 업행 때문에, 허망한 분별 의식 때문에, 대상을 명색으로 실체화하는 관념 때문에, 내 안의 감각기관을 '나'라고 여기는 허망한 집착 때문에, 나도 세상도 텅 비어 없지만 나도 있고 세상도 있어서 내가 세상을 만나고 접촉한다는 생각 때문에, 내가 세상을 만나는 것이 진짜라고 여기니까 그 세상이란 대상 중에 내가 보기에 좋고 나쁜 느낌이 일어나고, 좋은 느낌은 애착하고 집착하면서 '내 것'으로 만들려는 업행을 지어가기 때문에 결과적으로 태어나서 늙고 병들고 죽는 모든 괴로움이 연기하는 것이다.

03
잡
아
함
경

중도(中道)

부처님이 라자가하의 죽림정사(竹林精舍)에 계실 때였다. 소나 비구는 영축산에서 쉼 없이 정진하다가 이렇게 생각했다.

'부처님의 제자로서 정진하는 성문(聲聞) 가운데 나도 들어가건만 그럼에도 나는 아직 번뇌를 다하지 못하였구나. 애써도 이루지 못한다면 차라리 집에 돌아가 보시나 하고 복 지으며 사는 것이 더 낫지 않을까?'

부처님은 소나의 마음을 아시고 한 비구를 시켜 그를 불러 오도록 하셨다. 부처님은 소나에게 말씀하셨다.

"소나여, 너는 세속에 있을 때 거문고를 잘 탔었지?"

"네, 그렇습니다."

"네가 거문고를 탈 때 만약 그 줄을 너무 조이면 어떠하더냐?"

"소리가 잘 나지 않습니다."

"줄을 너무 늦추었을 때는 어떠하더냐?"

"그때도 소리가 잘 나지 않습니다. 줄을 너무 조이거나 늦추지 않고 알맞게 잘 조율해야지만 맑고 좋은 소리가 납니다."

부처님은 소나를 기특하게 여기며 말씀하셨다.

"그렇다, 네 마음공부도 그와 같다. 정진할 때 너무 조급하면 들뜨게 되고 너무 느긋하면 게으르게 된다. 그러므로 알맞게 하여야 하니, 너무 집착하지도 말고 방일하지도 말라."

소나는 이때부터 늘 부처님께서 말씀하신 거문고의 비유를 생각하며 정진하였고 머지않아 번뇌가 다하고 마음의 해탈을 얻어 아라한(阿羅漢)이 되었다.

부처님 가르침의 실천적인 핵심은 중도(中道)다. 부처님 가르침은 '이것이다'라고 할 만한 정해진 것이 없다. 모든 부처님의 가르침은 중생이 스스로 분별망상의 식(識)으로 허망하게 번뇌를 만들어내므로, 수많은 교리와 가르침을 통해 바로 그 허망한 분별망상의 번뇌를 여의게 해주는 방편이기 때문이다.

그러니 '이것이다'라고 할 만한 정해진 것이 없다. '없다'는데 너무 치우쳐 있는 사람에게는 '있다'라고 말하고, '있다'는데 너무 치우쳐 있는 사람에게는 '없다'라고 해주어야 하기 때문이다.

서울로 가야 하는 사람이 엉뚱하게 인천에 가 있다면 그에게 동쪽으로 가라고 할 것이고, 춘천에 가 있다면 서쪽으로 가라고 해야 할 것이다. 이처럼 모든 사람에게 천편일률적으로 '동쪽으로 가라'거나, '서쪽으로 가라'고 할 수는 없다. 동쪽에도 서쪽에도 정해진 진리가 있지는 않은 것이다.

그러니 불법은 그 사람의 근기와 분별망상의 병을 잘 진단하여 '동쪽'으로 가라고 할 것인지, '서쪽'으로 가라고 할 것인지를 진단한 뒤 처방을 내리는 응병여약(應病與藥)이다. 이렇듯 각자 사람마다 처한 병이 무엇인지, 분별망상이 무엇인지를 잘 진단한 뒤에 그 원인을 소멸시키기 위해 해결방법으로 법을 설하는 것이니, 이것이 바로 사성제(四聖諦)이고, 그 실천법이 바로 사성제의 도성제(道聖諦)인 중도다.

불교의 실천인 중도에 '이것이다'라고 할 만한 정해진 법이 있지 않다. '이 길만이 절대적인 진리다'라고 할 만한 것이 없다. 그러니 불법의 가르침을 보면서도 경전의 내용을 문자 그대로, 있는 그대로, 무조건적으로 믿고 따르면 안 된다. 모든 경전의 가르침은 특정한 병에 대한 약이기 때문이다.

거문고의 비유도 마찬가지다. 거문고에서 좋은 소리를 얻으려면, 너무 조여서도 너무 느슨해서도 안 된다. 거문고 소리를 조율하려는 사람이 '어떻게 하면 될까요?' 하고 묻는다면 그 사람의 거문고가 너무 느슨한지, 조여져 있는지를 먼저 진단해야 한다. 진단한 뒤에 느슨해져 있다면 조이라고 말하고, 너무 조여져 있으면 느슨하게 풀라고 해야 하는 것이다. '조여야 한다'거나, '풀어야 한다'는 어느 한쪽만이 참된 절대 진리일 수는 없는 것이다. 그것이 바로 중도이며, 사성제다.

그래서 『금강경』에서도 '불법에도 집착해서는 안 되거늘 하물며 비법이랴'라고 설한다. 불교의 경전은 경전이라고 할지라도 거기에 집착해서는 안 된다고 말한다. 그것이 바로 중도의 길이다. 어느 한쪽에도 절대적으로 치우치거나, 절대화하면 안 된다는 것이다. 불법에 너무 집착해 있는 사람에게는 불법에도 머물지 말라고 해야 하고, 불법을 너무 안 믿는 사람에게는 불법을 잘 믿고 지니고 의지하라고 해야 할 것이다.

중도는 곧 연기

"세존이시여, 바른 견해(正見)란 어떤 것입니까? 어떻게 바른 견해를 베풀어 펼 수 있습니까?"
부처님께서 말씀하셨다.

"세간에는 2가지 의지하는 것이 있으니 있음과 없음(有無)이다. 무언가에 집착하면 신경 쓰이고 그럼으로 있음과 없음에 의지하게 된다. 집착이 없으면 경계에 집착하거나 연연해하지 않고 분별하지 않는다. 괴로움이 생기면 생기는 대로 내버려 두고, 괴로움이 멸하면 멸하는 대로 내버려두어, 거기에 대해 의심하거나 미혹하거나 의지하지 않고 스스로 알게 되니 이를 바른 견해라 한다.

왜 그런가 하면, 생(生)을 바로 알면 세간이 없다는 사람은 있을 수 없고, 멸(滅)을 바로 알면 생이 있다는 사람은 있을 수 없을 것이기 때문이다. 이것이 치우침을 여읜 중도(中道)다. 중도란 바로 '이것이 있으므로 저것이 있고 이것이 일어나기 때문에 저것이 일어난다'는 것이다. 곧 '무명(無明)을 인연하여 행(行)이 있고… 나아가 괴로움의 큰 무더기가 모이며, 무명이 멸하기에 행이 멸하고… 나아가 큰 괴로움의 무더기가 소멸한다'는 것이다."

'나'라는 존재는 있는 것일까 없는 것일까? 이 세상과 우주의 삼라만상은 있는 것일까 없는 것일까? 바른 견해로 본다면 그것은 절대적으로 '있다'거나, '없다'고 할 수 없다. '있다'고 하면 있음에 의지하고, 집착하게 되고, '없다'고 하면 없음에 의지하게 된다. 불교에서는 이 세상을 결정적으로 있다거나 없다라고 보지 않고 중도적으로 본다.

중도적으로 본다는 것은 '있다'거나, '없다'라고 결정론적으로 보는 것이 아니라, 연기적으로 보는 것이다. 진짜로 있는 것이 아니라 인연 가합(因緣假合)으로 인해 있다는 것이다. 저 홀로 존재할 수 있는 것은 이 세상에 그 어떤 것도 없다. 모든 것은 '이것이 있으므로 저것이 있다'는 연기법에 의해 존재하고 '이것이 멸하므로 저것도 멸한다'는 연기에 의해 소멸된다. 그러니 인연 따라 모인 것을 인연가합이라고 해서 가짜로 합쳐졌을 뿐이라고 한다.

이처럼 인연 따라 모인 것은 실체가 아니다. 나와 세상은 독자적으로 실존하는 것이 아니다. 내가 있으니 세상이 있고, 세상이 있으니 내가 있을 뿐, 나도 세상도 실체적으로 존재하는 것이 아니다. 나와 세상은 다만 무아(無我)이며 비실체로써 인연 따라 잠시 존재하는 것일 뿐이다. 그러니 인연가합으로는 '있다'. 그러나 실체로써는 '없다.' 그러니 있다고 해도 맞지 않고 없다고 해도 맞지 않아, 중도로써 설할 뿐이다. 연기는 곧 중도다.

여래는 법을 의지한다

이와 같이 나는 들었다. 부처님께서 성도(成道)한 지 얼마 되지 않았을 때였다.… 세존께서는 혼자 고요히 선정(禪定)에 계시다가 이렇게 생각하셨다.

'…오직 바른 법(法)이 있어서 나로 하여금 스스로 깨달아 정등정각(正等正覺)을 이루게 하였다. 나는 오직 바른 법을 공경하고 존중하고 받들어 섬기고 공양하면서 법을 의지해 살아가리라. 왜냐하면 과거의 여래, 올바로 깨달은 이도 모두 바른 법을 공경하고 존중하며 받들어 섬기고 공양하면서 그것을 의지해 살기 때문이다.'

그때 범천왕은 부처님을 찬탄하며 말했다.

"거룩하십니다. 세존이시여, 참으로 그렇습니다. 법을 공경하지 않는 이는 참으로 괴로운 사람입니다. 공경할 법이 있으면 그 뜻이 만족스럽습니다.… 오직 바른 법이 있기에, 세존께서 스스로 깨달아 등정각을 성취하셨습니다. 그러므로 이 법이야말로 여래께서 공경하고 존중하며 받들어 섬기고 공양할 만한 것이며, 이 법에 의지해 살아가셔야 할 것이옵니다."

바른 법은 언제나 완전히 드러나 있다. 전혀 숨겨진 적도 없고, 사라진 적도 없다. 깨달았다고 해서 법이 더 많아지거나, 깨닫지 못한 중생이라고 법이 없는 것이 아니다.

다만 중생은 분별망상에 사로잡혀 있기에 법을 보지 못하고, 허망한 의식이라는 색안경에 걸러서 보고 있을 뿐이다. 있는 그대로의 바른 법을 보지 못하고, 자기 식대로 짜맞춘 생각과 망상 속의 자기가 그린 허망한 세계를 보고 그 속에서 살고 있는 것이다. 자승자박(自繩自縛)!

부처님은 무언가를 새롭게 깨닫거나 만들어낸 분이 아니라, 중생의 허망한 분별의식을 버렸을 뿐이다. 망상의 구름을 걷어내니 이미 떠 있던 밝은 태양이 보인 것일 뿐이다.

바른 법을 공경하고 존중하고 찬탄하며 받들어 섬기고 공양하고 그리워하는 것이야말로 모든 수행자들의 간절한 발심(發心)이다. 바로 그 간절한 법에 대한 발심, 법을 깨닫고야 말겠노라는 서원(誓願)이야말로 우리에게 법을 드러나게 해준다. 이미 법을 깨달으신 부처님조차 법에 의지하고, 법을 공경 공양 존중하며 살아가고 계시지 않은가.

여래가 보는 죽음

이와 같이 나는 들었다.

부처님께서 나리가(那梨迦) 마을의 번기가(繁耆迦) 정사에 계실 때 그 나라에 많은 사람들이 죽었다.…

"세존이시여, 저 우바새(優婆塞, 남자신도) 등은 목숨을 마쳤는데 어느 곳에 다시 태어났습니까?"

"저들은 이미 얽매임을 끊고 아나함이 되어 천상에서 완전히 열반하였으니 이 세상에 다시 태어나지 않을 것이다."

"세존이시여, 다시 250명의 우바새와 또다시 500명의 우바새가 목숨을 마쳤는데 그들도 다 마침내 괴로움을 완전히 벗어났습니까?"

"그들이 죽을 때마다 너희들이 죽음에 대해 묻는 것은 한낱 수고롭기만 할 뿐이다. 그런 것들은 여래가 대답하기 좋아하지 않는 것이다. 태어나면 반드시 죽거늘 무엇이 놀라운가? 여래가 이 세상에 출현했거나 안 했거나 간에 법의 성품은 언제나 존재한다. 여래는 그것을 알아 등정각을 성취하여 자세히 설하여 보인 것이다. 그것은 이른바 십이연기(十二緣起)로 괴로움의 발생과 소멸에 대한 것이다."

사람들은 죽음 이후를 막연히 두려워한다. 그러나 두려워할 것은 없다. 어차피 그것은 계획되어 있는 것이다. 그러니 더욱 걱정할 것은 없지 않은가. 생겨난 모든 것은 반드시 소멸된다. 태어나면 반드시 죽는다. 그건 그냥 그런 것일 뿐이다. 어떻게 될까? 천당 갈까? 지옥 갈까? 그것은 분별심일 뿐이다.

죽음에 대해 수백, 수천 편의 논문을 쓸지라도 그것은 죽음에 대한 생각일 뿐 죽음 자체는 알 수 없다. 모르는 것은 모르는 대로 내버려 두라. 다만 중요한 한 가지는 생멸하는 육신은 오고 가지만, 불생불멸(不生不滅)하는 육신 너머의 법은 오고 가지 않는다는 사실이다.

우리는 육신의 존재가 아니라, 법(法)의 존재다. 우리의 근원은 법신(法身)이다. 법의 성품은 나고 죽음에 상관없이 언제나 존재한다. 그것을 알게 되면 죽어도 죽지 않게 된다.

오온무아(五蘊無我)와 열반(涅槃)

비구들이여, 색(色)이 있고 색에 얽매이기에 아직 생기지 않은 걱정, 슬픔, 괴로움은 생기고, 이미 생긴 괴로움은 더욱 자라고 커간다는 것을 관찰하라. 수상행식(受想行識)도 마찬가지다.

혹 색 가운데 항상 해서 변하지 않고 머무는 것이 있느냐? 색은 덧없는 것이다. 만일 훌륭한 이가 색이 무상(無常)함을 알면 그는 욕심에서 멀어지고 욕심을 멸해 모든 번뇌와 괴로움이 없어질 것이다.

본래부터 모든 색은 덧없고 괴로운 줄 안 뒤에는 색에 인연하여 걱정, 슬픔, 괴로움이 생기더라도 그것을 끊게 되며, 끊고 나면 집착할 것이 없다. 집착하지 않기에 안온한 즐거움에 머물고, 그것을 곧 열반이라 한다. 수상행식도 마찬가지다.…

청정하고 바른 관찰을 말씀했나니, 무상(無常)과 고(苦)와 무아(無我)라네. 그것이 오온(五蘊)의 3가지 모습이니 비구들은 그 법 듣고 기뻐 행했네.

육신(色)은 인연 따라 왔다가 인연이 다하면 사라지는 것일 뿐, 실체가 아니다. 육신은 진짜 내가 아니다. 100년도 못 쓰고 사라져갈 것임을 안다면 육신에 집착할 것은 없다. 육신에, 모양에, 색에, 대상에 집착하고 얽매이게 되면 그것은 괴로움을 가져올 뿐이다.

느낌(受), 생각(想), 의지(行), 의식(識)이라는 마음의 작용 또한 마찬가지다. 느낌도 생각도 의지나 의식도 잠시 왔다가 가는 것일 뿐이다. 무상(無常)한 것일 뿐이다.

우울한 느낌이 왔다고 해서 '나는 우울해'라고 하지는 말라. 그 느낌은 그저 왔다 가는 손님일 뿐 내가 아니다. 그냥 우울감이 여기에서 일어났다가 사라진 것일 뿐이지, 내가 우울한 것은 아니다. 몸과 마음, 물질과 정신은 모두 인연 따라 잠시 왔다가 가는 무상한 것이며, 실체가 없는 것이다. 그렇기에 거기에 얽매이는 것은 괴로움일 뿐이다. 오온(五蘊)이 삼법인(三法印)인 줄 알면 고(苦)에서 벗어난다.

십이처(十二處)

"'일체(一切)'란 어떤 것입니까?"

"일체는 십이처이니, 눈과 빛깔, 귀와 소리, 코와 냄새, 혀와 맛, 몸과 부딪침, 뜻과 법이다. 눈으로써 빛깔을 보면, 마음에 좋고 나쁜 것이 있네. 마음에 좋아도 탐욕을 내지 말고, 싫어도 미워하지 말라.

귀로 듣는 소리들은 기억하고 싶은 것도 있고 그렇지 않은 것도 있네. 기억할 만해도 집착하지 말고, 그렇지 않다고 미워하지도 말라.

코로 맡는 냄새에도 향기로운 것과 지독한 것이 있네. 향기와 악취에 평등한 마음을 내어 탐욕이나 싫어하지 말라.

먹는 음식에도 맛있고 맛없는 것이 있네. 좋은 맛에도 탐욕하지 말고 나쁜 맛이라고 가리지도 말라.

몸의 감촉도 그러니 좋은 감촉에 사로잡히지 말고, 나쁜 감촉도 지나치게 싫어하지 말라.

마음으로 이것저것의 모양을 분별하는 것은 거짓이니 그렇게 하면 욕망과 탐욕이 갈수록 더하리라.

이 여섯 감각 잘 거두어 육경(六境)의 접촉에도 움직이지 않으면 원수 같은 악마에게 항복 받고 생사를 넘어 저 언덕으로 건너 가리라."

눈귀코혀몸뜻과 그 대상인 색성향미촉법이 일체 모든 것이다. 나에게 감각되는 것만이 '있는' 것이다. 내가 있어야 세상이 있고, 세상이 있어야 내가 있다. 내가 죽고 나더라도 독립적인 세상은 그대로 있을 것 같다고 여기는 것은 망상일 뿐이다. 내가 없으면 세상도 없다. 그래서 십이처가 곧 일체다.

사람들이 괴로운 이유는 눈으로 빛깔과 대상을 보자마자 자기 식대로 해석하여 좋거나 나쁘다고 여기고, 좋은 것에는 집착하고 싫은 것은 미워하기 때문이다. 집착하는 것을 갖지 못할 때 괴롭고, 싫은 것과 함께 있어야 할 때도 괴롭다.

그러나 눈에 보이는 모든 대상 그것 자체는 좋거나 나쁜 것이 없다. 중립이다. 다만 내 의식이 그것을 좋거나 나쁘다고 허망하게 판단했을 뿐이다. 그리고 그 판단이 옳은지 그른지 우리는 전혀 알 수 없다. 좋거나 나쁠 것이라고 막연히 생각하는 것일 뿐이다. 보기 싫어서 멀리했는데 훗날 큰 도움을 줄 수도 있지 않은가.

여섯 감각이 바깥 대상을 자기 식대로 분별하고 판단하고 단죄하도록 내버려두고 따라가지 말아 보라. 이것저것 대상을 분별하는 것은 거짓이다. 분별하는 대신 있는 그대로 바라보라. 보면 그저 볼 뿐, 들으면 그저 들을 뿐, 분별없이 있는 그대로를 내버려 두고 허용해 줄 때 원수 같은 분별의 악마에게 항복받고 생사를 넘어 저 언덕으로 건너가게 된다.

두 번째 화살

나의 가르침을 모르는 이들은 고통을 당하면 슬퍼하고 근심하고 가슴을 치며 힘들어한다. 그들은 2가지 느낌으로 고통 받는다. 첫째는 몸의 느낌이며, 두 번째는 마음의 느낌이다.…

비유하면 몸에 두 번째 독화살을 맞고 고통스러워하는 것과 같다. 즉 어리석은 이들은 몸의 느낌으로 괴롭고, 마음의 느낌으로 더욱 괴로움을 증장시켜 또 한 번 괴로워한다.…

나의 가르침을 들은 제자들은 고통을 당하더라도 슬퍼하거나 근심하거나 가슴을 치면서까지 힘들어하지는 않는다. 그런 때에 오직 한 가지 느낌만 일으키나니 이른바 몸의 느낌만 있고 마음의 느낌은 없다.

비유하면 하나의 독화살만 맞고 두 번째 독화살은 맞지 않는 것처럼, 몸의 느낌으로는 괴로울지언정 마음에서까지 괴로움을 느끼지는 않는다.

이것이 그 유명한 독화살의 비유다. 직장 상사가 나를 기분 나쁘게 한 대 때리면서 욕설을 퍼부었다. 상사에게 맞은 것은 몸의 느낌으로 첫 번째 화살이다. 이 첫 번째 화살은 피할 수 없다. 그런데 그 다음에 연이어, 마음속에서 온갖 생각이 일어난다.

'저 녀석이 나를 무시했구나, 다른 사람이 나를 어떻게 볼까?, 내가 한 일이 정말 저런 말을 들을 정도로 잘못한 건가?, 더러워서 직장을 그만두던가 해야지, 나한테 더 이상 출근하지 말란 뜻인가?, 내 가족은 뭘 먹고 살아야 하지, 아! 치사해서 못해 먹겠다, 옛날부터 나를 쫓아내려고 아예 작정한 건 아닐까?'

등등의 온갖 생각들은 연이어 나를 두 번 죽이고, 세 번 죽인다. 그것이 바로 두 번째 화살이다. 타인으로 인해 첫 번째 화살은 어쩔 수 없이 맞지만, 두 번째 화살부터는 내가 쏘고 스스로 맞는 것이다. 마음과 생각으로 온갖 망상을 꾸며내고, 꼬리에 꼬리를 물면서 생각이 올라와 나를 더욱 괴롭힌다. 사실 가만히 살펴보면 첫 번째 화살은 그다지 괴롭지 않다. 우리를 정말 괴롭히는 것은 두 번째 화살이다.

깨달음을 얻은 사람도 첫 번째 화살은 어쩔 수 없다. 그러나 깨달은 자는 두 번째 화살을 맞지 않는다. 첫 번째 화살을 맞고 분별망상을 일으켜 그것을 확대 해석하지 않는다. 생각을 따라가지 않는다. 모든 것은 그저 가볍게 존재 위를 스쳐 지나갈 뿐이다. 그 모든 것은 허용되고 흘려보낸다. 그럼으로써 언제나 가볍다. 한 가지 사건이 일어나도 그것은 거기에서 끝이 난다.

마음이 거기에 사로잡혀 있으면서 괴로운 생각으로 늦은 밤까지 고민하지도 않고, 트라우마를 남기지도 않는다. 이처럼 두 번째 화살을 맞지 않으면 삶이 가벼워진다.

선지식과 좋은 도반

"세존이시여, 수행자에게 좋은 도반(道伴)은 수행의 반을 완성 시켜주는 것이 아닐까요?"

"아난아, 그렇지 않다. 좋은 도반, 좋은 선지식(善知識), 좋은 사람들에게 둘러싸여 있다는 것은 수행의 전부를 완성한 것과 다르지 않느니라.…

아직 생기지 않은 선한 일을 생겨나도록 하고, 이미 생긴 선한 일은 더욱 발전시킬 수 있도록 하는 가장 큰 요인은 바로 선지식 과 좋은 도반, 좋은 사람과 함께하는 일이다.

비구들이여, 선지식, 좋은 도반, 좋은 사람을 가까이하면 아직 생기지 않은 정견(正見)이 생겨나도록 도와주고, 이미 가지고 있 는 정견은 더욱 발전된다."

인생에서도 그렇고 마음공부에서도 그렇고 가장 중요한 것은 내 주 변 사람들이다. 어떤 사람이 곁에 있느냐에 따라 나도 모르는 사이에 그 사람에게 영향을 받고, 훈습(薰習)되며, 은연중에 그를 따르게 된 다. 특히 가까운 사람일수록 내게 엄청난 영향을 끼친다. 우리는 그러 한 수많은 인연들을 통해 나를 형성해 나가기 때문이다.

가장 중요한 것은 좋은 친구, 좋은 사람들, 좋은 선지식을 만나는 것이다. 좋은 사람들과 함께 있으면 나의 에너지도 그들의 파장과 함께 공명하며 그들의 업을 공유하게 된다. 의업이라는 정신에너지가 그들에게 훈습되는 것이다.

긍정적이고 밝은 이들에게 둘러싸여 있게 되면 무엇이든 긍정적으로 바라보게 되고, 또 실제 그 사람과 그 주위가 긍정의 에너지로 공명하기 때문에 점점 더 긍정적이고 원만한 삶의 결과가 생겨나게 된다. 그것이 인과응보다.

특히, 깨달음을 얻고자 공부하는 수행자에게 있어 좋은 도반과 좋은 선지식이라는 스승은 공부의 반 정도가 아니라 전부라고 할 수 있다. 도반과 선지식이 공부를 시켜주는 것이다. 내가 공부를 하는 것이 아니다. 내가 공부한다고 하면 그건 하나의 아상, 에고를 강화시킬 뿐이다.

좋은 도반과 선지식을 늘 가까이하고, 늘 진리에 대해 이야기하며 마음속에 법을 품고 살다보면 저절로 깨달음은 가까워진다. 그것이 부처님께서 제자들을 깨달음으로 이끄신 방법이다. 불법공부는 어렵지 않다. 좋은 도반, 좋은 선지식만 만난다면 이 공부는 전부를 다 한 것이나 다름이 없다. 이제 그 길을 따라 그들 곁에서 함께하기만 하면 되기 때문이다.

그래서 이런 좋은 도반, 좋은 선지식의 모임을 불교에서는 '승가(僧家)'라고 부른다. 우바새, 우바이, 비구, 비구니라고 하여 남녀 신도와 남녀 스님들의 모임이야말로 바로 이런 좋은 도반, 좋은 선지식, 좋은 사람들의 모임이기에, 이러한 승가에 몸담고 있기만 해도 저절로 공부가 익어가는 것이다.

이것이 바로 무위법(無爲法)이다. 열심히 애써야 도(道)를 이루는 것이 아니라, 그저 좋은 공부 인연, 좋은 도반과 스승과 함께 법 안에서 함께 생을 살아가는 것, 그것이 진짜 공부다. 이런 공부는 전혀 힘들이지 않는 무위의 공부다.

좋은 스승만 찾으라. 그것에 인생 전부를 걸라. 좋은 스승 아래에는 좋은 도반들이 있다. 그 모임에 자주 참여하라. 그들과 함께 울고 웃으며 이 한 생을 살아가라. 그것이 바로 승가이며, 불법의 실천이다. 그것이 이 공부의 전부다.

04
증일아함경

출세간과 십팔계

'부처님은 무엇을 가르치고 무엇을 주장하는가?'

"나의 가르침은 하늘신이나 용, 귀신이라 할지라도 의식으로 알 수 있는 것이 아니다. 이 법은 세상에 집착하지 않고, 또 세상에 머무르지 않는 것이다.[출세간법] 내 가르침은 바로 이것을 말할 뿐이다."…

눈(眼根)으로 빛깔(色境)을 보면 의식(眼識)이 생기고[十八界], 이 3가지 인연이 만나 접촉(觸)하면 느낌(受蘊)이 생기고 생각(想蘊)이 생기며 그로 인해 온갖 집착하는 마음(取)이 생긴다.

귀가 소리를, 코가 냄새를, 허가 맛을, 몸이 감촉을, 뜻이 법을 만나면 곧 의식이 생긴다. 이 3가지에서 의식이 생기고 거기에서 온갖 집착심이 생긴다. 그것은 탐욕, 성냄, 번뇌, 교만, 삿된 소견, 어리석음으로써 온갖 문제를 일으켜 헤아릴 수가 없다.

부처님의 가르침, 불법은 하늘의 신이라고 할지라도 머리로 헤아려 알 수 있는 것이 아니다. 머리로 헤아려 분별하는 것은 세속의 방식일 뿐이다. 불법은 출세간법(出世間法)이기에 세간의 방식으로는 가 닿을 수가 없다. 세간과 출세간은 전혀 다른 범주이기 때문이다. 머리로 헤아려 불법을 이해하려 한다면 그것은 범주의 오류다. 출세간법인 이 진리는 세상에 집착하지 않고, 이 세상에 머무르지 않는 것이다.

이 세상, 세간은 무엇일까? 눈으로 대상을 보면 의식이 생기고 거기에서 느낌과 생각이 생기며 연이어 집착이 생긴다. 눈귀코혀몸뜻이 색성향미촉법(色聲香味觸法)을 만나 온갖 분별 의식이 생겨나고, 거기에서 좋고 나쁜 느낌과 생각이 생겨나 좋은 것은 집착하고 싫은 것은 거부하게 된다. 좋고 싫은 분별과 집착은 탐욕, 성냄, 번뇌, 교만, 삿된 소견, 어리석음으로써 온갖 문제를 일으키는 주범이다.

눈으로 대상을 바라보고 자기 식대로 분별 인식하는 것이 바로 세간법이다. 부처님은 바로 그 세간적인 알음알이, 분별심을 만들어내지 않고, 있는 그대로를 있는 그대로 보신다. 있는 그대로 볼 때는 대상을 헤아리거나 판단하고 생각하지 않는다. 생각이나 판단, 분별로는 있는 그대로의 존재를 온전히 볼 수 없다.

진리는 생각이나 헤아림으로는 가 닿을 수 없다. 하늘의 신이라고 할지라도 머리로 헤아려서는 도저히 알 수 없다. 분별없이 다만 보고 듣고 맛보기만 하라. 거기에 생각을 개입시키지 말라. 생각은 세속의 도구일 뿐이다. 출세간의 범주로 넘어가려면 생각과 분별이 꽉 막혀야 한다. 보고 듣고 맛볼 때 그저 할 뿐, 생각으로 헤아리지만 말아 보라. 출세간의 길이 열린다.

살펴볼 경구들

욕심은 더럽기가 똥덩이 같고, 밑 빠진 그릇 같으며, 무섭기가 독사와 같고 원수와 같아 위험하며 햇볕에 녹는 눈처럼 허망하기 그지없다. 욕심은 예리한 칼날 위에 묻어 있는 꿀과 같고, 화려한 화장실에 칠해진 단청과 같으며, 화려한 병에 담긴 추한 물건 같으며, 물거품처럼 허망하여 견고하지 못하다.

마음이 탐욕을 벗어나지 못하기 때문에 중생들이 무거운 짐을

지게 된다. 탐욕으로부터 벗어나지 못하는 한 무거운 짐을 벗을 수는 없다. 짐을 지는 것은 세상 사람들의 병이요, 짐을 벗어버리는 것은 최상의 즐거움이니 무거운 짐을 버릴지언정 새 짐을 만들지 말라.

사람의 말과 행동은 그 사람의 생각을 나타낸다. 마음속에 악함을 품으면 말과 행동이 거칠어지지만 마음속에 착함을 품으면 말과 행동이 너그러워진다. 콩 심은데 콩 나고 팥 심은데 팥이 나듯이 말과 행동이 거친 사람은 악의 과보를 받게 되고, 말과 행동이 너그러운 사람은 선의 과보를 받게 된다. 그것은 몸뚱이에 반드시 그림자가 따르는 것과 같다.

대지는 깨끗한 것도 받아들이고, 더러운 똥과 오줌도 받아들인다. 그러면서도 깨끗하다 더럽다는 분별이 없다. 수행하는 사람도 마음을 대지와 같이 해야 한다. 나쁜 것을 받거나 좋은 것을 받더라도 조금도 좋아하거나 싫어하는 분별을 내지 말고 오직 자비로써 중생을 대해야 한다.

올바른 법도 오히려 없애야 하거늘 하물며 잘못된 법이겠느냐?

언제나 기쁜 마음으로 보시하여 복을 지으면 누구를 만나도 부끄럽거나 두렵지 않다. 기쁜 마음으로 베풀고 조금도 후회하지 않으면 죽어서 천상에 태어나 천인들의 칭찬을 받는다. 보시는 내생의 좋은 양식이 되나니 윤회하지 않는 곳에 도달할 것이요, 하늘의 신들도 항상 돌보고 환희하게 된다.

부모를 효도로써 섬기는 데서 오는 과보는, 보살이 받는 과보와 동등하다.

지나치게 많이 먹으면 몸에 가득 차 숨이 급하고 모든 맥이 고르지 못해 심장의 활동을 가로막으며, 앉으나 누우나 편안치 못하다. 그렇다고 먹는 것을 너무 적게 줄이면, 몸은 여위고 정신은 나가고 말아서 생각이 견고하지 못한 결과가 오게 된다.

05
디
가
니
까
야

여섯 방향의 비유

이와 같이 나는 들었다. 어느 때 부처님은 라자가하의 죽림정
사에 계셨다. 장자의 아들 시갈라는 아침 일찍 일어나 라자가하
교외에서 온몸이 젖은 채로 두 손 모아 합장하고 동서남북과 위,
아래 여섯 방향을 향해 예배했다.

부처님은 탁발을 하려고 라자가하로 들어가시다가 시갈라의
모습을 보고 말씀하셨다.

"장자의 아들아, 그대는 왜 그렇게 온몸이 젖은 채 여러 방향으
로 예배하는가?"

"예, 부처님, 저의 아버님께서 임종 시에 여러 방위에 예배해야 한다고 말씀하셨기에 그 말씀에 대한 공경으로 동서남북과 위, 아래 여섯 방향을 향해 예배합니다."

"장자의 아들아, 거룩한 가르침에서 여섯 방향은 그런 방위가 아니다.… 여섯 방향을 다음과 같이 알라. 부모님은 동쪽이고, 스승은 남쪽이며, 아내와 아들은 서쪽, 친구와 동료는 북쪽, 하인과 고용인은 아래쪽, 스님과 성직자는 위쪽이다."

"아들은 5가지로 동쪽 방향인 부모님을 섬겨야 한다. 첫째, 부모님은 나를 양육하셨으니 부모님을 봉양하고, 둘째, 주어진 의무를 다하며, 셋째, 가문의 전통을 이어가고, 넷째, 유산을 물려받음에 모자람이 없도록 하며, 다섯째, 부모님이 돌아가시면 그분들을 위해 보시를 베푼다.

부모는 5가지로 동쪽 방향인 자녀를 돌보아야 한다. 첫째, 악을 삼가도록 이끌고, 둘째, 선을 실천하도록 권장하며, 셋째, 교육을 시키고 전문 기술을 가르치며, 넷째, 적합한 배우자를 찾아 혼인시키고, 다섯째, 때가 되면 유산을 물려준다.…

제자는 5가지로 남쪽 방향인 스승을 섬겨야 한다. 첫째, 일어서서 맞이하여 인사하고, 둘째, 먼저 와서 기다리며, 셋째, 배움에 열성을 다하고, 넷째, 개인적으로 시중을 들고, 다섯째, 주의 깊게 가르침을 배워야 한다.

스승은 5가지로 남쪽 방향인 제자를 돌보아야 한다. 첫째, 가르쳐야 할 바를 철저히 가르치고, 둘째, 제자들이 잘 알아듣고 있는지를 확인하며, 셋째, 모든 분야에 철저히 교육시키고, 넷째, 친구와 동료들에게 제자를 추천해주고, 다섯째, 언제나 제자를 안전하게 보호해 주어야 한다.

남편은 5가지로 서쪽 방향인 아내를 섬기라. 첫째, 아내를 공경하고, 둘째, 말씨는 부드럽게 하고, 셋째, 믿음직한 성실함을 보이고, 넷째, 충분한 권한을 넘겨주고, 다섯째, 옷과 장신구를 사준다.

아내는 5가지로 서쪽 방향인 남편을 섬기라. 첫째, 맡은 바 일을 잘하고, 둘째, 시가와 친가 양쪽 모두를 환대하며, 셋째, 믿음직한 충실함을 보이고, 넷째, 남편이 벌어 온 재산을 잘 관리하며, 다섯째, 일 처리에 근면하고 능숙하도록 하라.…

주인은 5가지로 아래 방향인 하인과 고용인을 대접해야 한다. 첫째, 그들의 힘과 능력에 따라 알맞은 일을 배정해 주고, 둘째, 음식과 급여를 제때 주며, 셋째, 병이 나면 간병해 주며, 넷째, 특별히 맛있는 음식이 있을 때 나누어 먹으며, 다섯째, 적절한 때에 휴식을 보장해 주어야 한다.

　하인과 고용인은 5가지로 주인을 섬겨야 한다. 첫째, 주인보다 일찍 일어나 출근하고, 둘째, 주인보다 늦게 퇴근하고 잠자리에 들며, 셋째, 주는 것만을 가지며, 넷째, 맡은 바 임무에 성실히 임하며, 다섯째, 항상 주인에 대해 좋은 평판과 칭찬을 이야기한다.”

　『육방예경(六方禮經)』은 부처님께서 우리가 일상생활 속에서 늘 만나게 되는 가장 가까운 인연들과 어떤 관계를 맺고 살아가야 할 것인지에 대해 세부적으로 가르침을 주신 경전이다.

　육방은 동서남북과 위, 아래를 뜻하고, 육방예경이란 동쪽인 부모님, 서쪽인 아내와 자식, 남쪽인 스승, 북쪽인 동료, 위인 참된 수행자, 종교인 등 지혜로운 삶을 사는 사람, 아래인 고용인에게 예를 올리는 것을 의미한다.

　각각의 인간관계에 따라 서로에게 5가지 구체적인 삶의 계율과도 같은 지침을 주셨다. 하나하나 살펴보면, 단순하면서도 현대인들에게도 꼭 필요한 귀한 말씀이니 일독을 권해 본다.

06
맛
지
마
니
까
야

뗏목의 비유

"어떤 사람이 여행을 떠났는데 큰 강물을 만났다고 하자. 강의
이쪽은 두렵고 위험한 반면 강 건너 저 언덕은 안전하다. 그런데
저쪽으로 건너갈 배가 없다면 그는 이렇게 생각할 것이다.

'저 언덕은 안전하니 건너긴 해야겠는데 배가 없으니 갈대와
나뭇가지 등을 모아 뗏목을 만들자. 뗏목에 의지해 저쪽 언덕으
로 안전하게 건너가야겠다.'

그래서 그는 결국 강을 건널 것이다. 강 건너 저 언덕에 도착해
그는 생각한다.

'이 뗏목은 내게 큰 도움을 주었다. 나는 이 뗏목에 의지해 저 언덕에 무사히 도착했다. 그러니 이제 이 뗏목을 짊어지고라도 가지고 가야 하지 않을까?'

그대들은 어떻게 생각하는가? 뗏목을 짊어지고 가는 것이 옳은 태도인가?"

"아닙니다. 부처님."

"그러면 뗏목을 어떻게 하는 것이 좋은가? 강을 건너 저 언덕에 도착한 그 사람이 '이 뗏목은 나에게 큰 도움이 되었지만, 이제 무사히 강을 건넜으니 뗏목은 놔두고 내 갈 길 가야겠다' 라고 생각하는 것이야말로 뗏목에 대한 바른 태도이다.

나의 가르침도 이와 같다. 나는 그대들에게 소유하라고 가르침을 준 것이 아니라, 뗏목처럼 강을 건너게 할 목적으로 가르침을 설한 것이다. 이와 같음을 안다면 좋은 것에 대한 집착도 버려야 하거늘 하물며 나쁜 것이야 말할 필요가 있겠는가!"

모든 부처님의 가르침은 뗏목과 같은 것일 뿐이다. 가르침의 목적은 깨달음의 저 언덕으로 가기 위한 방편일 뿐, 뗏목 자체가 목적이 되어서는 안 된다. 가르침 자체에 집착하여 가르침을 절대시해서는 안 된다. 모든 불법의 가르침은 방편일 뿐이고, 방편이란 가짜란 의미다. 우리에게 목적은 '깨달음의 저 언덕에 이르는 것'일 뿐, 뗏목 그 자체가 목적인 것은 아니다.

모든 가르침은 이와 같이 언젠가는 버려야 한다. 붙잡고 안주하고 거기에 의지할 그 어떤 것도 없다. 그때, 그 근기와, 그 시절에 필요한 가르침이라면 그때 사용하고 수행하고 써야 하겠지만 사용한 뒤에는 미련 없이 버릴 수 있어야 한다. 그래야 새로운 뗏목, 새로운 방편을 얻을 수도 있고, 나아가 방편이 더 이상 필요치 않은 안온한 저 언덕에 완전히 도달할 수도 있는 것이다.

불교 경전의 말씀은 전부 다 방편이다. 그 말속에 어떤 실체적인 진리가 담겨 있는 것은 아니다. 더욱이 말이나 언어라는 것은 진실을 있는 그대로 담을 수 없다.

불교의 수행법 또한 전부 다 방편이다. 경전도 수행도 그 모든 것은 언젠가는 다 버리고 떠나야 할 것들이다. 그러니 어떤 경전에도, 어떤 수행에도 절대화하거나, 집착하지는 말라. 집착하게 되면, 거기에 머물러 의지하게 되고, 그렇게 되면 거기에 발목이 잡혀 앞으로 나아갈 수 없게 된다.

많은 불자들이나 스님들이 방편이 진짜인 것으로 오해하여, 특정 수준의 방편에 사로잡혀 더 나아가지 못하는 것을 종종 보곤 한다. 방편을 내려놓을 때, 그리고 진리에 마음을 열고 있을 때, 비로소 우리는 한 발 내딛을 수 있다.

차제설법(次第說法)

　세존께서는 장자 우팔리에게 순차적으로 가르침을 펴 주셨다. 첫째로 보시에 대한 가르침[시론(施論)]을, 둘째는 계율에 대한 가르침[계론(戒論)]을, 셋째는 복을 지으면 하늘에 난다는 가르침[생천론(生天論)]을, 넷째는 감각적 쾌락의 욕망에 대한 위험과 타락과 오염[제욕(諸欲)의 과환(過患)]을, 다섯째로 세간을 여의는 것에 관한 공덕[출리(出離)의 공덕]에 대하여 설명하셨다. 그리고 세존께서는 장자 우팔리가 마음의 준비가 되었을 때, 마음이 유연해지고 마음에 장애가 없어지고 마음이 고양되고 마음이 믿음으로 가득한 것을 알았을 때, 모든 깨달은 님이 칭찬하는 사성제의 가르침에 대하여 설하셨다.

　마치 깨끗하고 때 묻지 않은 천이 잘 물들듯, 장자 우팔리는 그 자리에서 티끌 없고 때 묻지 않은 것 즉 '어떤 것이든 생겨난 모든 것은 소멸한다'는 진리에 눈을 떴다.

　장자 우팔리는 진리를 보고, 성취하고, 알고, 진리에 들고, 스승의 가르침에 대한 의심을 끊고, 두려움 없음을 얻고, 다른 것에 의지하지 않게 되었다.

이 순차적 가르침 가운데 시론, 계론, 생천론은 재가불자들을 위해 주로 설한 것으로, 쉽게 말해 시론은 보시를 실천함으로써 복을 쌓으라는 것이고, 계론은 계율을 잘 지키는 도덕적인 삶을 말하고, 생천론은 그러한 선업의 결과로 사후에는 하늘에 태어나 행복한 생활을 할 수 있다는 가르침이다.

그 뒤에 설한 것이 제욕의 과환인데, 이는 모든 감각적 욕망은 우리를 위험으로 이끈다는 것이고, 출리의 공덕은 삼계를 벗어나 열반을 구하는 공덕을 설한 것이다. 그리고 이렇게 공부의 성숙을 이룬 제자들에게 결국 고(苦)에서 벗어나 열반에 이르는 길인 사성제(四聖諦)를 가르치셨다.

이것이 불자들이 순차적으로 올라가며 닦아야 할 수행의 길이다. 언제까지 보시와 계율과 복 짓는 삶인 생천론에 대해서만 기복적으로 매달릴 것인가. 불자들은 기복이나 복 짓는 것에만 매달릴 것이 아니라 본격적인 수행자를 위한 법문인 제욕의 과환과 출리의 공덕의 방향으로 공부를 진전시켜야 한다.

욕심내는 것을 어떻게 하면 이룰 수 있는지, 부자가 될 수 있는지, 성취할 수 있는지에 대한 기도에서 나아가 욕심의 위험을 깨달아 마음을 비우고, 삼계(三界)라는 이 세간이 얼마나 허망하고 무상한 생멸법(生滅法)인지를 깨달아 고에서 벗어나는 대열반의 길로 가야 할 것이다. 복 짓고 잘사는 길도 좋지만 크게 깨닫는 길, 보리심(菩提心)과 깨달음의 발심(發心)으로 공부를 진전시켜 나가야 한다.

/07
상윳따니까야

오온의 무상 고 무아

이와 같이 나는 들었다. 어느 때 부처님께서는 사왓티의 기원 정사에 계셨다. 부처님은 라훌라에게 이렇게 말씀하셨다.

"라훌라여, 물질(色)은 영원한가, 무상한가?"

"무상(無常)합니다."

"무상한 것은 괴로운 것인가, 즐거운 것인가?"

"괴로운 것(苦)입니다."

"무상하고 괴로운 것을 '나다', '내 것이다'라고 하는 것은 옳은가?"(無我)

"옳지 않습니다."

"느낌(受), 생각(想), 의지(行), 의식(識)은 영원한가, 무상한가?"

"무상합니다."

"무상한 것은 괴로운 것인가, 즐거운 것인가?"

"괴로운 것(苦)입니다."

"무상하고 괴로운 것을 '나다', '내 것이다'라고 하는 것은 옳은가?"(無我)

"옳지 않습니다."

"이와 같이 무상한 줄 알기에 거룩한 제자들은 물질에 집착하지 않고 느낌, 생각, 의지, 의식에 집착하지 않는다. 집착하지 않기 때문에 욕망에서 벗어나고 해탈을 얻는다."

"수행승들이여, 그대는 어떻게 생각하는가? 물질은 영원한가, 무상한가?"

"세존이시여, 무상합니다."

"그러면 무상한 것은 괴로운 것인가, 즐거운 것인가?"

"세존이시여, 괴로운 것입니다."

"무상하게 변하고 괴로운 법을 '내 것이다', '나다', '나의 자아다'라고 하는 것은 옳은가?"

"세존이시여, 그렇지 않습니다."

"수행승들이여, 그대는 어떻게 생각하느냐? 느낌은… 생각은… 의지는… 의식은 영원한가 무상한가?"

"세존이시여, 무상합니다."

"그러면 무상한 것은 괴로운 것인가, 즐거운 것인가?"

"세존이시여, 괴로운 것입니다."

"무상하게 변하고 괴로운 법을 '내 것이다', '나다', '나의 자아다'라고 하는 것은 옳은가?"

"세존이시여, 그렇지 않습니다."…

"그러므로 수행승들이여, 어떠한 물질이든… 느낌이든… 생각이든… 의지든… 의식이든… 과거나 미래, 현재 중 어디에 속하든지, 안이거나 밖이거나, 거칠거나 미세하거나, 열등하거나 우월하거나, 멀리 있거나 가까이 있거나, 그 모든 물질은 이와 같이 '내 것이 아니다', '내가 아니다', '나의 자아가 아니다'라고 바르게 관찰해야 한다.

수행승들이여, 이와 같이 보고 잘 배운 훌륭한 제자는 물질과 느낌, 생각과 의지, 의식에 대해서 싫어하여 떠나고, 싫어하여 떠나서 사라지고 사라져서 해탈한다. 해탈하면 '나는 해탈했다'는 지혜가 생겨나서 '태어남은 부서지고 청정한 삶은 이루어졌다. 해야 할 일을 다 마치고 더 이상 윤회하지 않는다'라고 그는 분명히 안다."

이와 같이 말씀하시자 5명의 수행승들은 세존께서 말씀하신 것에 환희하며 기뻐했다. 그리고 이러한 설법이 행해지는 동안에 5명의 수행승들의 마음은 집착 없이 번뇌에서 해탈했다.

이것은 오온(五蘊)과 삼법인(三法印)에 대한 초기 경전의 정형구로 자주 등장하는 경구다.

오온은 가깝게는 '나'를 구성하는 5가지 요소이고, 넓게는 일체 삼라만상(森羅萬象)이 이 5가지로 이루어졌음을 뜻하는 가르침으로, 오온은 곧 나요 이 세상 모든 것이다.

일체 우주법계, 삼라만상 전부를 가리키는 불교 용어가 일체제법이다. 일체(一切)는 말 그대로 일체 모든 것이고, 제법(諸法)은 일체 모든 존재를 말한다. 여기에서 법(法)은 존재의 의미다.

오온은 색수상행식(色受想行識)으로, 색(色)은 물질을, 수상행식은 정신으로써 느낌(수온), 생각(상온), 의지(행온), 의식(식온)을 말한다. 나는 이 세상과 마찬가지로 전부 물질과 정신으로 이루어졌다. 또한 이 우주 삼라만상 일체제법은 곧 무상, 고, 무아라는 3가지 즉, 삼법인의 특성을 지닌다.

나도 세상도 인연 따라 모였다가 인연이 다하면 흩어지는 무상하게 변하는 존재다. 이 몸도 생노병사(生老病死)를 겪고, 물질은 생주이멸(生住異滅)하며, 우주는 성주괴공(成住壞空)한다. 이 육신은 인연 따라 잠깐 생겨났다가 인연이 다하면 소멸되는 허망한 것이다. 무상하게 변해가는 육신을 우리는 '나'라고 여기지만, 이 몸은 내가 아니다. 영원하지 않기 때문이다. 영원하지 않고, 나라고 할 만한 실체가 아니니, 이 몸에 집착하는 것은 곧 괴로움이다. 이 몸은 언젠가 무상하게 허물어져 가는 것이니 이 몸은 곧 괴로움이다. 무상하고 괴로운 것은 내가 아니다. 무상, 고, 무아, 곧 삼법인이다.

정신작용도 마찬가지다. 느낌, 감정이나, 생각과 견해, 욕구와 의지, 분별의식 이 모든 것들은 전부 잠시 인연 따라 모였다가 인연이 다하면 흩어지는 무상한 것들이다. 홀로 있으면 외로움을 느끼고, 욕을 얻어먹으면 괴로운 느낌, 자존감이 떨어지는 느낌을 느낄 뿐이지, 그 느낌이 진짜 '나'인 것은 아니다. 우리는 그런 좋지 않은 느낌을 느낄 때 그것이 인연 따라 잠깐 왔다가 가는 무상한 것인 줄 모르기에, 그 느낌을 '나'라고 여기며 '내가 괴롭다'라고 말한다. 그러나 그것은 인연생 인연멸이기에 무상하고 괴로운 것이고 내가 아니다.

무상하게 무너지는 것은 곧 괴로움이다. 느낌에 집착하면 괴로울 수밖에 없다. 아무리 좋은 느낌도 언젠가는 무상하게 사라져 갈 것이기 때문이다. 그러니 느낌, 수온도 무상하기 때문에 괴로운 느낌 등을 나라고 할 수도 없다.

생각도 무상하게 변해가며, 내 생각대로 되지 않고 변해갈 때 괴롭다. 무상하고 괴로운 것은 내가 아니다. 내 생각이 아니라, 그 모든 생각은 잠시 내게 왔다가 가는 허망한 생각들일 뿐이다.

의지나 욕망도 변한다. 이것을 원하지만 곧 다른 것을 원한다. 한 가지를 원하지만 원한다고 다 이루어지는 것은 아니다. 끊임없이 변하고, 변하는 것은 괴로우며, 곧 내가 아니다. 내가 무언가를 원한다고 여기지만, 그건 내가 원하는 것이 아니라 인연 따라 그때는 그것을 원하게 된 것일 뿐이다. 그것을 원하는 마음이 내 마음의 영원한 실체는 아니다. 이것을 원했다가 인연이 바뀌면 곧 다른 것을 원하게 될 뿐이다.

의식은 곧 분별하는 마음이다. 분별망상, 알음알이, 분별심이라고 한다. 분별심 또한 고정된 실체가 아니다. 이렇게 의식하다가 저런 의식으로 바뀐다. 300만원의 월급이 많은 것이라고 여기다가도 세월이 흐르고 나면 박봉이라고 여긴다. 같은 조건을 두고 분별심, 의식은 늘 변해간다. 무상하고 무상한 것은 괴로움이며, 그런 분별심을 가지고 '나다', '내 마음이다', '나의 자아다'라고 하는 것은 옳지 못하다.

이처럼 바르게 오온의 무상, 고, 무아에 대해 바르게 깨달은 제자는 물질에도, 느낌이나 생각, 의지, 의식에도 집착하지 않고, 그것을 나라고 여기지 않아 집착을 버리며 사로잡힌 것으로부터 해탈한다. 청정한 삶은 이루어지고, 더 이상 윤회의 괴로움은 없다.

열반, 모든 것은 무너진다

사리풋타 존자가 중병으로 열반에 들었다.… 이에 부처님은 말씀하셨다.

"아난다여, 누구나 사랑하는 모든 것들로부터 언젠가는 헤어져야 한다. 생겨난 것, 존재하는 것, 인연 따라 생겨난 모든 것들은 전부 무너지고 만다. 무너지지 않는 것은 없다. 마치 굳건한 나무의 가장 큰 가지가 부러지는 것처럼, 굳건한 승가에서 사리풋타는 마지막 열반에 들었다. 아난다여, 생겨나고 존재하고 인연 따라 생겨난 것은 전부 무너지고 만다. 무너지지 않는 것은 있을 수 없다."

"사리풋타와 목갈라나가 열반에 들고 보니 이 모임이 내게는 텅 빈 것 같구나. 전에는 사리풋타와 목갈라나가 어디에 있든 이토록 텅 빈 것 같지 않았다. 그들은 가장 뛰어난 한 쌍의 제자였다. 그들이 얼마나 스승의 가르침을 잘 실천했는지, 얼마나 스승의 충고를 잘 따랐는지, 얼마나 승가대중의 사랑을 받고 기쁨을 주었는지, 얼마나 존경을 받았는지 참으로 놀라운 일이다.

이처럼 한 쌍의 제자가 열반에 들었음에도 여래에게 슬픔과 비통이 없으니 이 또한 놀라운 일이구나. 어떻게 그럴 수 있을까?"

사리불과 목건련이 부처님보다 먼저 열반에 들었을 때 부처님께서는 이 모임이 텅 빈 것 같다고 하시며 먼저 떠나보낸 제자들에 대한 슬픔을 표현하신다. 그럼에도 불구하고 여래에게는 슬픔과 비통이 없다고 설하고 계신다. 이것이 바로 깨달은 자의 무위행(無爲行)이요, 함이 없는 행이다. 머무는 바 없는 마음 씀의 도리다.

　　깨달았다고 해서 슬픔도 느끼지 못하고, 기쁨도 느끼지 못하는 것은 아니다. 우리와 똑같이 기뻐하고 슬퍼하고 인연 따라 울고 웃는다. 겉으로 보기에는 우리와 똑같다. 그러나 우리는 슬플 때 슬픔에 사로잡히지만, 깨달은 이는 슬프지만 슬프지 않다.

　　우리는 기쁠 때 기쁨에 사로잡히고 슬플 때 슬픔에 사로잡혀 그 감정이 나라고 여기며 그 감정 속으로 함몰되고 만다. 그러나 깨달은 이는 슬픔을 느끼면서도 그 슬픔과 자신을 동일시하지 않고 거기에 빠져들어 사로잡히지 않는다. 슬픔을 느끼지만 슬픔이 없는 것이다. 하되 함이 없이 하는 것이고, 머무는 바 없이 하는 것이다.

　　모든 것이 있지만 없고, 없지만 있다. 사랑하지만 그 사랑이 순수하여 집착이나 바람이 없다. 화를 내지만 그걸로 끝이다. 슬프지만 슬프지 않다.

4가지 믿음, 삼보(三寶)와 계율(戒律)

부처님께서 사왓티의 라자까라마 승원에 계실 때 1000명의 비구니에게 설법하셨다.

"비구니들이여, 4가지 법을 갖춘 훌륭한 제자는 '진리의 흐름에 들어간 사람'이며, 그는 더 이상 나쁜 곳에 떨어지지 않고 깨달음의 길로 결정되어 나아가게 된다. 무엇이 4가지인가?

첫째, 훌륭한 제자는 부처님에 대한 확고한 믿음을 가진다.

부처님은 아라한이시며, 온전히 깨달으신 분이며, 지혜와 덕을 두루 갖춘 분이며, 진리의 길로 잘 가신 분이며, 세상을 잘 아는 분이며, 견줄 바가 없는 분이며, 사람을 길들이는 분이며, 신과 인간의 스승이시며, 깨달은 분이며, 존귀하신 분이다.

둘째, 훌륭한 제자는 가르침에 대해 확고한 믿음을 가진다.

가르침은 부처님에 의해 잘 설해졌고, 지금 현재 직접 볼 수 있는 것이고, 시간을 초월하며, 와서 보라고 할 만한 것이고, 유익한 것이고, 지혜로운 이들에 의해 직접 체득된 것이다.

셋째, 훌륭한 제자는 승가에 대한 확고한 믿음을 가진다.

부처님과 제자들의 모임인 승가는 훌륭한 길을 수행하며, 정진한 길을 걷고, 진리의 길을 가며, 합당한 길을 닦아 간다. 이러한 승가는 네 쌍으로 8가지로 되어 있는데 공양 받을 만하며, 공경 받을 만하며, 이 세상에서 그 어느 것과도 비교할 수 없는 공덕(功德)의 복밭이다.

넷째, 훌륭한 제자는 계행(戒行)을 갖춘다.
이 계행은 훌륭한 이들이 칭찬하는 것으로써 깨어지지 않고, 흠 없고, 얼룩지지 않고, 자유로우며, 지혜로운 자에 의해 찬탄되며, 삼매로 이끄는 것이다.”

4가지 진리의 길을 걷는 제자는 더 이상 나쁜 길을 가게 되지 않고 깨달음의 길을 향해 나아가게 될 수밖에 없다. 그것은 바로 불법승(佛法僧) 삼보(三寶)와 계율(戒律)에 대한 믿음과 실천이다.

불법승 삼보는 거룩한 부처님과 부처님의 가르침과 그 가르침을 바르게 믿고 따르는 청정한 스님과 재가자의 모임인 승가이다. 이 불법승 삼보를 굳게 믿고 의지해가며, 윤리적인 계율을 잘 지켜 나간다면 우리는 언젠가 깨달음의 저 언덕에 도착하게 된다. 부처님은 그것이 결정되어 있다고 표현하심으로써, 삼보와 계율에만 의지하면 누구나 깨닫게 될 수밖에 없는 당연한 이치임을 설하고 계신다. 아주 중요한 부분이다. 누구나 깨달을 수밖에 없다. 불법승 삼보를 가까이하며 부처님을 의지하고, 부처님의 가르침에 의지하며, 부처님의 바른 법을 설하는 선지식에 의지하고, 바른 도반들과 함께 살아간다면 그것이 바로 참된 수행이다. 그렇게만 된다면 저절로 마음공부는 익어가 깨달음을 얻을 수밖에 없다. 왜냐하면 우린 이미 깨달아 있는 존재이기 때문이다.

다만 삼보를 믿고 의지하더라도, 타인에게 피해를 주거나 선하지 못한 행위, 즉 윤리 도덕적으로 결함이 있는 행위를 하면 안 된다고 말한다. 이것은 바로 삼보와 함께 계율을 청정히 지켜 나가야 한다는 의미다.

우리는 지금까지 나는 아무리 열심히 해도 이번 생에 깨닫지는 못할 것이라고 여겨 왔다. 많은 불자들이 그렇게 생각하고 이번 생에는 복이나 짓고, 다음 생 언젠가는 출가하여 수행해서 깨달음을 얻겠노라고 말한다. 그러나 그것은 망상일 뿐이다. 그런 미래는 없다. 바로 지금, 여기에서의 일이 되어야 한다.

깨달음은 언제나 지금 여기에서 일어난다. 바로 이번 생에 이룩해야 할 당연한 발심이 되어야 한다. 삼보와 계율만 진심을 다해 가까이하고, 이 마음공부와 진리, 법에 대한 간절한 마음만 있다면, 그 마음공부의 간절함이 내 인생에서 가장 중요한 것이기만 하다면 누구나 깨달음에 이를 수 있다.

사념처(四念處), 4가지 마음챙김

여기 유일한 길이 있다. 그것은 사람들을 청정한 삶으로 이끌고, 슬픔과 한탄을 이기게 하고, 괴로움과 불쾌를 없애고, 바른 길을 얻게 하고, 열반에 이르게 한다. 그것은 곧 '4가지 마음챙김(四念處)'이다.

첫째, 수행자는 세상에 대한 탐욕과 걱정을 멀리하고, 간절하게 선명한 관찰과 마음챙김을 가진다. 몸에 대하여 몸을 있는 그대로 관찰하고(身念處), 느낌에 대하여 느낌을 있는 그대로 관찰하고(受念處), 마음에 대하여 마음을 있는 그대로 관찰하고(心念處), 법에 대하여 법을 있는 그대로 관찰(法念處)하면서 머문다.

이것이 유일한 길로써 사람들을 청정으로 이끌고, 슬픔을 이겨내게 하고, 고를 없애며, 바른 길을 얻게 하고 열반에 이르게 한다.

사념처는 신수심법(身受心法)이라는 4가지 마음을 집중하며 관찰하는 수행이다. 즉 우리는 의식이라는 분별망상으로 인해 있는 그대로를 보지 못하기 때문에, 분별망상을 조복 받도록 하기 위해 신수심법이라는 4가지 중 어느 한 가지를 선택해 집중하여 관찰하게 함으로써 마음이 번뇌 망상에 물들지 않고, 생각으로 오염되지 않도록 이끄셨다.

생각과 망상이 올라올 때 그 생각과 망상을 대상으로 싸워 이기려고 애쓰거나, 생각이 올라오지 않도록 애쓴다고 해서 생각이 없어지는 것은 아니다. 다만 그 생각에 에너지를 주지 않고, 그 생각을 따라 가지 않고, 분별없이 있는 그대로 바라보는 것이야말로 그 생각을 지혜롭게 다루는 방식이다.

처음에는 몸의 특정 부분을 관찰하거나, 호흡을 관찰하거나, 몸 전체를 관찰하기도 하고, 느낌과 감정이 올라올 때는 바로 그 느낌과 감정을 따라가지 않고 그 느낌을 해석하지 않고 그저 있는 그대로 느끼는 것이다. 있는 그대로 바라보는 것이다.

마음에서 온갖 생각과 망상, 의지와 분별심 등이 일어날 때도 그 마음을 있는 그대로 바라본다. 전혀 해석하거나 따라가지 않고, 거기에 힘을 실어주는 대신 그것이 거기에서 일어나고 있음을 단순히 알아차리고, 허용해주고, 무심하게 바라보는 것이다. 그러다가 내 외부에 어떤 대상 즉 법(法, 존재)이 드러날 때는 그 또한 있는 그대로 바라본다.

그렇게 분별없는 알아차림과 마음챙김이 지속되다 보면 결국 진리가 드러난다. 연기와 중도와 열반의 지혜가 드러난다.

이 사념처에서 가장 중요한 것은 생각과 망상 분별을 따라가지 말고, 그 어떤 내적인 것들과 외부의 모든 것들에 대해 해석하거나 분별하거나 따라가지 않고 그저 있는 그대로 내버려두고 허용해주고 받아들이며 바라봐 주기만 하는 것이다. 그것을 대상으로 어떻게 하려고 애쓰는 것이 아니다.

그래서 이 알아차림, 위빠사나라는 사념처는 무위법(無爲法)이요, 무위행이다. 억지로 알아차리기 위해 애쓰는 것이 아니다. 그저 모든 것을 조작하고 통제해서 어떻게 바꾸어 보려는 것이 아니라, 있는 그대로가 있는 그대로 존재할 수 있도록 내버려 두는 것이다.

그렇게 되었을 때 일체제법이 그대로 법임이 드러난다. 대승불교의 법화경에서 말하는 '제법실상(諸法實相)'이 드러난다. 이 길이야말로 사람들을 청정으로 이끌고, 슬픔을 이겨내게 하고, 고통을 없애며, 바른 길을 얻게 하고, 열반에 이르게 한다.

마음챙김의 방법

어떤 것이 선명한 알아차림인가?

앞으로 갈 때나 뒤돌아 설 때, 앞을 볼 때나 옆을 볼 때, 팔다리를 굽힐 때나 펼 때, 가사를 입을 때나 들고 갈 때, 발우를 들고 갈 때, 음식을 먹고 마시고 씹고 맛볼 때, 대변이나 소변을 볼 때, 걷고 서고 앉고 잠잘 때나 잠에서 깰 때에도, 말할 때나 침묵할 때에도 분명하게 있는 그대로 알아차리고 있는지를 늘 관찰하며 행동해야 한다. 이와 같이 분명하게 있는 그대로 알아차리면서 마음을 챙겨야 한다.

언제 어느 때고 할 것 없이 수행자는 현재에 즉(卽)한 순간 있는 그대로 바라보고 알아차려야 한다. 지금 여기에 드러나 있는 것을 있는 그대로 보라는 것이다. 거기에 어떤 선입견이나, 판단이나, 분별을 개입시키지 말고, 그저 있는 그대로 보라는 것이다. 참된 알아차림은 바로 '있는 그대로를 있는 그대로 보는 것'이다.

언제나 우리는 분별없는 있는 그대로의 봄을 실천할 수 있다. 길을 걸을 때, 손가락이나 팔다리 하나를 움직일 때, 옷을 입고 벗을 때, 음식을 먹고 마실 때, 대소변을 볼 때, 말할 때나 침묵할 때도 언제나 지금 여기에서 무슨 일이 벌어지고 있는지를 그저 분별없이 있는 그대로 비추어야 하는 것이다. 마치 거울이 있는 그대로의 현실을 그저 있는 그대로 비추듯 아무런 편견, 견해, 분별없이 그대로 비춰 보는 것이다.

이것이 바로 생활 속의 수행이다. 우리의 일상생활은 언제나 수없이 많은 생각과 망상들이 끊임없이 이어진다. 하루에 5만 가지 정도의 생각이 일어나고 그 가운데 90% 이상이 부정적인 생각들이나 일어나지도 않을 일들에 대한 공연한 걱정인데, 우리는 그 엄청난 생각의 홍수 속에서 길을 잃고 헤매느라 있는 그대로의 현재를 바로 볼 수 없다. 매 순간 깨어 있는 연습을 하라.

물론 그렇더라도 그것이 잘 되지 않을 것이다. 생각이나 망상과 싸워 이기려는 모든 노력은 거의 실패할 수밖에 없다. 망상이 일어나면 알아 차리고, 알아차리면 사라진다고 한다. 그렇다면 하루에 5만 개의 생각 이 일어난다면 5만 번 의도적으로 그 모든 생각을 알아차려야 한다. 아 마도 우리는 하루 종일 생각과 싸워야 할 것이고, 아마도 그러다가는 정신이 나가 버릴 것이다.

지금까지의 위빠사나, 관법(觀法) 수행은 그렇게 해야 한다고 가르쳐 왔다. 그러나 어찌 그게 가능하겠는가? 그것을 수행이라고 한다면 우 리는 절망을 경험하고야 말 것이다. 그러니 수행이 잘될 때보다 수행이 안 될 때가 더 많을 수밖에 없다. 잘되는 수행도 몇 번이지 5만 번을 연 이어 성공할 수가 있겠는가?

이 사념처의 수행을 통해 우리는 매 순간 깨어있는 마음연습을 할 수 있다. 물론 하루 종일 단 한 번도 끊어지지 않는 완벽한 위빠사나를 할 필요는 없다. 또 가능하지도 않다. 잘 안 될 때 괴로워할 필요는 전혀 없다. 수행에 소질이 없다고 좌절할 필요도 없다. 사념처는 우리에게 그것을 요구하는 것이 아니다.

틈틈이 매 순간순간 생각과 분별망상이 올라오고 있다는 사실을 그 저 있는 그대로 바라보라. 그 망상 덩어리를 매 순간 따라가며 망상이 나를 지배하고 있음을 그저 평범하게 알아차리라. 생각에는 당해낼 재 간이 없다는 사실을 허용해 주라. 바로 그것이다. 내가 도저히 의도적인 수행으로는 이겨낼 수 없을 만큼의 망상이 올라오고 있고, 우리는 거기에 백전백패로 질 수밖에 없음을 인정하라는 것이다. 그토록 망상과 분별의 힘은 우리를 단 한순간도 놓아주지 않는다는 사실을 자각하는 것이다. 즉 사념처는 올라오는 모든 망상들과 싸우는 도구나 무기 같은 것이 아니다. 다만 올라오는 그 수많은 분별심이 나를 24시간 지배하고 있다는 사실을 깨닫는 것이다. 나의 괴로움은 바로 그 분별과 망상에서 기인한다는 사실을 깨닫는 것이다.

그리고 그것을 수용해 주라. 올라오는 망상이 마음껏 올라오도록 허용해 주는 것이다. 그 망상을 상대로 싸우려 하지도 말고, 없애려 하지도 말고, 붙잡거나 버리지도 말고, 그저 있는 그대로 내버려 두는 것이다. 한 발자국 떨어져서 그 망상의 존재를 허용한 채 무심히 바라보는 것이다. 바라보면서 허용해주면서 그저 그렇게 흘러가도록 흘려보내주는 것이다.

그것은 내가 어떻게 하는 것이 아니다. 위빠사나, 사념처는 내가 뭘 어떻게 하는 것이 아니다. 아주 자연스럽게 모든 것이 있는 그대로 존재하도록 내버려 두는 것이다. 그것은 전혀 힘이 들지 않는다. 무위로써, 그저 모든 것을 있는 그대로 있을 수 있도록 허락해 주는 것이다. 이것이 진정한 알아차림이고 관법수행이다.

이처럼 사념처, 위빠사나, 관법수행은 인위적으로 애써서 하는 것이 아니다. 있는 그대로 볼 때 저절로 놓여지고, 저절로 자연스러워진다.

그것은 '있는 그대로 보는 노력'이 아니라, 그저 모든 것이 있는 그대로 있을 수 있도록 내버려두고 허용해 주는 것에 가깝다.

그렇게 바라보면서 깨닫게 된다. 그 분별망상의 실체가 무엇인지, 그 분별로 인해 우리가 단 한 번도 분별없는 텅 빈 본래의 자리에서 쉬어 본 적이 없다는 사실, 그런 통찰이 생기게 되면 '바라보면 사라진다'는 이치에 따라 분별망상은 점차 힘을 잃게 된다. 그렇게 인위적이던 분별 망상이 무위의 자연스러운 허용과 관찰에 훈습되면서 점차로 분별심이 조복되는 것이다.

그러다 그렇게 알아차림과 자연스러운 허용이 지속되다 보면 문득, 홀연히, 몰록 분별망상이 갑자기 딱 끊기는 순간을 경험하게 되면서 순간 분별없는 텅 빈 본연의 자연 상태가 드러나는 것이다.

호흡에 대한 마음챙김

수행을 할 때 좋은 결과와 이익을 가져오도록 하는 한 가지가 있으니, 그것은 '호흡을 있는 그대로 관찰하는 것'이다. 어떻게 '호흡을 있는 그대로 관찰'할까?

숲이나, 나무 아래, 빈 집에 가서 가부좌를 하고 앉아 몸을 바로 세우고, 들어오고 나가는 호흡을 있는 그대로 관찰한다. 숨을 길게 들이쉴 때는 '숨을 길게 들이쉰다'고 알아차리고, 숨을 길게 내쉴 때는 '숨을 길게 내쉰다'고 알아차린다. 숨을 짧게 들이쉴 때는 '숨을 짧게 들이쉰다'고 알아차리고, 숨을 짧게 내쉴 때는 '숨을 짧게 내쉰다'고 알아차린다.…

이와 같이 호흡에 대한 마음챙김을 발전시키고 연마하면 커다란 결과와 이익을 얻는다.

사념처 수행 중에 첫 번째가 신념처(身念處) 즉, 몸을 관찰하는 것이다. 몸을 관찰하는 사념처 중에도 가장 많이 쓰이는 방편이 바로 '호흡 관찰' 수행이다. 가부좌를 틀고 앉아 아무것도 하지 않고 자연 그대로 있을 때, 생각도 없고, 몸의 움직임도 없이 그저 가만히 있을 때 모든 것이 멈추어졌는데도 불구하고 움직이는 한 가지가 있다. 그것이 바로 호흡이다.

아무런 의도, 노력이 없어도 저절로 호흡은 들어오고 나간다. 그것을 관찰하는 것이다. 들어오고 나가는 숨을 그저 있는 그대로 바라보는 것이다. 내가 애쓰지 않아도, 내가 애써서 하지도 않았는데 어떻게 이 들어오고 나가는 공기의 움직임이 저절로 일어나게 되는 것일까? 이런 일을 벌이는 놈은 과연 누구일까? 그것은 내가 하는 것이 아니다.

사실 음식을 먹으면 소화를 시키는 것도 내가 하는 것이 아니다. 키를 크게 하고, 성장하게 하고, 잠을 자게 하고, 그 모든 것들은 내가 하지 않아도 저절로 거기에서 일어난다.

이 호흡을 있는 그대로 관찰해 보라. 숨을 들이쉬는 놈, 년, 것, 무엇, 아니 뭐라고 이름 붙일 수도 없는 무언가가 분명히 이렇게 숨을 들이쉬고 내쉬게 하고 있다. 그것은 무엇일까?

08 앙굿따라니까야

자주 새겨야 할 5가지 명제

비구들이여, 그가 여자든 남자든, 출가자든 재가자든 그 누구를 막론하고 모든 사람이 자주 새겨야 할 5가지 진실이 있다. 무엇이 5가지인가?

첫째, 나는 분명히 늙어 가며 늙음을 피할 수 없다.… 이를 새기는 이는 젊음에 도취되어 악을 짓지 않으며 젊음에 대한 자만심을 버리게 된다.

둘째, 나는 분명히 병이 생기며, 병을 피할 수 없다.… 이를 새기면 건강에 도취되어 악을 짓지 않고 건강에 대한 자만심을 버리게 된다.

셋째, 나는 분명히 죽게 되며, 죽음을 피할 수 없다.… 이를 새기면 삶에 도취되어 짓는 악을 줄이게 되고 삶에 대한 자만심을 버리게 된다.

넷째, 내가 사랑하는 것들은 모두 변하게 마련이고 언젠가는 그들과 헤어져야만 한다.… 이를 새기면 욕망에 도취되어 짓는 악을 줄이게 되고 열정적인 욕망을 버리게 된다.

다섯째, 선업이든 악업이든 나는 내가 지은 업의 주인이며 상속자다.… 이를 새기면 신구의 삼업으로 짓는 악행을 줄이게 되고 악행을 버린다.…

이것들을 여자든 남자든, 출가자든 재가자든 그 누구를 막론하고 모든 이들이 자주 새겨야 한다.

젊고, 건강하고, 살아 있고, 사랑하며, 원하는 바를 마음껏 행해 나가는 삶은 우리를 행복하게 한다. 그러나 그와 반대로 늙고 병들고 죽거나, 사랑하는 이와 헤어지거나, 악업의 과보를 받을 때는 괴로움을 느낀다.

그러나 전자의 행복은 반드시 사라질 수밖에 없는 것들이다. 그것이 무너지는 것을 피할 길이 없다. 그러니 사실은 걱정할 필요가 없다. 어차피 무너진다는 것은 다 아는 사실 아닌가? 그런데 왜 걱정하는가? 어떻게든 벗어날 가능성이라도 있다면 벗어나려고 애도 쓰고, 못 벗어났을 때 괴로워해야 하겠지만, 그럴 가능성은 '제로'다. 그러니 걱정하지 말라.

피할 수 없고, 변해 간다는 사실을 미리 자주 새겨둔다면 젊을 때, 건강할 때, 살아있을 때, 사랑할 때 너무 방종하거나 교만하지 않고 과도하게 집착하지도 않을 것이다.

깔라마경

소문으로 들었다고 해서, 대대로 전승되어져 내려온다고 해서, '그렇다 하더라'라고 해서, 성전이나 경전에 쓰여 있다고 해서, 논리적이라고 해서, 추론에 의해서, 이유가 적절하다고 해서, 우리가 사색하여 얻은 견해와 일치한다고 해서, 유력한 사람이 한 말이라고 해서, 혹은 이 분은 우리 스승이라고 해서 그대로 따르지는 말라.

그대들이 참으로 스스로가 '이러한 법은 해로운 것이고, 이러한 법은 비난받아 마땅하고, 이런 법들은 현자들에게 비난받을 것이고, 이러한 법들을 전적으로 받들어 행하게 되면 손해와 괴로움이 있게 된다'라고 깨닫게 되면 그때 그것들을 버리도록 하라.

그대들이 참으로 스스로가 '이러한 법은 유익한 것이고, 비난받지 않으며, 현자들의 비난을 받지 않고, 전적으로 받들어 행하면 이익과 행복이 있게 된다'고 깨닫게 되면 그것들을 구족하여 거기에 머물러라.

이 가르침은 불법을 이해하는데 아주 중요한 점을 시사한다. 우리는 얼마나 '카더라'고 해서 그것이 진짜인 것으로 덮어 두고 믿는 일이 많은가.

대대로 전승되어져 내려오는 전통이라고 해서 옳다고 여기는 일은 또 얼마나 많은가. 수많은 전통, 의례, 미신, 풍속 등에 우리는 너무나도 많이 사로잡혀 있다.

좋지 않다는 얘기를 들으면 절대 못하고, 나쁘다는 소리를 들으면 정말로 큰일이 나는 줄 안다. 논리적이라고 해서, 경전에 쓰여 있다고 해서, 유력한 사람이 한 말이라고 해서, 그 어떤 이유로도 덮어 놓고 옳다고 믿지는 말라.

절대적으로 옳거나, 전적으로 틀린 것은 어디에도 없다. 불법은 '이것이다'라고 할 만한 어떤 것이 없다. 무유정법(無有定法)이라고 한다. '이것만이 진리'라고 하는 것이 있다면 의심해 보라. 사기꾼일 확률이 높을 것이다.

쿳
다
까

니
까
야

담마파다(법구경)

그는 나를 욕하고 때렸다.

그는 나를 이기고 내 것을 빼앗았다.

이런 생각을 품는 사람에게 원한은 끝나지 않는다.

원한은 원한으로 갚을 때 결코 가셔지지 않는다.

원한은 자애(慈愛)에 의해서만 가셔지나니

이것은 영원한 진리이다.…

좋아하는 대상에서 쾌락을 구하고,

감각기관을 절제하지 않고, 무절제하게 먹으며,

게으르고, 열성 없는 사람은

바람이 연약한 나무를 넘어뜨리듯,

악마가 쉽게 그를 넘어뜨린다.

경전을 아무리 많이 외울지라도

그 가르침대로 행하지 않는 게으른 이는

남의 소만 세는 목동과 같아

깨달음의 대열에 들어갈 수 없다.…

자기보다 훌륭하거나

비슷한 사람을 만나지 못했거든

굳건히 혼자서 길을 갈 것이지

어리석은 자와 벗하지 말라.…

'내 아들', '내 재산'이라고 하며

어리석은 자는 괴로워한다.

자기 자신도 자신의 소유가 아닌데

어찌 아들과 재산이 그의 것이겠는가.…

바위가 바람에 흔들리지 않는 것처럼

지혜로운 사람은 칭찬과 비난에 흔들리지 않는다.

비록 전쟁터에서 백만 대군을 정복한다 해도

자신을 정복한 사람이야말로 가장 훌륭한 승리자다.

어른을 항상 존경하고 공경하는 사람에게는

장수와 아름다움과 행복과 건강이라는

4가지 축복이 늘어난다.

자신을 다스리지 못하고

백 년을 사는 것보다

바르게 깨어있는 마음으로

하루를 사는 것이 낫다.

선은 서둘러 행하고 악은 멀리하라.

선을 행하는데 게으를 때

그 마음은 벌써 악을 즐기고 있다.

금은보화가 소나기처럼 쏟아져도

인간의 욕망을 만족시킬 수는 없다.

감각적 쾌락은 짧은 달콤함 뒤에

더 많은 고통이 뒤따른다.

건강은 가장 큰 이익,

만족은 가장 큰 재산,

신뢰는 가장 친한 친척,

열반은 최상의 행복!

어리석은 이를 가까이하는 것은

원수를 가까이하는 것처럼 괴롭다.…

지혜로운 이를 가까이하라.

좋아하는 사람도 두지 말라.

싫어하는 사람도 두지 말라.

좋아하는 사람은 만나지 못해 괴롭고,

싫어하는 사람은 만나서 괴롭다.…

사랑도 미움도 없는 사람은 걸릴 것이 없다.

사람들은 말없이 조용히 있어도 비난한다.

너무 말이 많아도 비난한다.

말을 조금만 해도 비난한다.

이처럼 이 세상에 비난받지 않는 사람은

아무도 없다는 것은 예로부터 전해오는 이야기다.…

행동이 바르고, 지혜로운 친구를 만났거든

모든 장애를 극복하리니

기쁘게 그와 함께 가라.

행동이 바르고 지혜로운 친구를 만나지 못했거든

정복한 나라를 버리고 떠나는 왕처럼

숲에 사는 코끼리처럼 혼자서 가라.…

감각기관을 잘 절제하고, 만족할 줄 알며,

계율을 잘 지키고, 청정한 삶을 사는

지혜롭고 열성적인 친구와 가까이하는 것은

지혜로운 수행자가 처음으로 해야 할 일이다.

악의 열매가 맺기까지는

악한 자도 행복의 맛을 볼 수 있다.

그러나 악행의 열매가 익게 되면

악한 자는 결정코 불행을 피할 수 없다.

선의 열매가 맺기까지는

선한 자도 불행을 맛볼 수 있다.

그러나 선행의 열매가 맺었을 때

선한 자는 결정코 지고한 행복을 맛본다.

내게는 업보가 닥치지 않겠지 하고

작은 악을 가볍게 여기지 말라.

방울물이 모여서 항아리를 채우나니

작은 악이 쌓여 큰 죄악이 된다.

내게는 업보가 오지 않겠지 하고

작은 선을 가볍게 여기지 말라.

방울물이 모여서 항아리를 채우나니

조금씩 쌓은 선이 큰 산을 이룬다.

마음에 좋고 나쁜 분별을 가지지 말라.

좋은 것으로부터 슬픔과 근심과 속박이 생겨난다.

허공중에도, 바다 가운데에도,

또는 산속 동굴에 들어갈지라도,

악업의 과보에서 벗어날

그런 장소는 어디에도 없다.

모든 재앙은 입으로부터 나온다.

함부로 입을 놀리거나 듣기 싫어하는 말을 하지 말라.

맹렬한 불길이 집을 태우듯,

말을 조심하지 않으면 불길이 되어 내 몸을 태운다.

불행한 운명은 입으로부터 시작된다.

입은 몸을 치는 도끼요, 몸을 찌르는 칼날이다.

나에게 비판해주는 사람 보기를

보물 지도와 같이 하라.

근처에 비난하는 자가 있으면

나의 상황은 더욱 나아진다.

그는 나를 가르치고 나의 잘못된 행동을 말려준다.

훌륭한 사람들은 그를 사랑하게 되지만,

어리석은 사람들은 그를 싫어하고 멀리하게 된다.

몸을 절제하고 말을 삼가고

그 마음을 거두고 성냄을 버려라.

도의 길을 가는 데에는 인욕이 가장 으뜸이니라.

단단한 돌은 아무리 바람이 불어도 흔들리지 않듯이

현명한 사람은 칭찬이나 비난에 흔들리지 않는다.

해서 안 될 일은 행하지 말라.

해서 안 될 일을 행하면 반드시 번민이 따른다.

해야 할 일은 반드시 행하라.

그러면 가는 곳마다 후회가 없을 것이다.

다른 사람의 부인과 침대에 눕는 자에게는

4가지의 대가가 돌아간다.

실패, 불안, 비난 그리고 지옥이 그것이다.

지나간 과거에 매달리지도 말고,

아직 오지 않은 미래를 기다리지도 말라.

오직 현재의 한 생각만을 굳게 지켜보아라.

그리하여 지금 할 일을 다음으로 미루지 말고 다만 하라.

참되게 굳은 관찰로 현재를 살아가는 것,

그것이 순간순간을 살아가는 최선의 길이다.

생활의 즐거움만을 쫓아 구하고 모든 감관을

보호하지 않으며, 먹고 마심에 정도가 없고,

마음이 게으르고 겁이 많으면,

악마는 마침내 그를 뒤엎는다.

바람이 약한 풀을 쓸어 넘기는 것처럼.

생활의 즐거움만을 구하지 않고 모든 감관을 잘 지키며,

먹고 마심에 절도가 있고, 항상 정진하여 믿음이 있으면,

악마는 그를 뒤엎지 못한다.

마치 바람 앞에 우뚝한 산처럼.

애욕은 마치 횃불을 잡고서 바람을 거슬러

달리는 것과 같아서 반드시 손을 태울 염려가 있다.

어리석은 사람은 자기 자신을 애욕으로 얽어매어

피안으로 건너가지 못하게 한다.

애욕은 남도 해치고 자기 자신도 해친다.

숫타니파타(경집)

소리에 놀라지 않는 사자처럼,

그물에 걸리지 않는 바람처럼,

진흙에 물들지 않는 연꽃처럼

무소의 뿔처럼 혼자서 가라.

그대를 해탈로 이끄는

자비희사(慈悲喜捨)라는 무량한 마음을 닦으며

무소의 뿔처럼 혼자서 가라.

미워한다고 소중한 생명에 대하여

폭력을 쓰거나 괴롭히지 말며,

좋아한다고 너무 집착하여 곁에 두고자 애쓰지 말라.

사랑하는 사람에게는 사랑과 그리움이 생기고

미워하는 사람에게는 증오와 원망이 생기나니

사랑과 미움을 다 놓아버리고

무소의 뿔처럼 혼자서 가라.

만일 현명하고 잘 협조하며

행실이 올바르고 지혜로운 도반을 얻게 되면,

모든 어려움을 극복할 수 있으리니,

기쁜 마음으로 생각을 가다듬고

그와 함께 가라.

수행자는 참으로 도반 얻는 행복을 기린다.

자기보다 뛰어나거나

동등한 친구와는 가까이 지내야 한다.

그러나 만일 이러한 벗을 얻을 수 없으면

허물을 짓지 말고

무소의 뿔처럼 오직 혼자서 가라.

온갖 점을 치는 일이나

해몽, 관상 보는 일을 완전히 버리고,

길흉화복의 판단을 버린 수행자는

세상에서 바르게 살아갈 것이다.

좋아하는 것이나 좋아하지 않는 것이나 다 버리고

아무것에도 집착하거나 매이지 않고

온갖 속박에서 벗어난다면,

그는 세상에서 바르게 살아갈 것이다.

좋고 싫은 분별을 버리고

어디에도 집착하지 않고 의지하지 않으며

모든 속박에서 벗어난다면 그는 바른 수행자다.···

어떤 교리나 신조에 붙잡혀 있는 사람은

그것만이 최고라고 주장하면서

다른 견해는 열등하다고 헐뜯는다.···

성자는 이것 아니면 안 된다는 극단적 견해가 없다.···

그에게는 그 어떤 교리나 신조가 주는 위안이

더 이상 필요가 없으며,

그 어떤 교리나 신조에도 사로잡히지 않는다.

사람들은 '내 것'이라는 집착 때문에 슬퍼한다.

그러나 집착할 만한 가치가 있는

영원한 것은 어디에도 없다.

이를 안다면 집착의 삶에서 벗어나

수행자의 길을 가라.

자녀가 있는 이는 자녀로 인해 기뻐하고,

소를 가진 이는 소로 인해 기뻐한다.

사람들은 집착으로 기쁨을 삼는다.

그러니 집착할 것이 없는 사람은 기뻐할 것도 없다.···

자녀가 있는 이는 자녀로 인해 근심하고,

소를 가진 이는 소 때문에 걱정한다.

사람들이 집착하는 것은 마침내 근심이 된다.

집착할 것 없는 사람은 근심할 것도 없다.

부처님이시여, 무엇이 파멸의 원인입니까?

진리를 사랑하는 이는 발전하고,

진리를 싫어하는 이는 파멸한다.…

삿된 교리를 좋아하면 이는 파멸의 원인이다.…

성직자나 수행자를 속인다면

이는 파멸의 원인이다.…

자신은 부유하게 살면서 부모님을 돌보지 않는다면

이는 파멸의 원인이다.…

많은 재물과 돈을 가진 이가

이 좋은 것들을 단지 자신만을 위해 쓴다면

이는 파멸의 원인이다.…

자기 아내로 만족하지 않고 남의 아내를 희롱한다면

이는 파멸의 원인이다.…

옛것을 너무 좋아하지도 말고,

새것에 너무 매혹 당하지 말라.

사라져 가는 자에 대해 너무 슬퍼할 필요도 없고,

새롭게 다가와 유혹하는 자에게

사로잡혀서도 안 된다.

이것이 바로 탐욕이며, 거센 격류이며,

불안, 초조, 근심, 걱정이며,

건너기 어려운 저 욕망의 늪인 것이다.

태어나면서부터 천한 사람이 되는 것이 아니며,

태어나면서부터 귀한 사람이 되는 것도 아니다.

그 사람의 행위에 의해서

천한 사람도 되고 귀한 사람도 되는 것이다.

이름은 임시로 부르기 위한 것에 지나지 않지만,

이것을 모르는 사람은 선입견을 가지고 말한다.

"태생에 의해서 바라문이 된다"고.

그러나 태생에 의해 바라문이 되는 것은 아니다.

태생에 의해 바라문이 안 되는 것도 아니다.

행위로 인해 바라문이 되기도 하고,

행위로 인해 바라문이 안 되기도 하는 것이다.

행위에 의해 농부가 되고,

행위에 의해 기술자가 되며,

행위에 의해 상인이 되고,

또한 행위에 의해 고용인이 된다.

행위에 의해 도둑이 되고,

행위에 의해 무사가 되며,

행위에 의해 신하가 되고,

행위에 의해 왕이 된다.

현자는 이와 같이 행위를 있는 그대로 본다.

세상은 행위에 의해 존재하며,

사람들도 행위에 의해서 존재한다.

수레바퀴가 축에 매여 있듯

세상 모든 것은 행위에 매여 있다.

말과 행동과 생각하는 바가

그 누구에게도 거슬리지 않는 사람,

남들이 존경해도 우쭐대지 않고 교만하지 않는 사람,

남들이 비난해도 흔들리지 않는 사람,

그는 이 세상에서 가장 올바른 삶을 살고 있는 것이다.

사람들에게 욕을 먹든지 칭찬을 받든지

한결같은 태도로 대하여라.

욕을 먹더라도 성내지 말며,

좋은 대접을 받더라도 우쭐거리지 말고

항상 내 마음에 중심을 잡아 흔들림이 없어야 한다.

홀로 앉아 있어라.

수행자의 길은 혼자 가는 길이다.

홀로 있을 때 즐거움이 찾아온다.

모자라는 것은 소리를 내지만

가득 찬 것은 조용하다.

어리석은 자는 반쯤 채운 물항아리와 같이

철렁거리며 쉬 흔들리지만,

지혜로운 이는 물이 가득 찬 연못과 같이

평화롭고 고요하다.

물의 교훈을 배워라.

울퉁불퉁한 계곡과 협곡 속에서

시냇물과 폭포는 큰 소리를 내지만,

거대한 강은 조용히 흐른다.

빈 병은 소리가 요란하지만

꽉 찬 병은 마구 흔들어도 소리를 내지 않는다.

바보는 덜그럭거리는 냄비와 같고,

현자는 고요하고 깊은 연못과 같다.

그는 세상에서 아무것도 가진 것이 없다.

그렇다고 무소유를 걱정하지도 않는다.

그는 모든 사물에 이끌리지 않는다.

그는 아무것에도 머무르지 않고

사랑하거나 미워하지도 않는다.

슬픔도 가난도 그를 더럽히지 않는다.

마치 연꽃에 진흙이 묻지 않는 것처럼

그는 참으로 평화로운 사람이다.

사물에 통달한 사람이 평화로운 경지에 이르러

이와 같이 선언하라.

살아있는 모든 것은 다 행복하라. 평안하라. 안락하라.

마치 어머니가 목숨을 걸고 외아들을 지키듯이

모든 살아있는 것에 대해서

한량없는 자비심을 발하라.

또한 온 세계에 대해서 무한한 자비를 행하라.

위로 아래로 옆으로,

장애도 원한도 적의도 없는 자비를 행하라.

서 있을 때나 길을 갈 때나

앉아 있을 때나 누워서 잠들지 않는 한,

언제나 이 자비심을 굳게 가지라.

Ⅱ 대
승
경
전

부파불교

앞에서 초기 경전을 설명할 때 1차 결집부터 3차 결집까지의 내용
을 간략히 살펴보았다. 부처님께서 입멸하신지 100년쯤 지난 뒤, 기
원 전 4세기 무렵 2차 결집이 이루어졌고, 그 후 교단은 상좌부와 대
중부로 나뉘는 근본분열(根本分裂)을 하게 되었다.

근본 분열 이후 불교 교단은 교리 해석의 차이, 지리적 여건, 유력한
스승을 중심으로 모이는 등 다양한 이유에 의해 다시 분열을 거듭하여
결국 부처님 입멸 후 400년쯤이 지날 무렵에는 대략 20여 개의 부파로
분열되었다. 이 시대의 불교를 교단이 분열되어 부파를 이루었다고 하
여 부파불교(部派佛敎)라고 부르거나, 사상적으로는 '불법에 대한 연
구'라는 뜻의 아비달마(Abhidharma)를 붙여 아비달마 불교라고 부르
기도 한다.

부파불교의 특징은 아비달마 불교라고 부르는 것에서도 알 수 있듯
이 부처님의 교법에 대해서 각 부파별로 다양하고 풍부한 해석을 가함
으로써 심도 깊은 연구를 통해 교법이 방대하게 종합 정리가 되었다는
점이다.

그러나 다른 한편으로는 너무 현학적이고 학문적인 성격이 강하여
세속의 대중들과는 멀어지는 결과를 낳게 되었다. 각 부파들은 자기 부
파의 정통성을 확보하기 위해 더 깊이 연구하고 교법을 세분하게 해석
하며 연구해야만 차별화될 수 있었기 때문이다. 그러다보니 또 한 가지

부파불교의 단점을 노출시켰는데, 그것은 너무 이론적인 교법 해석에만 몰두한 나머지 불교의 가르침을 너무 번쇄하고 난해한 교리로 만들어 놓았고, 그 결과 결국은 초기 부처님 가르침의 본질을 훼손하게 되었다는 점이다.

불교를 공부하고 경전을 공부하는 오늘날의 불자들 또한 초기경전이나 대승경전, 선불교 어록 등을 공부하기는 해도 부파불교를 공부하는 사람은 별로 없는 이유도 여기에 있다. 진리가 많이 훼손된 측면이 있기 때문이다.

가장 대표적인 것이 '삼세실유 법체항유(三世實有 法體恒有)'라고 하는 아공법유(我空法有)의 실재론을 주장하는 설일체유부의 학설이다. 삼세(三世)란 시간을 말하는데 과거로부터 현재와 미래에 걸쳐 시간은 무한하게 실재한다는 것이 '삼세실유'이고, 5위 75법이라는 법이 실체적으로 항상 존재한다고 여기는 것이 '법체항유'이다. 이것은 초기불교의 무아와 무상의 가르침과 배치된다. 초기불교에서는 일체 모든 존재를 5온이나 18계로 설명한 것에 반해, 부파불교에서는 부파별로 이를 다시 세분화하여 5위75법으로 분류하고 있는 등 사변적이고 번쇄하게 변해갔다.

이처럼 부파불교에서 출가자 중심의 부파 안에서 학문적이고 이론적인 연구를 중시하는 풍토로 인해 더욱 재가자와 유리되는 결과를 가져왔고, 철저하게 승속을 구분했으며, 일체중생을 구제하는 이타행보다는 자기완성에만 주력하게 되었다. 또한 부파 간에도 교리적인 논쟁과 부파 우월주의가 생기면서 교파 간의 반목과 질시도 생겨났다.

이러한 부파불교의 단점들이 부각되고 재가자들이 설 곳을 잃게 되면서 부파불교의 단점을 극복하고자 하는 일각의 새로운 불교 운동이 일어나게 되었으니, 그것이 바로 '대승불교 운동'이다.

🪷 불탑신앙

부처님께서는 열반하실 때, 수행자들은 붓다의 사리(舍利)에 관심을 가지지 말고 오로지 열반을 위해서만 정진할 것을 당부하셨다. 사리는 신심 돈독한 왕족이나 신도들이 잘 관리할 것이고, 공양할 것이라고 하셨는데, 실제로 부처님의 장례식은 말라족 사람들에 의해 거행되었다.

사리는 8등분 되어 중인도의 각국으로 퍼져나가 각지에 재가신자들이 탑을 세웠다. 부처님 사리를 중심으로 하는 불탑은 유일하게 재가신자들이 부처님을 만날 수 있는 유일한 곳이 되었다. 재가신자들은 불탑(佛塔)의 조성과 경영, 나아가 부처님의 4대 성지 등에 불탑을 조성하면서 숭배하고 순례하기도 하면서 불탑신앙을 이어갔다. 이러한 불탑신앙은 기원 전후가 되면서 인도 전역에서 매우 활발하게 이어져왔다.

불탑을 중심으로 사람들이 모이다보니 불탑에 공양을 올리고 순례를 오는 이들이 늘어났고, 그 불탑을 관리하면서 불탑에 헌신하는 불탑 신앙자들도 생겨나기 시작했다. 이들은 차츰 불탑을 찾아오는 신자들에게 부처님의 가르침을 전해주기도 하면서 부파불교와는 별도로 재가자들을 중심으로 새로운 불교 신앙 형태로 자리 잡게 되었다. 이처럼 처음에는 불탑에 살면서 불탑을 조성, 관리하다가 점차 불법을 공부하고 수행하여 부처님의 가르침을 중생들에게 널리 가르치는 법사(法師)가 되기도 하였다. 그러면서 결국 이 불탑을 중심으로 '대승불교 운동'이 시작되게 되었다.

물론 이외에도 대승불교의 기원이 부파 중에 대중부로부터 기인했다는 주장을 하는 학자도 있고, 불탑을 중심으로 모인 신앙자들이 불전문학(佛典文學)이라고 하는 문헌들을 저작해 내면서 이 불전문학을 주도했던 찬불승(讚佛僧) 그룹에서 기인한다는 설도 있다.

바라문교에서 기원전 2세기경 마누법전(Manu-smrti)을 비롯하여, 마하바라따(Mahābhārata), 라마야나(Rāmāyaṇa) 등의 서사시 등이 작성되면서 기존에 베다(Veda) 성전이 바라문의 전유물이었던 것을 일반 대중들에게까지 전파시킴으로써 힌두교라는 대중적인 종교의 시대로 전환되게 된 것 또한 대승불교 시작에 영향을 미쳤을 것이다.

대승불교가 지속되면서 재가법사뿐 아니라 대승의 수행승들도 생겨나게 되었을 것이다. 이 대승의 수행자들은 자기완성만을 위해 수행하는 부파불교의 수행승들과 차별시켜 상구보리하화중생(上求菩提下化衆生)의 이타행(利他行)을 중시하는 '보살(菩薩)'이라고 부르게 되었다. 이러한 수행자들은 나아가 깊은 삼매와 깨달음을 얻게 되었고, 그 깨달음의 세계를 글로 써나가기 시작했을 것이다.

물론 대승불교의 경전들이 정확히 어떻게 만들어지게 되었으며, 누가 만들었는지에 대해서는 아직 분명하지 않다. 불탑신앙자를 포함한 일련의 대승불교 수행자들이 자신의 삼매와 깨달음을 부처님의 경전의 형식을 빌려 결집한 것으로 예상할 뿐이다. 이렇게 쓰인 대승불교 경전의 첫 번째 효시가 바로 『반야경』이다. 우리가 잘 알고 있는 『금강경』과 『반야심경』은 바로 이 『반야경』 속에 들어 있는 작은 경전이다.

이렇게 성립된 『반야경』을 비롯한 대승경전들은 역사적 인물인 석가모니 부처님의 직설이 아니라는 이유로 부파불교 교단으로부터 '대승비불설(大乘非佛說)'이라는 비판을 받았다. 그러나 깨달음은 석가모니 부처님의 전유물이 아니고, 경전 또한 석가모니 부처님의 말씀만 경전일 수는 없다. 불법은 석가모니 부처님이 중요한 것이 아니라, 석가모니 부처님께서 깨달으신 법이 그 중심이기 때문이다. 부처님께서는 없던 법을 새롭게 만드신 분이 아니라, 이미 있던 법을 다만 깨달으신 것일 뿐이다. 즉 일체 모든 중생에게 언제나 깨달음의 가능성은 열려 있지만, 중생 스스로가 분별심, 육식(六識), 삼독심 때문에 보지 못하고 있을 뿐이다. 그러니 불법은 석가모니 부처님만의 것이 아니다. 깨달음을 얻으면 누구나 이미 드러나 있지만 보지 못하던 것을 비로소 확인할 뿐인 것이다.

당연히 석가모니 부처님 당시에도 혹은 그 이후에도 수없이 많은 이들이 불법의 진수를 깨달았다. 아라한(阿羅漢)이 바로 그들이고, 대승의 보살들 또한 깨달은 각자(覺者)들이다.

부처님께서 그러셨듯이 깨달은 각자가 설하는 것이라면 그것은 경전이다. 대승경전을 찬술한 제2, 제3의 붓다들은 이 가르침을, 방편으로 중생들이 다가가기 쉽게 쓰기 위해 석가모니 부처님의 경전이 쓰고 있는 방편을 그대로 가져와 찬술했을 것이다. 방편이란 말 그대로 거짓이지만 그 사람에게는 꼭 필요한 것이다. 아마도 수많은 대승불교의 경전들은 이와 같은 이유에서 불설(佛說)이라는 형식을 취해 세상에 그 빛을 발하게 되었을 것이다.

물론 전해지는 바에 의하면 불탑신앙자 등의 대승 수행자들이 삼매를 통해 법신인 붓다를 친견하고 그로부터 직접 전해들은 법문을 결집했다고 하거나, 나가르주나가 용궁에 감춰져 있던 『화엄경』을 바다에 들어가서 가지고 왔다거나, 인도 남쪽 철탑 속에 들어 있던 『금강경』을 철탑을 깨고 찾아왔다는 식의 가설을 세우고는 있지만 그것을 말 그대로 믿을 필요는 없다.

중요한 점은 깨달음을 얻은 제2, 제3의 붓다는 끊임없이 불교 역사 속에 있어 왔고, 그것은 지금까지도 지속되는 엄연한 사실이다. 그러니 대승불교는 비불설이 아니라, 역사 속 수없이 많은 진리 체험자, 즉 또 다른 부처님들의 찬술이라고 생각할 수 있다. 그리고 그것은 불교가 중국으로 넘어오면서까지 일부는 계속되고 있다. 그러나 원조 격인 인도에서 만들어진 경전은 대승경전이라고 인정받고 있지만, 중국에서 만들어진 경전은 위경(僞經)이라고 불리기도 한다. 다만 이 위경 또한 형식은 인도에서 부처님께서 설하신 불설(佛說)의 형식을 취하고 있고, 그 내용면에서 분명한 깨달음의 지혜를 담고 있기에 그 또한 또 다른 깨달은 각자(覺者)의 찬술로 보고 있다.

초기 대승경전

이처럼 대승불교 경전들은 대략 기원전 100년에서 기원 후 10세기경에 이르기까지 매우 오랜 세월에 걸쳐서 찬술되었다. 그중에 비교적 초기에 찬술되어진 경전을 초기 대승불교 경전으로 분류하고 있다.

초기 – 기원전후~용수(龍樹, Nagarjuna, 150~250) 이전
중기 – 용수~세친(世親, Vasubandhu, 316~396)
후기 – 그 이후 밀교(密敎)의 성립기까지

초기 대승경전에 해당하는 경전은 『반야경』, 『화엄경』, 『법화경』, 『유마경』과 정토(淨土) 계열의 경전 즉 『아미타경』, 『무량수경』, 『관무량수경』 정도가 있다.

반야경

최초로 성립된 『반야경』은 그 성립이 기원전 1세기로 추정되며, 600

권이나 되는 방대한 분량으로 전체 대장경(大藏經)의 약 3분의 1을 차지할 정도다. 총 16회로 구성되어 있고, 한 회는 별개의 부분이다. 1회가 『십만송반야경』으로 600권 중 400권을 차지하고 있고, 9회가 바로 우리에게 잘 알려진 금강반야 즉 『금강경』이다. 『반야경』은 일체 만법이 실체 없음을 설하는 공(空)사상을 천명하고 있으며 육바라밀(六波羅蜜)을 그 실천행으로 중시하고 있고, 그중에도 반야바라밀(般若波羅蜜, Prajnaparamita)을 강조하고 있다. 이 『반야경』 가운데 있는 『금강경』과 『반야심경』은 현재 조계종을 비롯한 수많은 주요 불교 종단의 소의경전(所依經典)으로 널리 읽히고 있다.

유마경

『유마경(維摩經)』은 『승만경』과 함께 재가(在家) 신도인 유마거사가 설한 경전이며 재가 중심의 대승보살사상을 전개하고 있다. 쉽게 말하면 『반야경』의 소설판이라고 해도 될 만큼 드라마틱한 전개가 눈에 띈다. 『유마경』의 주요 사상은 불이법문(不二法門)을 들 수 있다.

유마경은 특히 선불교에서도 많이 인용되는 경전으로 중국 선불교의 형성에도 많은 영향을 주었다.

화엄경

『화엄경』은 입법계품(入法界品)만을 따로 번역한 40화엄과 60화엄,

80화엄이 있다. 『반야경』과 마찬가지로 각 품들이 처음에는 독립된 것이었지만, 한역본 60화엄과 80화엄으로 최종 정리된 것이다. 『화엄경』의 경을 설하는 설주(說主)는 주로 보살들로 이루어져 있다. 부처님의 깨달음의 세계, 즉 자내증(自內證)의 세계를 그대로 묘사하고 있고 그 주요 내용으로는 일체유심조(一切唯心造), 성기사상(性起思想), 보현행원(普賢行願), 선재동자의 구법(求法) 여행 등이 있다.

법화경

『법화경』은 『묘법연화경(妙法蓮華經)』 혹은 『정법화경(正法華經)』이라고도 부른다. 1~2세기경에 성립되었을 것으로 추정되며 처음에는 8품 정도가 성립되었다가 이후 증광(增廣)을 거쳐 현재의 형태가 되었을 것으로 추정하고 있다. 『법화경』의 주요 사상에는 일불승(一佛乘), 회삼귀일(會三歸一), 구원(久遠)의 본불(本佛) 구원실성(久遠實成)사상, 일대사인연(一大事因緣), 개시오입(開示悟入), 만선성불(萬善成佛) 등이 있다. 특히 법화칠유(法華七喩)라고 하여 7가지 비유를 통해 불법의 진수를 전하고 있다.

정토삼부경

다음은 『정토삼부경(淨土三部經)』이라고 불리는 경전으로 『무량수경』,

『관무량수경』, 『아미타경』이 있다. 『무량수경』과 『아미타경』은 1~2세기경 서북인도에서, 『관무량수경』은 4~5세기경 서북인도나 중앙아시아에서 『무량수경』의 영향을 받아 성립되었을 것으로 추정하고 있다. 내용은 법장보살이 48가지 서원을 다 이루어 아미타불(阿彌陀佛)이 되어 서방세계에 극락정토(極樂淨土)를 건립하였으며, 중생들이 그 국토에 태어나기를 서원하면 아미타불의 위신력에 의해 극락정토에 태어나 깨달음을 얻을 수 있음을 설하고 있다. 수행법으로 아미타불 염불 수행을 설하고 있고, 『관무량수경』에서는 관불(觀佛)이 설해지고 있다.

중기 대승경전

중기 대승경전은 용수에서부터 세친에 이르기까지의 시대에 이루어진 경전으로써, 주로 여래장(如來藏) 계열의 경전인 『열반경』, 『승만경』, 『대방등여래장경』 등과 유식 계열의 경전인 『해심밀경』, 『능가경』 등이 있다.

열반경

『열반경』은 부처님께서 입멸하시기 직전의 마지막 법문 형식을 통해서 가르침을 펴고 있다. 주요 내용은 육신은 비록 열반에 들었지만 법신은 항상 상주하고 있다는 불신상주(佛身常住)와 열반사덕(涅槃四德)

인 상락아정(常樂我淨)을 밝히고 있고, 일체중생에게는 불성(佛性)이 있다는 실유불성(悉有佛性) 사상을 담고 있다.

원각경

『원각경』의 명칭은 『대방광원각수다라요의경(大方廣圓覺修多羅了義經)』이며 통상 『원각경』으로 약칭된다. 내용은 부처님께서 12보살과의 문답을 통해 대원각(大圓覺)의 이치와 수행을 설한 경전으로, 장애가 곧 구경각(究竟覺)이며, 삿된 생각도 또한 해탈(解脫)이고, 지혜와 무명이 모두 반야(般若) 아님이 없고, 무명이 곧 진여(眞如)임을 설하고 있다. 지옥과 천국이 모두 정토(淨土)요, 번뇌가 곧 해탈이며, 모든 상(相)이 곧 허공과 같으니 이것이 곧 '원각(圓覺)의 성품에 수순하는 것'임을 설하고 있다.

능엄경

『능엄경』의 정확한 명칭은 『대불정여래밀인수증요의제보살만행수능엄경(大佛頂如來密因修證了義諸菩薩萬行首楞嚴經)』이며 줄여서 『대불정수능엄경』 혹은 『수능엄경』, 『능엄경』이라고 약칭한다. 이 경전은 선(禪)불교와의 관계가 깊기 때문에 한국 불교에서는 매우 중요시 여겨지는 경전의 하나로 자리 잡고 있다. 주요 내용으로는 수행 과정에서 생길 수 있는 오온(五蘊)에서 기인하는 50가지 마장(魔障)과 마(魔)의 경계를 밝힌 뒤 그 퇴치 방법을 설하고 있으며, 중생의 숙업(宿業)을 소멸하기 위해 능엄주(楞嚴呪)를 독송할 것을 강조하고 있다. 이 경은 여래장 사상을 설하고 있으며, 밀교 사상이 가미되어 있기는 하지만 선정 또한 역설되고 있어서 밀교 쪽보다는 오히려 선가(禪家)에서 환영 받고 있다.

능가경

『능가경』은 『입능가경』 혹은 『대승입능가경(大乘入楞伽經)』이며 줄여서 『능가』라고 불린다. 부처님께서 능가산에 가서 설한 경전이다. 주요 내용은 반야, 법화, 화엄, 열반, 승만, 해심밀 등 여러 경전의 가르침들을 종합, 융합하여 독자적인 경지를 이루고 있는 특성이 있다. 중국 선종(禪宗)의 초조(初祖)인 달마(達磨)가 2조 혜가(慧可)에게 전수했다고 할 만큼 선종과는 인연이 깊은 경전이며, 유식(唯識)의 이해에서도 중요시되고 있는 경전이다.

승만경

이 경의 정식 명칭은 『승만사자후일승대방편방광경(勝鬘獅子吼一乘大方便方廣經)』라고 하는데, 줄여서 『승만경(勝鬘經)』이라고 하며, 경명의 뜻은 승만 부인이 일승(一乘)의 큰 방편을 널리 펴기 위해 사자

후(獅子吼)를 수록한 경(經)이란 뜻이다. 이 경전은 재가의 여인이 법을 설하고 있다는 특징이 있어, 유마거사가 법을 설하는 『유마경』과 함께 재가불교의 대표적인 경전이다. 코살라국의 왕인 파세나디와 말리까 부인의 딸이자 아유타국 왕비인 승만 부인이 설한 경전으로, 승만 부인이 스스로 깨달은 바를 부처님께 말씀드리고 부처님께서 그것을 인가하는 형식을 취하고 있다. 주요 내용으로는 삼승(三乘)의 가르침은 모두 일승(一乘)에 귀일(歸一)한다는 것과 중생의 본성은 청정무구하여 여래장을 갖추고 있음을 설하고 있다.

여래장경

『여래장경』은 일체 중생이 여래를 감추고 있다는 여래장 사상을 설하고 있으며, 여래장이 있음을 9가지 비유로써 설명하고 있다. 『여래장경』은 『승만경』, 『부증불감경』과 함께 여래장 삼부경으로 불리고 있다. 291~771년 사이에 4회 한역되었으나 원전은 남아 있지 않다.

부증불감경

『부증불감경(不增不減經)』은 한역만 존재할 뿐, 산스크리트본이나 티벳역본은 소실되고 없다. 부증불감경에서는 여래와 중생계는 하나의 세계이므로 증감(增減)이 없음을 설하고 있고, 하나의 법계(法界)임을 모르기 때문에 증감이라는 견해를 일으킨다고 설하고 있다. 중생계가 곧 여래장이며, 여래장은 법신(法身)이다. 여래장경보다 여래장사상이 더 체계화되고 조직화되어 있다.『불성론』,『보성론』,『입대승론』 등에서 인용되고 있다.

🪷 후기 대승경전

후기 대승경전은 밀교 경전으로『대일경』과『금강정경』이 이에 속한다.

대일경

『대일경(大日經)』은 법신 대일여래(大日如來)의 경지를 나타낸 밀교(密教)의 근본 경전으로, 밀교를 소승(小乘)이나 대승(大乘)과 구분하여 금강승(金剛乘)이라고 부른다. 밀교는 스승과 제자 사이에 은밀히 전수되는 비밀불교를 말한다.『대일경』은 삼밀가지(三密加持) 수행에 의한 즉신성불(卽身成佛)이 목표다.『금강정경』과 더불어 밀교의 근본 경전으로 꼽힌다.

10
반야심경

오온(五蘊)이 공(空)한 것을 비추어 보고
온갖 고통에서 건너느니라.

색이 공과 다르지 않고 공이 색과 다르지 않으며
색이 곧 공이요, 공이 곧 색이니
수상행식도 그러하니라.

사리자여,
모든 법은 공하여

나지도 멸하지도 않으며

더럽지도 깨끗하지도 않으며

늘지도 줄지도 않느니라.

지혜도 없고 얻음도 없느니라.

얻을 것이 없다.

『반야심경』은 대승불교의 핵심 사상인 반야(般若) 공(空)사상의 정수를 보여준다. 색수상행식(色受想行識), 오온(五蘊)은 곧 일체 모든 것이고, 그것은 바로 공하다. 일체 모든 것이 전부 공함을 깨달아야만 모든 고통에서 벗어난다. 일체 모든 것의 근원의 진실을 꿰뚫어 보면 공하다. 그것은 눈에 보이기로는 생겨나고 사라지지만 진실에서 보면 나지도 멸하지도 않고, 더럽지도 깨끗하지도 않으며, 늘지도 줄지도 않는다. 거기에는 그 어떤 티끌 하나조차 붙을 자리가 없다.

'있다'고 할 수 있는 것은 아무것도 없다. 오온, 십팔계(十八界), 사성제(四聖諦), 팔정도(八正道)를 비롯해 지혜와 깨달음조차 모두 없다. 본래 얻을 것은 어디에도 없기 때문이다.

오온개공(五蘊皆空)과 무소득(無所得)이야말로 『반야심경』의 정수다. 불법은 그 어떤 것도 얻을 것이 없다. 심지어 깨달음조차 얻는 것이 아니다. 불법은 더하기(+)가 아니라, 철저한 빼기(-)다. 가지고 있는 일체 모든 것을 전부 다 빼앗아 버릴 뿐, 주는 것은 하나도 없다. 번뇌와 망상, 분별과 삼독심을, 심지어 깨달음조차 죄다 빼앗아 버렸을 때 비로소 본래 이미 갖추고 있었던 참된 진실에 눈뜨게 되는 것이다.

확연무성(廓然無聖), 이미 있는 그대로 확연하게 진리는 드러나 있기에 성스럽다고 할 만한 것조차 없다.

11
금
강
경

무릇 상(相)이 있는 바는

다 허망함이니,

만약 모든 상이 상이 아님을 보면,

곧 여래를 볼 것이다.

집착하는 바 없이

그 마음을 내라.

만일 모양으로써 나를 보려 하거나,

음성으로써 나를 구하거나 하면,

이 사람은 사도(邪道)를 행함이라,

능히 여래를 보지 못하리라.

일체 현상계의 법(有爲法)은

꿈과 같고 환영과 같으며 물거품과 같고 그림자와 같고,

또한 이슬과 같고 번개와 같으니

마땅히 이와 같이 관할지어다.

정한 법이 없는 것을 이름하여 아뇩다라삼먁삼보리(阿耨多羅三藐三菩提)라 한다. 여래께서는 특정한 법을 설하신 바가 없다. 여래께서 말씀하신 법은 취할 수도 없고, 말할 수도 없으며, 법이라거나 법이 아니라고도 할 수 없다.

여래가 깨달았다고 할 만한 그 어떤 법도 없다. 수보리야, 여래가 얻은 바 아뇩다라삼먁삼보리는 실다움도 없고 헛됨도 없다. 그러므로 여래는 '일체법이 다 불법'이라고 설한 것이다. 수보리야 이른바 일체법은 곧 일체법이 아니니 다만 그 이름이 일체법인 것이다.

저 많은 국토 가운데 있는 모든 중생의 갖가지 마음을 여래는 다

안다. 왜냐하면 여래가 말하는 모든 마음은 마음이 아니라 그 이름이 마음이기 때문이다. 그 까닭에 수보리야, 과거의 마음도 얻을 수 없고, 현재의 마음도 얻을 수 없으며, 미래의 마음도 가히 얻을 수 없다.

만약 어떤 사람이 삼천대천세계에서 제일 큰 산인 수미산만한 칠보를 가지고 널리 보시했다 하더라도, 만약 다른 사람이 이 반야바라밀경이나 이 경의 사구게(四句偈) 하나만이라도 받아 지녀 읽고 외우고 남을 위해 설해 준다면, 그 복덕에 비하여 앞의 복덕은 백분의 일에도 미치지 못하고, 백천만억분의 일 또는 그 어떤 산술적 비교로도 능히 미치지 못할 것이다.

여래가 '내가 중생을 제도한다.'는 생각을 내겠느냐? 그런 생각을 하지 말라. 왜냐하면 실로 여래가 제도할 중생이 없기 때문이다.

『금강경』은 끊임없이 상(相)의 타파에 대해 설한다. 인간의 어리석음은 분별심에서 시작되었다고 했는데, 바로 그 분별심으로 보는 모양이 바로 상이고, 분별상이다.

이것과 저것을 나누려면 이것과 저것이 서로 다른 모양, 즉 다른 상이어야 한다. 이것과 저것의 모양이 다르면 그 가운데 어느 한쪽은 좋고 다른 쪽은 싫게 느껴진다. 좋은 것은 취하고 싫은 것은 버리거나 거부하게 된다. 취하지 못해도 괴롭고 버리지 못해도 괴롭다. 이렇게 모든 괴로움이 생겨난다.

그 사람의 외모, 재력, 경력 등 그 사람을 다른 사람과 비교하여 판단할 수 있는 모든 것들이 전부 상(相)이다. 상을 가지고 바라보면 그 사람의 진실을 마주할 수 없다. 상을 내려놓고 다가설 때 비로소 그 사람의 참된 진실을 만나게 된다.

일체 모든 것도 마찬가지다. 상을 버리고 바라볼 때 제법의 실상이 드러난다. 상이 있는 바는 다 허망하다. 상은 진실이 아니기 때문이다. 상이란 다만 내 안에서 만들어놓은 허망한 착각이요, 망상의 그림일 뿐이다. 내가 만들어 놓은 상이 곧 상이 아니라는 진실에 눈뜰 때 곧 여래를 본다. 상이 상이 아님을 바로 알면 그 어떤 상에도 집착하지 않고 마음을 낼 수가 있다.

모양이나 음성으로 여래를 보려 하면 그는 사도를 행하는 것일 뿐이다. 일체 유위법은 전부 다 상으로 만들어진 허망한 것이기에 물거품과 같고 꿈과 같고 환영과 같다. 그 어떤 상도 없으니, 법이라고 할 만한 것도 없다. 정해진 법이 하나도 없다. 깨달았다고 할 만한 그 어떤 법도 없다.

참되다는 것도 하나의 상이고, 헛되다는 것도 하나의 상이니 참된 불법은 이러한 양극단에서 벗어나 있다. 일체법은 곧 둘로 나누어지지 않는 참된 '하나'다. 그러니 일체법이 곧 불법이다. 일체 모든 것이 전부

'하나'지만, 사실 그 하나라고 할 만한 특별한 법이 따로 있는 것도 아니다.

그래서 경전에서 법이라고 하든, 일체법이라고 하든, 불성이라고 하든 그것은 하나의 이름일 뿐, 거기에 집착해서는 안 된다. 그러니 일체법은 일체법이 아니라, 다만 그 이름이 일체법일 뿐이다.

12
반
야
경

공(空), 본래 없다

본질적으로는 허물을 범하고 범하지 않는 것이 없다.…
남들이 괴롭히더라도 거기에 움직일 마음이라는 것은 본래
없다.…

세상에서는 가설로 이름 붙인 것을 그 이름에 얽매여 망상 분
별을 일으키고 말을 일으키고 집착을 일으킨다. 나라거나 남이
라거나 다 실체가 없는 이름뿐인 공인데 거기에 어찌 집착하겠
는가.

모든 존재는 공해서 얻을 수 없고 항상 청정하다.

청정하다는 것은 모든 존재가 나지도 없어지지도 않고, 더럽지도 깨끗하지도 않고 얻는 것도 짓는 것도 없음이다. 이것을 모르는 것이 무명(無明)이다. 중생은 이 무명과 갈애(渴愛) 때문에 망상 분별하여 유와 무의 양극단에 얽매인다.…

사람들은 흔히 깨끗하고 더러움에 차별을 둔다. 그러나 사물의 본성은 깨끗한 것도 더러운 것도 없다. 우리 마음이 집착하기 때문에 깨끗한 것을 가까이하고 더러운 것을 멀리하는 것이다. 그러므로 집착하는 마음, 편견을 떠나면 모든 존재는 깨끗하다.

세존이시여, 보살마하살이 어떻게 반야바라밀(般若波羅蜜)을 닦아야 합니까?
"일체의 정신적, 육체적인 것을 전부 공이라고 관하면 그것이 반야바라밀을 닦는 것이다."

『반야경』의 핵심 사상은 공(空)이다. 일체제법을 전부 공이라고 관하는 것이 반야바라밀을 닦는 것이다. 일체가 공하여 텅 비었다면 거기에 집착할 만한 것은 아무것도 없다.

그래서 반야 공사상에서는 언제나 무집착, 무소득(無所得)을 설한다.

집착할 것이 없고 얻을 것이 없다. 이것을 모르고 집착하고 얻으려 하는 것이 중생의 어리석음 곧 무명(無明)이다.

선지식

보살의 선지식이란 무엇인가? 모든 것은 그 자체가 공해서 얻을 수 없고, 여러 가지 선한 수행도 공하기 때문에 얻을 수 없다고 가르쳐, 조그마한 깨달음의 안일에 빠지지 않고 밝은 지혜로 나아가게 하는 사람이 곧 선지식이다.

『반야경』에는 선지식이 등장한다. 참된 선지식이란 무언가를 얻을 수 있게 해준다고 확신을 주거나, 배울 수 있게 해준다고 하지 않는다. 참된 선지식은 본래 얻을 것 없다는 공의 가르침을 깨닫게 해주기에, 가지고 있던 분별망상을 하나도 빠짐없이 모조리 빼앗아 버리는 역할을 한다. 참된 선지식은 주는 자가 아니라 빼앗는 자다.

그래서 깨달음을 얻었다고 할지라도, 자신의 참된 성품을 확인했다고 하더라도 그것조차 얻을 수 없음을 일깨워 줌으로써 깨달았다는 착각과 안일에 빠지지 않고 보다 더 밝고 원만한 지혜로 나아가도록 이끄는 사람이다.

선에서는 이러한 선지식을 첫째, 견성(見性)으로 잘 이끌어 주는 분이며, 둘째, 깨달음 이후의 보임(保任)을 잘 이끌어 주는 분이라고 표현한다.

이름과 모양(명상)

일체법은 단지 이름과 모양(名相)만 있을 뿐이다.… 이 같은 명상(名相)은 다만 가짜로 시설된 것이고, 명상의 본성은 공이다. 모든 중생들은 명상에 집착하여 생사에 빠져 흘러가 해탈하지 못한다. 명상은 생도 멸도 없고 머묾도 달라짐도 없지만 다만 시설할 수는 있다.…

일체법은 공하지만 중생들은 공하다는 진실을 깨닫지 못했기에 세상 모든 것이 진실로 존재한다고 여긴다. 공을 깨닫지 못하는 이유는 세상을 공으로 보지 않고 명과 상으로 해석해서 보기 때문이다. 세상 모든 것들을 대상으로 특정한 모양(相)에 특별한 이름(名)을 부여하고는 그것을 실재라고 믿는 것이다.

우리가 세상을 안다고 할 때, 인식한다고 할 때는 언제나 이름과 모양을 통해 아는 것이다. 그러나 이름과 모양은 참된 진실이 아닌 가설이다. 가짜로 시설된 것일 뿐이다. 이름과 모양으로 이루어진 모든 것은 그 본성이 공하다. 중생들은 명상에 집착하기에 해탈하지 못한다.

반야바라밀

보살이 고행이란 생각으로 반야바라밀을 행하면 이는 보살이 아니다. 고행이란 생각이 있으면 중생을 건질 수 없다.

사리자여, 모든 것은 얻을 수 없다. 이렇다고도 저렇다고도 할 수 없는 것임을 알아 반야바라밀을 행하라.

보살이 반야바라밀을 수행할 때 '나는 반야바라밀을 행한다.'고 생각한다면 그는 모양에 집착하여 반야바라밀을 잃어버릴 것이다.… 반야바라밀은 모든 법의 근본이므로 여래와 다를 것이 없다. 사리자여, 반야바라밀을 수행하여 모든 번뇌를 떠나고 바른 깨달음을 열어 한량없는 중생들을 깨우쳐 주리라고 원을 세우지 않으면 안 된다.

모든 존재는 본성이 없는 그것이 본성이므로 그 본성은 찾아볼 수 없는 것이다.

보살은 반야바라밀을 수행하지만 반야바라밀이라는 모양을

취하지 않는다.··· 취하지 않는다는 생각도 집착하지 않는다.

왜냐하면 반야바라밀은 그 자성이 없어 찾아볼 수 없기 때문이다.

일체법이 공(空)이라고 관(觀)하는 것이 곧 반야바라밀이다. 공하기에 그 어떤 것도 얻을 수 없다. 본성이라고 하든, 지혜라고 하든, 깨달음이나 해탈이라고 하든 그 모든 것은 하나의 이름일 뿐, 그 말속에는 참된 것이 없다.

반야바라밀을 수행한다는 것도 하나의 견해이고 개념일 뿐, 반야바라밀을 수행한다고 하더라도 그것은 반야바라밀이라는 수행을 취하는 것이 아니다. 반야바라밀이라는 자성은 찾아볼 수 없기 때문이다. 이처럼 지혜, 본성, 반야바라밀을 설하지만 그것은 방편일 뿐, 결국 그 어떤 것도 내세울 수 없고 얻을 수 없다.

다만 참된 반야바라밀을 얻음 없이 얻어 일체 중생에게 설해줌 없이 설해주고자 한다면, 마음속에 간절한 발심, 서원, 발보리심을 세워야 한다. 바로 그 마음, 발심의 마음이 깨달음을 가능하게 한다. 그래서 이 공부를 마음공부라고 부른다. 간절한 발심, 그것이 곧 반야바라밀의 수행이다.

13 유마경

심청정 국토청정

보적아,

만약 보살이 청정한 국토를 얻으려거든

먼저 그 마음을 청정히 가져야 한다.

그 마음이 청정하면 국토가 청정해지느니라.

중생이 업장으로 인해 여래의 국토가 청정하게

장엄된 것을 보지 못하는 것일 뿐,

그것이 여래의 허물은 아니다.

나의 국토는 청정하건만 다만 네가 보지 못할 뿐이다.

내 마음이 청정하면 온 국토가 청정하다. 내 마음이 오염될 때 국토도 오염된다. 내 마음이 청정하면 온 우주 일체만유가 일시에 청정하지만, 내 마음이 오염되면 온 우주법계 전체가 어둡다.

이 우주법계는 본래 청정하여 한 치도 오염됨이 없지만, 중생이 스스로 망상분별이라는 오염된 필터로 세상과 국토를 바라보기에 국토가 오염된 것처럼 보일 뿐이다. 그러니 깨달은 자의 눈에 국토는 언제나 청정하다. 다만 중생이 보지 못할 뿐.

보살의 병 중생의 병

인간은 무명과 삶에 대한 욕망 때문에 병에 걸리는 것이며 나도 또한 그렇습니다. 만약 일체중생의 병이 없어진다면 내 병도 없어질 것입니다. 왜냐하면 보살은 중생을 위하여 생사에 들어가는 것이요, 생사가 있으면 병도 있습니다. 만약 중생이 병을 여의면 보살도 병이 없을 것입니다.…

마치 아들이 병을 얻으면 부모도 병이 생기는 것과 같습니다.… 보살도 이와 같이 모든 중생들을 아들처럼 사랑합니다.

중생에게는 생사가 있지만 보살에게는 생사가 없다. 언제나 무생법인(無生法忍)이며 불생불멸(不生不滅)이다. 다만 보살은 중생을 위한 자비심으로 인해 생사에 들어간다. 그러니 생사가 있는 까닭에 병도 있다. 중생이 있는 까닭에 보살이 있고, 중생이 병들어 있는 까닭에 보살도 병들게 된 것이다. 그러나 중생과 보살은 둘이 아니다. 보살은 병에 걸렸지만 사실은 병에 걸리지 않았다. 다만 방편으로 중생의 병을 낫게 하기 위해 동사섭(同事攝)하여 중생의 모습, 아픈 모습을 나툴 뿐이다.

불이법문

유마가 여러 보살에게 물었다.

"보살이 어떻게 상대적 차별을 끊고 절대 평등한 불이법문 (不二法門)에 들어가는지 설해 주십시오."

법자재보살이 말했다.

"생겨나는 것(生)과 멸하는 것(滅)은 서로 둘로 대립되어 있습니다. 그러나 존재하는 것은 본래 생한 것이 아니므로 멸할 것도 없습니다. 그러므로 무생법인(無生法忍)을 체득하는 것이 불이법문에 드는 것입니다."

불사보살이 말했다.

"선(善)과 불선(不善)은 서로 대립합니다. 그러나 만약 선과 불선에 집착하지 않고 평등하며 진실한 공(空)의 도리를 깨닫는다면 바로 불이법문(不二法門)에 드는 것입니다."

보수보살은 말했다.

"자아(自我)와 무아(無我)는 서로 대립합니다. 그러나 영원히 변치 않는 실체적 자아도 알 수 없는데 어찌 무아(無我)가 인지될 수 있겠습니까? 자아의 본래 모습을 보는 사람은 이 2가지 생각을 일으키지 않습니다. 이것이 불이법문(不二法門)에 드는 것입니다."

희견보살은 말했다.

"색(色)과 그 색이 공함(色空)은 서로 대립하고 있습니다. 그러나 색 그대로가 공한 것으로써 색이 멸하여 공이 된 것이 아닙니다. 색의 본성이 공한 것입니다. 이와 같이 느낌(受), 생각(想), 의지(行), 의식(識)도 그대로가 공합니다. 식 그대로가 공한 것이지 식이 멸했기 때문에 공한 것은 아닙니다. 식의 본성이 그대로 공한 것입니다. 이와 같이 체득하는 것이 불이법문에 드는 것입니다."…

이와 같이 수많은 보살들이 제각기 자신의 견해를 설했다. 유마힐이 문수보살에게 다시 물었다.

"어떻게 하면 보살은 절대평등의 불이법문에 들 수 있습니까?"

문수사리가 대답했다.

"제가 생각하건대 모든 것에 있어서 말이 없고, 설함도 없으며, 가리키는 일도, 인지(認知)하는 일도 없으며, 모든 질문과 대답을 떠나는 것이 절대 평등한 경지에 드는 것입니다."

그때 문수사리가 유마힐에게 말했다.

"지금까지 여러 보살들이 자기의 견해를 말했습니다. 거사께서 말씀해주실 차례입니다. 어떻게 하면 보살은 절대 평등한 경지에 드는 것입니까?"

그러나 유마힐은 오직 묵연(默然)하여 아무런 대답이 없었다. 문수사리는 감탄하여 말했다.

"참으로 훌륭합니다. 문자도 언어도 없는 것이야말로 진실로 불이법문에 드는 길입니다."

이와 같이 절대평등의 불이법문에 드는 가르침이 설해졌을 때 이곳에 모인 5천의 보살이 모두 불이법문에 들었으며 무생법인 (無生法忍)을 얻었다.

참된 불이법은 그 어떤 말로도 표현할 수 없다. 말로 표현되는 순간 그것은 둘로 셋으로 쪼개어지고, 개념화되기 때문이다. 둘이 아닐 때는 그 어떤 것도 생겨나지 않고, 붙을 것이 없다. 그저 텅 비어 고요할 뿐. 생사와 열반이 둘이 아니라고 말하더라도 이미 거기에는 생사와 열반을 전제로 그것이 없다고 표현하고 있는 것이니 벌써 그 말은 둘로 나뉘어져 있다. '생사와 열반이 둘이 아니야.'라는 말 안에 이미 생사가 있고 열반이 있다. 참으로 생사와 열반이 둘이 아님을 설하려면 '생사' 라는 말, '열반'이란 말조차 붙을 자리가 없어야 한다. 그저 침묵할 뿐. 개념 지어 말로써 설명하게 되면 이미 둘로 나뉘는 것이다.

문자도 언어도 없는 것이야말로 진실로 불이에 드는 길이다.

직심이 보살정토

보적아, 마땅히 알라. 곧은 마음(直心)이 곧 보살의 정토이니 보살이 성불하였을 때 굽은 마음이 없는 중생이 그 나라에 와서 태어나며, 깊은 마음(深心)이 보살의 정토이니 보살이 성불하였을 때 공덕을 구족한 중생이 그 나라에 와서 태어난다. 보리심 (菩提心)이 보살정토이니 보살이 성불하였을 때 대승의 중생들이 와서 태어난다.

생각으로 헤아려서 한 번 걸러서 이해된 마음은 직심이 아니다. 직심, 즉 곧은 마음이란 생각과 분별로 걸러지지 않은, 곧장 바로 이 마음이다. 분별하지 않을 때 곧장 바로 이 마음이다.

곧장 바로 이 마음이면 곧 보살의 마음이요, 보살의 정토요, 본래 청정한 깨달음의 자리다. 생각과 분별망상은 얕은 마음이지만, 생각과 분별의 파도가 잔잔해지면 그 안의 깊은 마음, 본래 청정한 마음이 드러난다. 보리심, 깨달음에 대한 간절한 발심이야말로 보살의 정토요, 본래 청정한 마음이다.

본래 죄가 없다

세존께서 우파리에게 말씀하셨다.

"그대가 유마힐을 찾아가서 문병하라."

그때 우파리가 부처님께 아뢰었다.

"세존이시여, 저는 그를 찾아가 문병할 수 없습니다. 그 이유는 기억하건대, 과거 한때에 두 명의 비구가 계(戒)를 어기고 저를 찾아왔습니다. 그들은 부끄러워하는 마음이 깊어 감히 부처님을 찾아뵙지 못하고, 저에게 찾아와 저의 발에 머리를 조아리고는 말했습니다.

"우파리시여, 지금 저희들은 계율을 많이 어겨 참으로 부끄러워 부처님을 감히 찾아뵙지 못하겠습니다. 원컨대 우파리님께서 저희의 근심과 후회를 풀어 주셔서 이 허물에서 벗어나게 해주십시오."

이에 저는 곧 그들에게 여법하게 설명해주어 근심과 후회를 제거하고 허물을 깨끗이 없애도록 해주었습니다.

그때 유마힐이 그곳으로 와서 저의 발에 머리 숙여 절하고는 말했습니다.

"여보세요, 우파리님. 이 두 비구의 죄를 더욱 두텁게 만들지 마십시오. 마땅히 곧장 근심과 후회를 제거하여, 계율을 범한 허물이 그들의 마음을 어지럽히지 못하게 해야 합니다. 왜 그럴까요? 죄의 자성은 안에 있지 않고 밖에도 있지 않으며 그 둘 사이에도 있지 않기 때문입니다. 부처님의 말씀처럼 마음에 때가 끼었기에 중생이 때가 있는 것이고, 마음이 깨끗하면 중생이 깨끗합니다. 이처럼 마음 역시 안에 있는 것도 아니고 밖에 있는 것도 아니고 중간에 있는 것도 아닌 것처럼 죄의 본성도 그러합니다. 또한 모든 법이 그러하여 진여에서 벗어나지 않았습니다.…

우파리님, 망상이 바로 때이고, 망상 없는 것이 깨끗한 것이며, 제정신을 바로 갖지 못한 것이 때이고, 나에 집착하지 않으면 깨끗한 것입니다.

우파리님, 모든 법이 나고 없어지고 하여 잠깐도 머물지 않는 것이 요술과 같고 번개와 같고, 모든 법이 모두 허망한 것이어서 마치 꿈과 거울 속에 나타나는 형상과 같으니 다 허망한 생각으로 생기는 것입니다. 이런 줄 바로 아는 것이 바로 계율을 잘 지니는 것이며, 이런 줄을 아는 이가 바르게 아는 것입니다 라고 하였나이다."

죄가 있으니 참회해야 한다고? 죄가 있다는 것은 하나의 생각일 뿐이다. 죄의식에 사로잡혀 있는 마음의 분별일 뿐이다. 죄가 있다면 그 죄는 내 안에 있을까? 밖에 있을까? 도대체 죄는 어디에 숨어 있단 말인가?

죄의 본성은 어디에도 없다. 죄의식이란 허망한 착각이 사라지면 죄 또한 본래 없다. 죄는 스스로의 자성이 없어 마음 따라 일어나고 사라지는 것일 뿐이다. 허망한 생각으로 인해 생기는 것일 뿐이다.

이처럼 죄의 참된 본성을 바로 보는 것이 참된 참회이지, 절을 하고, 염불하고, 독경하면서 죄목을 하나하나 짚어가면서 참회하려고 애쓰는 것이 참된 참회가 아니다.

악도가 곧 최상의 길

문수사리가 유마힐에게 물었다.

"보살은 어떻게 모든 불법에서 최상의 길에 도달합니까?"

유마힐이 말했다.

"만약 모든 보살이 악도(惡道)로 간다면, 곧 불법에서 최상의 길에 도달합니다."

문수사리가 말했다.

"보살은 어떻게 악도로 갑니까?"

유마힐이 말했다.

"만약 모든 보살이 설사 오무간(五無間)의 길을 가더라도, 분노하거나 고뇌하거나 해를 끼치려는 악독한 마음이 없다면,

설사 지옥의 길을 가더라도, 모든 더러운 티끌 같은 번뇌로 부터 벗어나 있다면,

설사 모든 축생(畜生)의 길을 가더라도, 모든 깜깜한 무명(無明)에서 벗어나 있다면…

설사 탐내는 행위와 욕심내는 행위의 길을 가는 모습을 보여주더라도 물질에 대한 모든 욕심 속에서 모든 오염과 집착에서 벗어나 있다면,

설사 성내고 화내는 행위의 길을 가는 모습을 보여 주더라도 모든 중생의 경계 속에서 모든 분노와 성냄을 벗어나 손해를 끼치려는 마음이 없다면,

설사 어리석은 행위의 길을 가는 모습을 보여주더라도, 모든

법에서 모든 깜깜한 무명(無明)에서 멀리 벗어나 지혜의 밝음을 가지고 스스로 조복시킨다면…

설사 눈을 부릅뜨고 분노하는 행위의 길을 가는 모습을 보여 주더라도, 마침내 자비심(慈悲心)에 편안히 머물러 성내는 번뇌가 없을 수 있다면,

설사 게으른 행위의 길을 가는 모습을 보여 주더라도, 온갖 선근(善根)을 부지런히 익히며 정진(精進)하여 쉬지 않을 수 있다면,

설사 육근(六根)이 혼란한 행위의 길을 가는 모습을 보여주더라도, 늘 고요히 침묵하면서 선정(禪定)에 편안히 머물러 있다면…

설사 세간의 온갖 번뇌에 싸인 행위의 길을 가는 모습을 보여 주더라도, 본성이 깨끗하여 마침내 더럽게 물듦이 없다면,

설사 여러 가지 마구니의 삿된 행위의 길을 가는 모습을 보여 주더라도, 모든 불법에서 지혜를 깨달아 스스로의 깨달음으로 알아서 다른 인연을 따라가지 않는다면…

설사 비천하게 태어나는 길에 머무는 모습을 보여 주더라도, 부처님 집안에 태어난 것처럼 존귀하고 뛰어난 복과 지혜의 양식을 쌓아 올린다면…

설사 모든 늙음과 질병의 길에 머무는 모습을 보여주더라도, 마침내 늙음과 질병의 뿌리를 제거하고 모든 죽음에 대한 두려

움을 뛰어넘을 수 있다면,

설사 재물과 지위를 구하는 길에 머무는 모습을 보여 주더라도, 무상(無常)을 관찰하는 것을 많이 실천하여 익숙하게 되고 모든 희망과 구함을 쉴 것을 생각한다면,

설사 궁실에서 기녀들과 온갖 즐거움을 즐기는 길에 머무는 모습을 보여 주더라도, 늘 온갖 애욕의 진흙탕에서 빠져나와 끝내 멀리 벗어나는 행위를 익힌다면,

설사 온갖 우매하고 간사한 길에 머무는 모습을 보여 주더라도, 여러 가지 재치 있는 말솜씨로 꾸미고서 다라니(陀羅尼)를 염송(念誦)하는 지혜를 얻어 잃지 않는다면,

설사 온갖 사도(邪道)의 길에 머무는 모습을 보여 주더라도, 모든 육도사생의 삶을 진실로 영원히 끊었다면,

설사 반열반(般涅槃)의 길에 머무는 모습을 보여주더라도, 이어지는 생사윤회(生死輪廻)를 늘 버리지 않는다면,

설사 묘한 깨달음을 얻어 큰 법의 바퀴를 굴리고 열반에 들어가는 모습을 보여 주더라도, 다시 모든 보살의 행위를 부지런히 닦음이 끊임없이 이어진다면,

여보세요, 문수사리시여.

보살이 이와 같이 악도(惡道)로 간다면, 모든 불법에서 마지막 길에 이르렀다고 할 수 있습니다.

악도가 따로 있고 선도가 따로 있지 않다. 선악 자체가 공하여 따로 있지 않다. 깨달음, 불성, 참성품은 지옥에는 없고 천상에만 있는 것이 아니다. 우리는 지옥에만 가거나 천상에만 갈 수는 없다. 그런 어떤 '곳'은 따로 있지 않기 때문이다.

오로지 있는 곳이라고는 '여기'밖에 없다. 지금 이 자리를 분별하면 어떤 이는 천상이라고 하고, 어떤 이는 지옥이라고 여길 뿐이다. 그러니 보살은 중생이 악도라고 여기는 곳에 도달할지라도 보살에게 그곳은 더 이상 악도가 아니다. 중생에게만 악도일 뿐, 보살에게는 평등한 법계일 뿐이다. 이처럼 악도와 선도가 차별이 없어진다면 그 자리가 모든 불법에서 최상의 길이요, 마지막 길에 이르렀다고 할 수 있다.

선불교 관련 경구들

사리불이여, 앉아 있다고 해서 좌선이라 하지는 않습니다. 무릇 좌선이란 삼계에 몸과 마음을 나타내지 않는 것입니다.… 도법(道法)을 버리지 않고 범부의 일을 나타내는 것이 좌선입니다. 마음이 안에도 머물지 않고 밖에도 머물지 않는 것이 좌선입니다. 온갖 소견에도 움직이지 않고 37조도품(三十七助道品)을 수행하는 것이 좌선입니다. 번뇌를 끊지 않고 열반에 드는 것이 좌선입니다. 이처럼 좌선하는 사람이라야 부처님이 인가할 것입니다.…

번뇌의 바다에 들어가지 않으면 일체지의 보물을 얻을 수 없다.

이 『유마경』의 가르침은 이후 중국 선불교에서 매우 주목받았다. 육조 혜능은 '만약 앉아서 움직이지 않는 것을 옳다고 여긴다면, 이것은 숲속에서 좌선하고 있던 사리불이 유마힐에게 받은 질책과 마찬가지일 것이다'라고 했다.

또한 번뇌의 바다에 들어가지 않으면 일체지의 보물을 얻을 수 없다는 '번뇌즉보리(煩惱卽菩提)', '생사즉열반(生死卽涅槃)'의 가르침은 중국 남종선과 대혜의 간화선에까지 영향을 미친다.

14
화
엄
경

일체유심조

만약 사람들이 과거 현재 미래의 모든 부처를 알고자 하거든
마땅히 법계의 성품을 비추어 볼지니 일체 모든 것은 마음으로
지어졌음이라.

마음은 화가와 같아서 능히 온갖 세간을 그려내나니 오온이
마음 따라 생기어서 만들어내지 못하는 법이 없네.

일체 모든 것은 마음으로 지어졌다. 마음은 화가와 같아 능히 온갖 세상을 그려낸다. 이 마음이라는 바다 위에 온갖 세상만사라는 파도가 치고 있는 것일 뿐이다.

마음이라는 도화지 위에 온갖 세간이 그려지고 있다. 일체 모든 것들은 전부 마음이라는 바탕 위에서 드러나고 그려지고 일어났다 사라지는 허망한 그림일 뿐이다.

세상만사가 전부 생겨났다가 사라진다고 할지라도 그 모든 것은 결국 낱낱의 파도일 뿐, 그 모든 파도는 결국 바다가 그려낸 허망한 그림자에 지나지 않는다.

일진법계

이 법계로부터 흘러나오지 않음이 없고,
이 법계로 되돌아가지 않음이 없다.

오직 하나의 진실한 법계가 있을 뿐이다.
마음, 부처, 중생 이 셋은 차별이 없다.

널리 일체 중생을 돌아보니 한 사람도 빠짐없이
부처님의 지혜덕상을 갖췄건만

다만 망상과 집착으로 인해서 증득하지 못할 뿐이다.

이 세상에는 2가지, 3가지의 세상이 따로 있는 것이 아니다. 중생의 세상이 따로 있고 부처의 세상이 따로 있는 것이 아니다. 예토(穢土)와 정토(淨土)가 따로 없고, 생사와 열반이 따로 없고, 중생심과 불심(佛心)이 따로 있지 않다. 오로지 하나의 진실한 법계가 있을 뿐이다.

이 하나의 법계, 일진법계(一眞法界)라는 바다로부터 일체 모든 삼라만상은 파도처럼 일어났다가 사라질 뿐이다. 이 바다가 바로 마음이고, 부처며, 그 마음이라는 바다 위에 인연 따라 잠시 일어났다 사라지는 존재가 바로 중생이다.

바다가 곧 파도이니, 부처와 마음과 중생은 셋이 아니다. 이처럼 일체 모든 중생들은 전부 바다 아님이 없고, 일진법계 아님이 없다.

일체 중생과 삼라만상이 전부 일진법계로써 부처님의 지혜덕상이 원만히 갖추어졌건만, 중생들이 다만 망상과 집착으로 인해 깨닫지 못할 뿐이다.

일즉일체다즉일

부처님 몸 온 법계 가득하시니

일체중생 앞에 두루 나타내신다.

인연 따라 가지 않는 곳 없지만

언제나 보리좌(菩提座)에 항상 계신다.

하나에서 무한함을 알고 무한함 가운데서 하나를 알아

그것이 서로 함께 일어남을 깨치면 마땅히 두려움 없으리라.

한 몸이 무한한 몸이 되고, 무한한 몸은 다시 한 몸이 되며,

모든 세간을 밝게 알아 형상을 일체에 두루 나타내도다.

하나의 미세한 먼지 속에서 많은 세계들을 본다.

말로 할 수 없는 억겁이 곧 순식간이니 길거나 짧지 않다.

처음 발심할 때에 곧 정각을 얻을 것이며, 일체의 법이 곧 마음의 성품임을 알 것이다.

법신(法身)은 충만하여 일체 우주법계에 가득하다. 일체 중생 앞에, 옆에, 뒤에, 안에, 밖에 아니 중생 자체로써 두루 그 몸을 나타낸다. 법신은 인연이 생겨나면 인연에 응해 무엇이든 만들어내 나투지만, 그럼에도 언제나 깨달음의 자리, 보리좌에 항상 앉아 계신다. 우리가 아무

리 번뇌 망상에 시달리고, 괴로움 속에 빠져 있을 때라도 사실은 언제나 보리좌에서 한 발자국도 떠난 적이 없다.

법신은 둘로 나뉘지 않는 일진법계이기에, 아무리 많은 파도가 낱낱이 치더라도 그것이 결국 하나의 바다이듯, 하나가 곧 전체고 전체가 곧 하나다. 한 티끌 속에 우주 전체가 드러나 있다. 말로 할 수 없는 억겁의 시간이 곧 지금 이 순간일 뿐이다. 과거나 미래, 이쪽과 저쪽은 없다. 다만 불이법의 일진법계 하나가 있을 뿐.

이 참된 '하나임'의 진리를 깨닫고 나면 두려울 것이 없다. 둘로 나뉘어져야 두려울 상대가 있는데, 하나일 때는 두려울 상대가 사라지기 때문이다.

바다와 파도

"불법은 오직 한 법인데 어찌 온갖 법을 말씀하시고, 갖가지 경계를 나타내 보이십니까?"

"큰 바다는 하나이듯, 파도는 천만 가지로 다르지만 하나의 물임은 다르지 않네. 모든 불법도 이와 같다. 우리의 마음은 갖가지 번뇌 망상으로 물들어 있어 마치 파도치는 물결과 같다. 물결이 출렁일 때는 우리의 얼굴이나 모습도 일렁이고 왜곡되어 제대로 보이지 않는다. 그러나 물결이 고요해지면 모든 것이 제 모습을 나타낸다. 저 연못이 바람 한 점 없이 고요하고 맑으면 물 밑까지 훤히 보이는 것처럼.…"

인연 따라 천만 가지로 파도가 치더라도 큰 바다는 하나일 뿐이듯, 불법도 이와 같다. 색수상행식이라는 오온과 삼라만상이 전부 하나의 파도일 뿐이다. 인연 따라 생기고 사라지는 일체 모든 유위법, 일체 모든 존재는 생멸법으로써 파도일 뿐이다. 몸도 생각도 느낌도 의지도 의식도 전부 잠시 일어났다가 사라질 뿐이다. 그것은 내가 아니다. 다만 파도일 뿐이다.

그러나 파도는 곧 바다와 다르지 않으니, 오온이 곧 부처요 참성품이다. 일체중생이 그대로 부처요 일진법계다. 파도가 곧 바다이듯이 마음이 온갖 번뇌 망상으로 물들어 끊임없이 파도치더라도 바다라는 마음의 바탕은 언제나 고요하다.

정진과 믿음

믿음은 도의 으뜸이요, 공덕의 어머니라 온갖 선한 법을 기르며 의심을 끊고 애착을 벗어나 열반의 위없는 길 열어 보이네.

무수한 중생들 처소에 일겁 동안 생필품을 베풀어도 그 복덕보다 이 법을 믿음이 가장 뛰어나네.

온갖 법 관찰하면 자성이 없어 생멸하는 겉모습만 있을 뿐, 단지 헛이름으로만 설하네. 모든 법이 불생불멸임을 알면 항상 부처님께서 나타나시리.

불국토는 분별이 없고, 미움도 사랑도 없으나 다만 중생들이 마음을 따라서 서로 다른 것을 볼 뿐이다.

불법은 하나인데 중생들은 왜 바로 온갖 속박과 번뇌를 끊지 못합니까?
"나무를 비벼 불을 구할 때 불이 나기도 전에 자주 쉬면 불기운도 따라 꺼지듯 게으른 자도 마찬가지네."

이 진리의 가르침을 굳게 믿는 것이 모든 수행의 출발이다. 믿음이야말로 도의 으뜸이고 공덕의 어머니다. 겉으로 보기에는 생멸하는 것처럼 보이지만 진실은 불생불멸이다. 그러나 중생의 눈에는 여전히 불생불멸로 보이지 않고 생멸하는 것으로 보인다.
사실 이 국토는 그대로가 불국토이기에 이대로 깨달음의 세계이지만 중생들은 분별함으로써 중생의 세계를 볼 뿐이다. 그러니 어찌해야 하는가? 굳게 믿어야 한다.

보이지 않는 진실에 대한 가르침, 분별 너머의 가르침, 출세간의 진실에 대한 가르침은 오로지 믿는 것으로써만 첫발을 내딛을 수 있다. 굳게 믿고 나면 보리심을 내어 끊임없이 정진할 수 있다.

그러나 나무를 비벼 불을 내고자 할 때 불이 붙기도 전에 비비는 노력을 쉰다면 불을 얻을 수 없듯, 공부하는 수행자도 마음공부에 정진함에 게으르다면 끝내 깨달음을 얻지 못하리라.

보리심

온갖 불법을 알고자 하면 마땅히 빨리 보리심을 낼지니 이 마음은 공덕 중에 최고 수승하여 반드시 부처님 지혜 얻으리.

보리심(菩提心)은 마치 종자(種子)와 같아 능히 모든 불법을 내며, 기름진 논밭과 같아 깨끗한 법을 자라게 하고, 대지와 같아 모든 세간을 유지하며, 청정수와 같아 모든 번뇌의 더러움을 씻고, 태풍과 같아 세간에 두루해 막힘없으며, 타는 불과 같아 온갖 소견의 땔나무를 불사르고, 밝은 해와 같아 세간을 널리 비추며, 동산과 같아 그 가운데 노닐면서 법의 즐거움을 받는다.

또한 집과 같아 중생을 안락하게 하고, 자비로운 아버지와 같아 여러 보살을 가르치고, 인자한 어머니 같아 보살을 키우고, 연꽃 같아 세간에 물들지 않고, 잘 길들인 코끼리 같아 유순하고, 특효약 같아 번뇌의 병을 치료하며, 예리한 톱과 같아 무명의 나무를 절단하고, 보배와 같아 가난을 없애고, 대도사와 같아 생사를 벗어나는 길을 잘 알고, 때맞게 오는 비와 같아 번뇌의 먼지를 없앤다.

보리심은 이처럼 무한 공덕이니, 일체 불법의 공덕과 같다. 보리심으로 인해 온갖 보살행이 나오며, 삼세 부처님도 보리심으로부터 나타나신다.

처음 보리심을 낸 보살의 공덕은 삼세의 모든 부처님과 동등하니, 삼세 부처님 경지와 같고, 삼세 부처님 공덕과 같으며, 한 부처님 몸과 무한한 몸이 궁극적으로 같아, 진실한 지혜를 얻을 것이요, 처음 발심할 때 시방의 부처님께서 함께 칭찬하실 것이며, 내지 온갖 세계를 진동하고 성불하심을 나타내 보일 것이다.

보리(菩提)는 깨달음을 뜻하고 보리심이란 깨달음을 얻고자 마음을 내는 것을 의미한다. 깨달음은 어떻게 얻을 수 있을까? 만약 깨달음이 우리에게 주어져 있지 않다면 그것은 노력을 통해 얻거나, 갈고 닦음을 통해 만들어내야 할 것이다. 그러나 깨달음은 본래부터 이미 우리에게 주어져 있는 것이기에 본성, 본래의 성품이라고 한다.

그렇기에 깨달음에 이르는 특별한 방법은 없다. 이미 깨달음 아닌 적이 없기 때문이다. 다만 중생은 번뇌 망상에 가려 스스로 보지 못할 뿐이다. 그러면 어떻게 해야 이미 있는 깨달음, 본성을 확인할 수 있을까?

간절한 발심, 간절하게 이 본래 성품을 확인하고야 말겠노라는 보리심만이 그것을 가능하게 한다. 방법이 있다면 그것은 오로지 보리심뿐이다. 일체유심조, 마음이 모든 것을 만드는 것이니, 깨달음을 얻고자 마음을 내야지만 깨달음이 깃들게 되는 것이다. 그래서 이 공부를 마음 공부라고 한다.

보리심은 마치 종자와 같아서 보리심의 씨앗을 마음 밭에 뿌리면 깨달음의 결과가 나오는 것이다. 보리심은 무한 공덕이 있으며, 삼세의 모든 부처님 또한 보리심으로부터 나오셨다. 그렇기에 처음 발심하여 보리심을 낸 보살의 공덕은 곧 삼세의 모든 부처님의 공덕과 다르지 않다.

법성, 깨달음

법성(法性)은 말에 있지 않으니, 말이 없고 말을 떠나 항상 적멸(寂滅)하다. 부처님의 깨달음도 마찬가지이니 온갖 문장이나 말로도 변론하지 못하네.

누군가 부처님의 경계를 알고자 한다면 그 뜻을 허공처럼 청정하게 할지니 모든 망상과 삿된 견해를 멀리 여의고 마음 향하는 곳마다 막힘이 없게 하라.

법의 성품은 말로 표현할 수 없다. 말이란 세속의 도구이지 출세간의 것은 아니기 때문이다. 말로 표현됨과 동시에 참된 법의 성품은 그 말의 뜻 속에 갇히고, 우리는 말로 표현된 법성을 마음속으로 그려내게 될 것이다. 아무리 정교하고 그럴듯한 말로 법성을, 깨달음을 표현했다고 할지라도 그것은 어디까지나 방편일 뿐이며, 근사치일 뿐, 법성 자체는 아니다. 온갖 문장이나 말로도 법성과 깨달음은 변론할 수 없다.

부처님의 참된 경계를 알고자 한다면 마땅히 말이나 생각으로 접근하려는 마음을 버려라. 그 뜻을 허공처럼 청정하게 하며, 모든 망상과 삿된 견해를 멀리 여의어 마음 가는 곳마다 막힘이 없어야 하리라.

보현행원

보현보살마하살은 부처님의 수승하신 공덕을 찬탄하고 나서 모든 보살과 선재동자에게 말씀하셨다.

"선남자여, 여래의 공덕은 시방에 계시는 일체 모든 부처님께서 셀 수 없는 불찰미진수겁(佛刹微塵數劫)을 지내면서 계속하여 말씀하시더라도 다 말씀하지 못하느니라.

만약 이러한 공덕을 성취하고자 하거든 마땅히 10가지 넓고 큰 행원(行願)을 닦아야 하나니 10가지라 함은 무엇인가?

첫째는 예경제불원(禮敬諸佛願)이라
모든 부처님께 예배하고 공경하는 것이요,
둘째는 칭찬여래원(稱讚如來願)이라
모든 부처님을 칭찬 찬탄하는 것이며,
셋째는 광수공양원(廣修供養願)으로
널리 공양하는 것이며,
넷째는 참회업장원(懺諸業障願)으로
업장을 참회하는 것이고,
다섯째는 수희공덕원(隨喜功德願)으로

남의 공덕을 따라 기뻐해 주는 것이고,

여섯째는 청전법륜원(請轉法輪願)으로

법을 설해주시기를 청하는 것이고,

일곱째는 청불주세원(請佛住世願)으로

부처님께서 이 세상에 오래 머무시기를 청하는 것이고,

여덟째는 상수불학원(常隨佛學願)으로

부처님의 수행을 따라 배우고 실천하는 것이며,

아홉째는 항순중생원(恒順衆生願)으로

항상 중생의 뜻에 따라 수순하는 것이고,

열째는 보개회향원(普皆迴向願)으로

지은 일체 모든 공덕을 일체 중생에게 회향하는 것이니라."

여래의 공덕을 성취하고자 한다면 마땅히 10가지 보현행원을 실천하라. 부처님을 예배, 공경하고 여래를 칭찬하며, 널리 공양하라. 마음속에 부처님을 담고 있으면 부처님을 닮아간다. 부처님이 훈습되기 때문이다. 업장을 참회하라. 마음이 깨끗이 비어 있을 때 무한 가능성과 자성에 더 가까이 갈 수 있다. 남의 공덕을 수희찬탄하라. 수희찬탄할 때 그의 공덕이 내게도 생겨날 것이다. 법을 설해주시기를 청하고, 붓다가 또 바른 법이 이 세상에 오래 머물기를 청하라. 법을 청하고 법을 원해야 바른 법이 내게 깃들고 드러난다. 또한 부처님의 수행과 가르침을 따라 배우고 실천하며, 항상 중생의 뜻에 따라 수순하여 일체 중생을 이롭게 하고, 이렇게 지은 일체 모든 공덕을 일체중생에게 널리 회향하는 마음을 지니라.

살펴볼 경구들

마른 풀이 수미산같이 쌓여도
겨자만 한 불로 다 태우듯,
부처님께 공양한 적은 공덕도
반드시 번뇌를 끊어 열반에 이르게 한다.
이같이 비밀하고 매우 깊은 법
백천만겁에도 듣기 어려우니
정진과 지혜로써 조복한 자라야
심오한 이치를 들으리.

온갖 공덕행 전부 원(願)으로 나거늘,
선재동자 밝게 깨달아 늘 부지런히 정진하네.
보살은 축생에게 한 술의 밥과 한 톨의 낱알을 줄 때에도
이렇게 발원한다.

'이들이 축생의 길에서 벗어나고 마침내 해탈하여지이다.

고통의 바다를 건너 영원히 고통의 더미를 끊으며,

영원히 고통의 근본과 괴로운 곳을 모두 떠나게 하여지이다.'

보살은 평등한 마음으로 자기의 모든 물건을 보시한다.

보시하고 나서도 아깝다는 생각을 하지 않으며,

좋은 결과를 바라지도 않고, 알아주기를 바라지도 않으며,

천상에 태어나기를 바라지도 않는다.

다만 일체 중생을 구하고 진리의 행을 실천하여

모든 사람들에게 가르쳐 주고자 할 뿐.

만일 갠지스 강의 모래알과 같이

많은 수의 금은보화로 칠보탑을 쌓을지라도

잠시 동안 제 마음을 관(觀)하는 것만 같지 못하다.

칠보탑은 결국 부서져 티끌이 되지만

마음을 관하는 것은 마침내 부처가 되기 때문이다.

중생들 가운데 부처님의 가르침을 듣고서도

번뇌를 끊지 못하는 이가 있다.

법을 듣고도 탐내고 성내고 어리석은 것은 무슨 까닭인가?

듣는 것만으로는 부처님의 진실한 가르침을 알 수 없으니,

그것은 남의 약은 잘 지어주면서도 제 병은 못 고치는 것 같고,

남의 보물을 세면서 자신에게는 반 푼의 소득도 없는 것 같으며,

귀머거리가 음악을 연주해도 자신은 못 듣는 것과 같고,

소경이 그림을 그려 보이지만 자신은 못 보는 것과 같다.

이처럼 가르침을 배우고도 실천수행하지 않으면

아무리 똑똑해도 소용이 없다.

고통의 원인은 탐욕이다.

세상의 즐거움이란 결국 고통 아닌 것이 없다.

탐욕은 어리석은 사람이나 하는 것,

모든 고통과 근심은 바로 탐욕에서 생기는 것이다.

내 것이라고 집착하는 마음이

갖가지 괴로움을 일으키는 근본이 된다.

온갖 것에 대해 취하려는 생각을 하지 않으면

훗날 마음이 편안하여 마침내 근심이 없어진다.

보살은 모든 보살행을 갖추고 익히지만

거기에 집착하지 않는다.

진리에 집착하지 않고,

소망에 집착하지 않고

선정(禪定)에 집착하지 않는다.

적정(寂靜)에 집착하지 않고

깊은 진리의 세계에 들어가는 일에 집착하지 않고

중생을 교화하여 그 덕을 성취시키는 일에 집착하지 않는다.

이 몸은 공적(空寂)하여

'나'도 없고 '내 것'도 없으며,

진실한 것도 없다.

모든 현상은 꿈과 같고 바람과 같아서 진실하지 못하다.

중생은 이러한 사실을 모르기 때문에

미혹의 세계를 배회하는 것이다.

15
법
화
경

일불승

사리불이여, 부처님은 오로지 일불승(一佛乘)으로 중생들에게 법을 설하실 뿐, 다른 승인 이승(二乘)이나 삼승(三乘)은 진실로 있는 것이 아니니라.…

사리불이여, 그대들은 마땅히 한 마음으로 부처님의 말씀을 믿으며 이해하고 받아 지니도록 하라. 모든 부처님의 말씀에는 허망함이 없느니라. 다른 승(乘)은 참된 것이 아니며 오직 일불승뿐이니라.

사리불이여, 과거의… 미래의… 현재의 백천만억 불국토의 모든 부처님께서 갖가지 방편과 인연과 비유로써 중생을 위하여 여러 가지 법을 설하셨으니, 이러한 법이 모두 일불승으로 이끌기 위한 것이었다. 중생들은 부처님으로부터 이러한 법을 듣고는 마침내 모든 지혜의 씨앗을 얻게 되었노라.…

모든 중생이 수많은 욕심과 집착이 있음을 알기 때문에 그들 각자의 근기에 따라 알맞은 여러 가지 인연과 비유와 방편으로 법을 설한다. 사리불이여, 이렇게 함은 모두 일불승의 모든 지혜의 씨앗을 얻게 하려는 것이니라. 사리불아, 시방세계에는 이승도 없거늘 어찌 삼승이 있겠는가.

다만 여래는 방편의 힘을 빌려 일불승의 본래 가르침을 삼승으로 분별하여 연설하셨을 뿐이니라.

시방세계에는 오직 일승법만 있을 뿐 이승이나 삼승은 없느니라. 그러나 오직 부처님이 방편으로 설하신 것은 예외이니, 다만 삼승이라는 이름을 빌려서 중생들을 이끌고자 한 것이니 부처님의 지혜를 말씀하기 위한 까닭이니라.

불교의 가르침에는 수많은 방편이 있다. 아니, 말로 표현되고, 입만 열면 그것은 전부 다 방편 아닌 것이 없다. 참된 진실은 말로 표현될 수 없기 때문이다. 바로 그 말로 표현될 수 없는 참된 진실, 참된 하나의 부처 그것을 『법화경』에서는 일불승이라고 표현한다.

그동안 불법에서는 성문승, 연각승, 보살승 등 다양한 방편의 가르침을 통해 깨달음에 이르는 길을 설해 왔다. 그러나 그 모든 것은 결국 일불승이라는 참된 진실로 이끌기 위한 방편이었을 뿐이다.

염불, 절, 독경, 진언, 사경, 위빠사나, 간화선 등 수많은 수행법은 결국 부처가 되기 위한 하나의 방편일 뿐, 그 방편이 진실인 것은 아니다. 방편은 전부 달을 가리키는 손가락이지 달 그 자체는 아니지 않은가.

수많은 방편이라는 손가락으로 달을 가리킬 때 우리는 달 그 자체, 일불승 그 자체라는 낙처(落處)를 바로 보아야 하는 것이다. 이제 방편이 옳으니 그르니, 좋으니 나쁘니를 시비하던 수준을 넘어 그 모든 방편이 가리키는 귀결점(歸結點)이 어딘지를 보아야 할 때다. 그 하나의 낙처, 귀결점, 달이 바로 일불승이다.

개시오입(開示悟入)

사리불이여, 무엇을 부처님은 오직 일대사인연(一大事因緣)

으로 세상에 출현한다고 하는 것인가?

부처님께서는 중생들로 하여금 부처님의 지견을 열어서(開) 청정함을 얻게 하고자 세상에 출현하시며, 중생들로 하여금 부처님의 지견을 보여주고자(示) 출현하시고, 중생들로 하여금 부처님의 지견을 깨닫게 하고자(悟) 출현하시며, 중생들로 하여금 부처님의 지견에 들어가게 하고자(入) 세상에 출현하신다.

사리불아, 바로 이것 때문에 부처님께서는 일대사인연으로 세상에 나오신다.

일체 모든 행하는 바는 항상 일대사인연으로 오직 부처님의 지견을 중생에게 열어 보이고 깨닫게 하는 것이니라.

부처님은 일대사인연으로 이 세상에 출현하셨다. 우리들 또한 이 공부를 일생일대에 가장 중요한 인연이요, 사건으로 알고 내 인생에 가장 중요한 공부로 삼아야 한다.

부처님은 일체 모든 중생들에게 부처님의 지견을 열어서 보여주고, 깨닫게 하고, 불지견에 직접 들어가 맛보게 하기 위해 일대사인연으로 세상에 나오신 것이다.

불지견, 법, 진리란 지금 여기에 고스란히 드러나 있는 것이기에 초기

경전에서부터 '이 법은 직접 와서 보라'고 설하고 있다. 이미 있는 법을 중생들이 보지 못하고 깨닫지 못하는 것을 안타깝게 여겨 부처님께서 개시오입의 뜻으로 법을 펴신 것이다.

부처님께서 출현하신 것은 오로지 이 법을 열어서 보여주고 깨닫게 하고 직접 법 안으로 들어가 법이 될 수 있도록 하기 위한 인연으로 오신 것이다.

법화경 사구게

눈앞에 보이는 일체 사물이 그대로 본래부터 열반의 모습이다.
불자가 삶 속에서 도를 실천하면 오는 세상에 부처를 이루리라.

일체 제법이 본래부터 항상 적멸상(寂滅相)이다. 눈앞에 보이는 일체 모든 것들이 그대로 본래부터 열반이요 깨달음의 모습이다. 다만 중생이 본래부터 드러나 있는 진리를 보지 않고, 생각과 망상 속에 허망한 꿈과 같은 세계를 구축해 놓고는 그 속에 빠져들어 자신이 만들어낸 허망한 식(識)의 세계를 살고 있기 때문에 불법을 보지 못할 뿐이다. 참된 불자라면 삶 속에서 이 불법의 도를 실천함으로써 오는 세상에서는 망상의 세계 대신 적멸한 부처님의 세계를 살아야 한다. 부처를 이루어야 한다.

법사

약왕이여, 만약 법사(法師)가 여래가 열반한 뒤에 사부대중을 위해 이『법화경』을 설하고자 할 때는 어떻게 설해야 할 것인가?

약왕이여, 법사는 여래(如來)의 방에 들어가 여래의 옷을 입고 여래의 자리에 앉아 사부대중을 위해 이 경을 설해야 할지니, 여래의 방은 대자비심이요, 여래의 옷은 인욕이며, 여래의 자리는 온갖 것이 공(空)하다는 도리이다. 이러함 가운데 게으름 없이 여러 보살과 사부대중을 위해 널리 이『법화경』을 설법하라.

약왕이여, 내가 다른 곳에 있는 사람들을 보내어 그를 위해 법을 청하는 대중을 모이게 할 것이고, 또한 비구, 비구니, 우바새, 우바이들을 보내어 그 설법을 듣게 할 것이니, 이 모든 사람들은 이 법을 듣고 믿어 지니며 이를 거역하지 않을 것이다. 만약 법사가 고요한 곳에 있더라도 내가 하늘, 용, 귀신, 건달바, 아수라 등을 보내어 그의 설법을 듣게 하리라.

법사를 가까이하면 보살도를 빨리 얻고, 법사를 따라 배우면 많은 부처를 가까이하게 되리라.

법을 설하는 선지식에 대한 중요성은 초기 경전 이래로 계속되어 오는 중요한 주제다. 바른 선지식은 곧 깨달음의 전부이기 때문이다. 『법화경』에서는 이 경을 설하는 선지식을 법사로 표현한다.

법을 설하는 법사는 여래의 방에 들어가 여래의 옷을 입고 여래의 자리에 앉아 이 경을 설해야 한다. 중생을 향한 대자비심의 방에 들어가, 중생들이 설법을 듣던 듣지 않던, 깨닫던 깨닫지 못하던, 온갖 근기의 사람들을 대상으로 참고 참으며 인욕의 옷을 입고 법을 설해야 한다.

법을 설하는 법사는 언제나 여래의 자리에 굳건히 앉아 있어야 하니 여래의 자리는 곧 일체법이 전부 공하다는 도리다. 바른 법을 설하는 법사에게 여래는 법이 필요한 대중들을 모이게 한다. 바른 법이 있는 곳에는 유유상종으로 바른 가르침을 믿고 듣고자 하는 중생들이 모이기 마련이다. 법사를 가까이하면 보살도를 빨리 얻고, 법사를 따라 배우면 머지않아 부처를 가까이하게 되리라.

만선 성불사상

아이들이 장난으로 모래로 불탑을 만들더라도 그들 모두 성불하였느니라.

만약 어떤 사람이 불상을 조성하거나 불상의 여러 모양들을 조각한 이들도 모두 성불하였느니라. 칠보나 황동, 함석이나 납, 주석, 철, 나무, 진흙, 아고, 옻칠, 천으로 불상을 조성한 이들도 모두 이미 성불하였느니라. 채색으로 불상을 그리거나, 장엄한 탱화를 만들 때 제가 스스로 하거나 남을 시켜 하더라도 이들 모두 이미 성불하였노라.

아이들이 소꿉장난으로 나뭇가지나 붓이나 손톱으로 불상을 그린다 해도 이 같은 공덕이 점차 쌓이고 큰 자비심이 갖추어져 결국 이들도 모두 성불하였으며, 보살이 되어 한량없는 중생을 제도하였느니라.

어떤 사람이 탑이나 불상, 탱화에 꽃과 향과 깃발과 일산으로써 공양 공경하거나, 남을 시켜 풍악을 울리고 북 치고 거문고와 징과 요령 등으로 아름다운 음악을 불전에 공양하였거나, 환희로운 마음으로 찬불의 노래를 불렀거나, 내지는 아주 작은 음성으로 공양하였더라도 이들은 모두 성불하였느니라.…

어떤 사람이 절을 한 번 하거나, 합장만 한 번 하거나, 머리만 조금 숙여 불전에 공양하더라도 최상의 도를 이루고 일체 중생을 제도하게 되느니라.

또 어떤 사람이 산란한 마음으로라도 탑에 들어가서 '부처님께 귀의합니다(南無佛)' 하고 염불 한 번 하더라도 모두 다 이미 성불하였느니라.

부처님이 생존해 계실 때나 열반에 드신 뒤에라도 부처님의 법문을 들은 이들은 모두 다 이미 성불하였느니라.

불법을 공부하다 보면 '과연 내가 깨달을 수 있을까?', '너무 어려우니 내가 갈 길이 아니구나' 하고 포기하는 이들이 있다. 그러나 이 공부는 훈습(薰習)하는 공부다. 아무리 작은 공부라고 할지라도 그 공부가 향내음처럼 은은하게 익숙해져 가다 보면 저절로 공부 근기가 높아지고, 자신의 본래의 면목을 보게 되는 깨달음의 인연이 생겨나게 된다.

『법화경』에서는 이를 만선성불사상(萬善成佛思想)이라고 하여, 아이들이 소꿉장난하듯이 부처님을 그리기만 해도, 불전에 공양 올리기만 해도, 머리 숙여 합장하고, 절을 하기만 해도, '부처님께 귀의합니다'라고 말하기만 하더라도, 그 공덕이 쌓여 결국에는 성불하게 됨을 설하고 있다.

모르더라도 꾸준히 법당에 나가 법문을 들어 보라. 어렵더라도 꾸준히 경전이며 불서를 가까이해 보라. 도반과 스님과 불법을 찬탄하고, 존귀하게 늘 가까이하라. 그것이 쌓이고 쌓여 만선공덕이 무르익으면 깨달음의 시절인연이 도래할 것이다.

구원실성의 본래부처

선남자들아, 나는 백천만억 나유타 아승지겁 전에 이미 성불했느니라.…

성불한 이후로부터 나는 이 사바세계에 항상 있으면서 중생들에게 법을 설하여 교화했느니라. 또 다른 세계의 백천만억 나유타 아승지 국토에서도 중생을 교화하였느니라.

선남자들이여, 이렇게 교화하는 중에 나는 연등불에게서 법을 얻었다고도 말하였고 또 거기에서 열반에 들었다고도 말하였으나 이런 것은 다 방편으로 분별하여 설한 것일 뿐이었다.…

선남자들아, 나는 중생들이 낮은 수준의 방편법을 좋아하여 박복하고 업이 무거운 이들을 위하여 방편으로 '나는 젊어서 출가해 최상의 깨달음을 얻었다'고 한 것이다. 그렇지만 내가 성불한 것은 매우 오래전의 일이다. 다만 방편으로 중생들을 위하여 교화하고, 불법에 들어오게 하기 위해서 이런 말을 한 것일 뿐이다.…

이처럼 내가 성불한 지는 매우 오래되어 수명이 한량없는 아승지겁 동안 항상 머물러 있어서 멸함이 없다. 선남자들아, 나의 수명은 아직도 다하지 아니하여 앞에서 설명한 수명의 몇 배가 되느니라. 그러니 부처는 근원에서 열반하는 것이 아니지만, 짐짓 말하기를 마땅히 열반한다고 하는 것은 여래가 방편으로 중생들을 교화하기 위함이다.

왜 그런가 하면, 만약 부처님께서 세상에 오래 머문다고 하면 박복한 사람들은 선근을 심지도 않고, 빈궁하고 하천하면서도 오욕락을 탐하고, 생각과 허망한 소견의 그물에 얽매일 것이기 때문이다. 여래가 항상 머물러 있고 열반하지 않는다는 것을 알면 문득 교만하고 방자한 마음을 내고, 싫증과 게으른 생각을 품기 때문이다. 부처님 만나기가 어렵다는 생각과 공경하는 마음을 내지 않기 때문에 여래가 방편으로 말한 것이니라.

비구들이여 마땅히 알라. 부처님이 이 세상에 출현하시는 일은 참으로 만나기 어려운 일이다.…

중생들이 이런 말을 들으면 만나기 어렵다는 생각을 내기 때문에 부처님을 사모하는 마음을 품고, 부처님을 갈망하며 불법에 선근을 심게 되는 것이다. 그렇기 때문에 여래는 참으로 열반하는 것이 아니지만 열반한다고 말하는 것이다.

선남자들이여, 모든 부처님의 법이 이처럼 중생들을 제도하기 위한 것이므로 이는 모두 진실하여 허망하지 않은 것이다.

　2500여 년 전에 석가모니 부처님은 한 인간으로 태어나 6년간의 고행 끝에 결국 깨달음을 얻으셨다는 것은 하나의 방편이라는 뜻이다. 참된 부처님은 그렇게 인간으로 태어나서 수행해서 깨닫고 결국 열반하게 되시는 그런 한 인간이라는 개체 속에 갇히는 것이 아니다. 육신은 생멸할 수밖에 없지만 참 부처인 법신은 생멸이라는 모습을 보일지라도, 사실 그 이면의 진실은 불생불멸이라, 태어나지도 열반하시지도 않는 것이다.

　구원실성(久遠實成)의 본래 부처라는 것은, 이미 시간으로 표현할 수도 없는 오래전부터 이미 부처였다는 것이다. 백천만억 나유타 아승지 겁이라는 말은 하나의 상징일 뿐, 시간이란 본래 없음을 표현하는 것이다. 부처님이 오래전부터 깨달아 있었다는 것은 곧 이 우주 전체가, 일체 중생이 전부 시간을 초월해 언제나 깨달아 있음을 뜻한다. 다만 방편으로 중생을 교화하기 위해 생멸하는 인간 존재가 수행을 통해 깨닫고 열반하는 모습을 보였을 뿐이다.

상불경보살

태초의 위음왕(威音王)여래께서 열반하신 뒤, 정법(正法)이 사라지고 상법(像法) 동안에 뛰어난 척하는 비구들이 큰 세력을 가졌다. 그때 한 보살이 있었으니 그 이름은 상불경(常不輕)이었느니라.

득대세보살이여, 어떤 인연으로 이름을 상불경이라 하였는가? 이 비구는 만나는 모든 이들에게, 그가 비구이든 비구니이든 우바새든 우바이든 간에 상관없이 만나는 이들마다 예배하고 찬탄하면서 이렇게 말하였다.

'나는 그대들을 깊이 공경하고 감히 업신여기거나 가볍게 여기지 않습니다. 왜냐하면 그대들은 모두 보살도를 행하여 반드시 성불할 분이기 때문입니다.'

이 비구는 오로지 경전을 읽거나 외우지도 않고 오직 예배만 행하였다. 멀리서 사부대중을 보거나, 혹은 일부러라도 따라가면서까지 예배하고 찬탄하면서 '나는 그대들을 깊이 공경하고 감히 업신여기거나 가볍게 여기지 않습니다. 왜냐하면 그대들은 모두 보살도를 행하여 반드시 성불할 분이기 때문입니다.'라고 하였다.

사부대중 가운데 화를 내거나 마음이 더러운 이가 나쁜 말로 욕설하면서 '이 무지한 비구야, 어디서 왔기에 우리를 경멸하지 않는다고 하면서 반드시 성불하리라고 수기를 주느냐? 우리는 그런 헛된 수기가 필요 없다.'라고 하였느니라. 그렇게 오래도록 사람들에게 욕설과 꾸짖음을 당하더라도 화도 내지 않고 늘 말하기를 '그대들은 반드시 성불하리라.'라고 하였느니라.

심지어 이런 말을 할 때 여러 사람들이 몽둥이로 때리거나 돌을 던지면 멀리 피해 달아나면서도 오히려 목소리는 크게 외치며 '나는 그대들을 경멸하지 않습니다. 그대들은 모두 다 반드시 성불할 것입니다'라고 하였느니라.

그가 항상 이렇게 말하므로 뛰어난 척하는 비구, 비구니와 우바새, 우바이들이 별명을 지어 부르길 '상불경'이라 하였느니라.

일체 모든 이들의 본성은 본래 부처다. 지금 이대로 여지없이 본래불(本來佛)이다. 언젠가 다 성불할 분이라는 말은 곧 지금 이대로 부처이지만, 부처임을 모르고 자기 분별심 속의 헛된 망상의 세계 속에서 스스로 중생인 줄 착각하고 있으니, 언젠가 그 착각이 끝날 것이라는 의미다. 그 착각만 놓아버리면 누구나 지금 이대로 부처다. 그러니 그 어떤 사람이 때리고 무시하고 화를 내고 욕을 하더라도, 그럼에도 불구하고 그의 본성은 부처다. 그를 존중하고, 업신여기지 말아야 한다. 욕하고 화를 내더라도 그는 욕하고 화내는 부처다. 이것이 바로 참된 수행자가 이 세상 모든 이들을 대하는 마음가짐이다.

상불경 보살처럼 일체 모든 이들을, 우리가 만나는 모든 사람들을 부처님으로써 공경히 여기고 결코 업신여겨서는 안 된다. 그들 모두는 부처이며, 부처가 될 분이기 때문이다. 부처님으로 공경하고 찬탄할 때 내 안에 부처가 훈습되고, 나의 공부도 더 빠른 진척이 있을 것이다. 상대방을 공경, 찬탄하는 것이 바로 내가 나 자신을 위해 하는 최상의 축원이다.

불타는 집의 비유

한 마을에 늙었으나 재물과 시종이 많은 장자가 살았다. 집은 매우 컸지만 대문은 하나뿐이었다. 집과 누각은 낡았고 담과 기둥은 썩었다. 어느 날 큰불이 났다. 장자는 이를 보고 생각했다.

'나는 비록 불난 집에서 나왔지만 자식들은 불이 난 줄도 모르고 놀고만 있구나.'…

아무리 타이르고 불러 봐도 나오지를 않자… 아버지는 장난감을 보면 좋아할 것이라고 여겨서 말했다.

"너희들이 좋아하는 장난감인 양이 끄는 수레(羊車), 사슴이 끄는 수레(鹿車), 소가 끄는 수레(牛車)가 지금 문밖에 있으니 나오면 주겠다."

아이들은 기뻐하면서 앞다투어 불타는 집을 뛰쳐나왔다.…
그때 장자는 아이들에게 다 같이 더 좋은 큰 수레를 하나씩 나누어 주었다.

모든 중생을 보니 생노병사(生老病死)와 우비고뇌(憂悲苦惱)의 불에 태워지고, 또 오욕(五慾)으로 재물과 이익을 구하므로 갖가지 괴로움을 받으며, 또 탐내고 애착하여 구하므로 현세에는 여러 가지 고통을 받다가 후세에는 지옥, 축생, 아귀의 고통을 받으며, 혹은 천상에 나거나 인간계에 날지라도 가난하고 궁색하며, 사랑하는 자와의 이별과 미워하는 자를 만나는 등의 갖가지 고통이 있느니라.

중생은 이 가운데 빠져 기뻐해 노닐며 그 고통을 깨닫지도 알지도 못하며, 놀라지도 두려워하지도 않으며, 또 싫증도 내지 아니하고, 해탈을 구하지도 아니하며, 불타는 집 같은 이 삼계(三界)에서 동분서주 마구 달려 큰 고통을 당할지라도 이를 근심하지 않느니라.

너희는 삼계의 불난 집에 머무르기를 즐기지 말라. 쓰레기 같은 색성향미촉을 탐내지 말라. 만약 탐내고 사랑하는 마음을 내어 집착하면 그 불에 타고 말리라. 그러나 너희가 속히 삼계에서 나오면 마땅히 성문승(聲聞乘), 벽지불승(辟支佛乘), 불승(佛乘)의 깨달음을 얻으리라. 내가 이제 너희를 위하여 이 일을 책임지고 보증하노라. 결코 헛되지 아니하리니, 너희는 다만 부지런히 공부하라.

중생들은 이 세상이 불타고 있는 줄도 모르고, 오욕락을 즐기고, 돈과 명예와 권력 등을 쟁취하려는 허망한 욕망 놀이만을 즐기며 탐진치 삼독의 불타는 집 속에 살고 있다. 불타는 집은 언젠가 다 타고 사라지고 말듯, 우리가 이 한 생이라는 짧은 놀이에서 만들어내는 그 어떤 성공과 성취들도 결국에는 모두 불타고 무너질 것들일 뿐이다. 그렇기에 부처님은 언제나 그 불타는 삼계의 집 속에서 중생들을 꺼내주기 위해 법을 설하신다. 불타는 집을 빠져 나오라고. 그러나 중생들은 그 말을 들은 척도 안 한다. 이 집착과 성취, 자아확장 놀이의 재미에 푹 빠져 있기 때문이다.

이에 부처님은 방편으로 우리가 좋아하는 장난감 수레들이 여기 있으니 이것을 가지라고 말씀하신다. 성문승, 연각승, 보살승이라는 즉 수없이 많은 다양한 방편의 가르침이라는 장난감을 준비해 주신 것이다. 간절히 기도하면 원하는 것을 이룰 수 있다는 기복의 가르침도 방편이요, 장난감이다.

착한 업을 많이 쌓고 보시를 많이 하면, 그 결과 천상세계에 태어날 수 있다는 말도 하나의 가르침이요, 중생을 유인하는 장난감이다. 염불수행, 독경수행, 참선수행 등 다양한 수행법들도 다 하나의 방편이요 장난감일 뿐이다. 온갖 불교 교리와 수행법들이 전부 다 중생들을 불타는 집에서 구해내기 위해 고안한 부처님의 방편이며 장난감들이다.

그러나 그 방편을 통해 중생들이 불타는 집에서 나오게 되면 부처님은 유인했던 장난감을 주지 않는다. 모두에게 단 하나의 대백우거(大白牛車), 즉 일불승이라는, 참된 불이법의 하나의 깨달음만을 나누어 주실 뿐이다. 즉, 그 모든 방편들은 중생을 유인하기 위한 가짜의 방편일 뿐, 부처님께서 우리에게 진정 주고자 했던 낙처, 귀결점은 오로지 일불승, 하나의 부처다.

장자궁자의 비유

어떤 사람이 어릴 적에 집을 나가서 다른 지방에서 수십 년을 살았다.… 나이는 많아졌지만 가난하게 헤매면서 돌아다니다 우연히 고향집 앞에 다다랐다. 그 집은 매우 부유하고 재물이 한량 없고 노비들도 많았다.… 가난한 아들은 큰 세력을 가진 집과 주인을 보고는 두려운 생각을 품고는 빨리 그곳을 떠났다. 그때 멀리서 부호였던 장자는 그가 바로 자신의 아들인 것을 알고는 크게 기뻐하며 아들을 데려오게 하였지만, 아들은 크게 놀라며 '나에게 잘못도 없는데 왜 붙잡느냐며 놀라 기절하였다. 그 까닭에 아버지는 자신의 호화로움이 아들에게 두려움이 되는 줄 깨닫고는 방편으로 행색이 초라한 심부름꾼을 시켜 아들에게 품팔이를 시키는 조건으로 데려오도록 하였다.… 훗날 아버지는 허름한 옷으로 갈아입고 아들에게 다가가 '이제는 다른 곳으로 가지 말고 여기서 일하거라. 그러면 품삯도 차츰 올려주고 필요한 것을 주겠다. 네가 착하게 일하는 점이 마음에 드는구나. 너를 내 친아들처럼 생각하겠다'라고 하며 이름을 지어주고 아들이라 불렀다.… 그러던 중 장자가 병이나 죽을 때가 되었기에, 친척과 국왕과 대신 등을 다 모이게 하여 '이 사람이 곧 내 아들이오'라고 선언하고는 모든 재산을 아들에게 물려주었다.

세존이시여, 거부 장자는 곧 여래이시고, 저희들은 부처님의 아들과 같습니다.…

저희는 괴로움으로 생사를 헤매며 온갖 고통을 받으면서도 미혹하여 방편인 소승법만을 좋아하였습니다.…

세존께서는 저희 마음이 욕심에 집착하여 소승법만을 좋아하는 줄 아시고는 '너희들에게 여래의 지견인 보배 창고가 이미 있느니라'라고 알려주시지 않으셨던 것입니다.…

만약 저희들이 큰 법을 좋아하는 마음이 있었더라면 부처님께서 저희들에게 대승법을 설해주셨을 것입니다. 이 경전에서는 오로지 일불승만을 말씀하십니다.

불교 신자를 불자(佛子)라고 부른다. 부처님의 아들, 곧 장자의 아들이다. 장자의 아들이 집을 떠나 곤궁하고 불쌍하게 세상을 떠돌아다닌 것처럼, 중생들은 본래 부처임을 잊고 머릿속 관념의 세계, 의식과 분별의 세계에 빠져 허우적거리며 생각으로 구축한 관념의 꿈과 같은 세계 속을 떠돌아다니고 있다. 고해(苦海) 바다라고 불리는 이 허망한 생각 속의 세계를 평생 떠돌아다니다가, 다양한 인연으로 인해 장자의 집에 다다른다. 저마다의 시절인연을 통해 불교와의 인연을 맺게 되는 것이다.

불교의 가르침에서는 '네가 바로 부처다'라고 가르친다. 그러나 중생들은 믿으려 하지 않는다. 나 같은 사람이 부처라니 하며 이 가르침을 도저히 믿지 못한다. 또 누구나 깨달으면 부처가 될 수 있다고 말하니, 나 같은 사람이 어떻게 부처가 될 수 있을까 하고 포기해 버린다.

그래서 부처님은 방편으로 부처라는 얘기, 깨달음을 얻을 수 있다는 얘기는 하지 않고, 복을 지으라는 방편 설법, 계율을 지키라는 법문, 삼업(三業)을 청정히 하고, 죄업을 참회하고, 절에 와서 기도하고, 절도 하고, 염불도 하고, 수행도 하라고 이끌면서 조금씩 조금씩 더 깊은 진리로 이끌고 있다.

앞서 초기경전에서 설명했듯이, 시론(施論), 계론(戒論), 생천론(生天論)의 가르침을 시작으로 제욕(諸欲)의 과환(過患), 출리(出離)의 공덕을, 그리고 결국에는 고에서 벗어나 해탈에 이르는 사성제(四聖諦)를 가르치시는 것이다. 그래서 어느 정도 성숙해지고 지혜로워질 때 즈음, 부처님께서는 '네가 바로 부처다', '네가 바로 나의 아들이며, 이 집의 주인이다', '이 집의 모든 진리의 보배가 전부 네 것이다'라고 설하신다. 우리가 바로 부처이며, 깨달음의 보배가 지금 이 자리에 충만해 있으니, 그저 부처로 살면 된다는 사실을 깨우치게 하신다.

초목의 비유(三草二木)

가섭아, 비유하면 삼천대천세계의 산과 계곡과 평지에서 자라는 초목과 숲의 온갖 약초들이 종류도 많고 그 모양도 제각각 다르니라. 이 큰 구름이 일어 큰 비가 두루 내리면, 모든 초목과 숲의 약초들이 작은 뿌리나 줄기와 잎이든 중간 것이든 큰 것이든 상관없이 제각기 비를 받느니라. 한 구름에서 내리지만 각각 초목의 성질에 따라 알맞게 싹트고 자라 꽃이 피고 열매를 맺는다. 비록 한 땅에서 나고 자라고 같은 하나의 비로 적셔 주었지만 각각의 초목에 따라 차별이 있느니라.

가섭아, 여래도 또한 그와 같아 세상에 출현하는 것은 큰 구름이 일어나는 것과 같고, 큰 음성으로 온 세계의 천신과 사람과 아수라에게 설법하는 것은 저 큰 구름이 삼천대천세계를 두루 덮는 것과 같다.… 나는 모든 것을 알고, 모든 것을 본다. 도를 알며, 도를 열어 보이고, 도를 설하느니라.

이때 무수한 천만억 종류의 중생들이 부처님이 계신 곳으로 와서 법을 들었다. 부처님은 중생들의 근기가 영리하고 우둔함이 있고, 정진함과 게으름이 있음을 살피시고, 그들이 감당할 수 있을 만한 법을 설하여 갖가지 한량없는 이들을 모두 환희케 하며 좋은 이익을 얻게 하였느니라.…

마치 저 큰 구름이 모든 초목과 숲과 약초에 비를 뿌리면 그 종류와 성질이 달라도 똑같이 적셔주어 각각 싹이 나고 자라나는 것과 같느니라.…

여래가 설하는 법은 한 모양, 한 맛이다.…

여래의 출현은 곧 큰 구름이 몰려오는 것과 같고, 여래의 법문은 비가 삼천대천세계를 적시는 것과 같다. 부처님은 오로지 한 맛으로, 즉 일체중생을 깨닫게 하고자 하는 하나의 낙처를 가지고 법을 설하신다. 비를 내리신다. 그러면 삼천대천세계의 일체 모든 초목들이 갖가지 다른 종류와 성질을 가졌을지라도 저마다의 인연 따라 알맞은 이익을 얻는다. 부처님의 법문은 오로지 한 법이지만, 중생들은 자신의 근기에 따라 제각기 얻어갈 수 있는 만큼만 알맞게 얻어 가는 것이다.

10년 전에 똑같은 법문을 들었을지라도, 그때는 깨닫지 못했던 것을 10년 후에는 같은 법문에서도 깨닫게 된다. 5년 전에 읽으며 그저 지나쳐 버렸던 책이 5년 후에 다시금 돌이켜 보면서 '아! 그때는 왜 깨닫지 못했을까' 하며 가르침의 이익을 가져가기도 한다. 부처님은 한 맛으로 설하시지만, 중생들은 자신의 근기에 맞게 가져갈 뿐이다. 그럼에도 그 모든 이들에게 불법이라는 법비는 골고루 양분이 된다. 중생들은 저마다의 근기에 따라 알맞은 양분을 얻게 되지만, 결국 이 법비를 꾸준히 맞다 보면 누구나 결국에는 부처님의 한 맛인 일불승의 깨달음으로 나아가게 된다.

화성의 비유(化城寶處)

많은 사람들이 오백 유순이나 되는 험난한 길, 인적도 없는 무서운 길을 지나 보물이 있는 곳으로 가고자 하였느니라.

이때 이들을 인솔하는 지혜롭고 길을 잘 아는 이가 있었다. 가는 사람들이 극도로 피곤하고 무서워서 더는 나아가지 못하고 중도에서 물러설 마음이 생기자 인솔하는 이는 방편을 펴서 말하였다.…

'걱정하지 마세요. 저기 큰 성이 있으니 그 안에서 마음대로 즐길 수 있습니다. 그 성까지만 가면 편안히 쉴 수 있고, 쉬었다가 다시 가면 보물 있는 곳까지 갈 수 있습니다.'

이때 피로하던 사람들은 매우 기뻐하면서 찬탄하고 나아가 변화하여 만든 성(化城)에 들어가 편하게 쉴 수 있었다.

이때 인솔하는 이는 사람들이 충분히 쉰 것을 알고는 화성을 없애버리고는 말했다.

'이제 다시 출발합시다. 보물 있는 곳이 멀지 않습니다. 방금 그 성은 내가 조작하여 만든 것으로 임시로 쉴 수 있게 한 것일 뿐입니다.'

여러 비구들이여, 여래도 또한 그와 같다. 여래는 그대들의 인솔자다. 죽고 사는 악도는 험난하고 멀다.… 중생들이 오직 일불승만을 들으면 부처님을 보려고 하지도 않고 가까이하려고 하지도 않으며, '부처님이 되려면 너무 멀고 오랜 길이라 오랫동안 애쓰고 닦아야만 이룰 수 있으리라'고 생각하느니라.

부처님은 그들의 마음을 알고 방편을 써서 중간에서 쉬게 한다.… 다만 여래는 방편으로 일불승에서 나누어 중간의 쉴 곳으로 삼승을 설한 것일 뿐이다. 이미 다 쉰 다음에는 '보물이 있는

곳이 멀지 않다. 화성은 실재가 아닌 조작하여 만든 것일 뿐이다'
라고 하느니라.

부처님은 이 고해바다의 세상에서 온갖 괴로움 속에 허덕이는 일체
중생들을 전부 일불승인 부처님의 세계로 이끌고 가는 도사(導師)다.
그러나 중생들은 일불승인 부처가 되려면 너무 힘들고 험난하다고 여
기며 쉽게 지친다. 불법을 들으려고 하지도 않고, 조금 듣고, 조금 수행
하다가도 금방 지쳐 포기한다.

그때 부처님은 방편으로 아름다운 성을 꾸며내어 중생들을 잠시 쉬
게 해주신다. 중생들에게 깨달음을 얻어야 한다고, 꼭 부처가 되어야
한다고만 하면 따라올 사람들이 매우 적다. 그러니 부처님은 저쪽으로
조금만 가면 아름답고 풍요로운 성이 있고 그곳에 가면 충분히 쉬며 먹
고 마실 수 있다고 말씀하신다.

처음 불교를 믿는 초심자들은 불법을 믿고 공부하고 기도하니, 마음
도 편안해지고, 일도 잘 풀리고, 가정도 화목해지고, 원망하던 마음도
사라지고, 대인관계도 좋아지고, 원하던 꿈도 성취하게 되었다고 하면
환희심을 낸다. 이것이 바로 화성이다. 그 정도의 환희심과 평안해진
마음을 가지고 불법을 깨달았다고 할 수는 없다. 그것은 마치 일불승을
향해 가는 목적지에서 구경할 수 있는 좋은 구경거리에 지나지 않는다.
화성은 결국 무너질 것이고, 가짜다.

불법을 처음 믿으면 행복해지고 환희심이 나고 원하는 대로 다 이룰 것 같지만, 계속 공부하다보면 결국 그렇지 않을 때도 있다는 것을 깨닫게 된다. 영원히 지속적으로 성공만 할 수는 없는 것이다. 그런 즐거움은 화성과도 같아, 결국에는 무너지는 것일 뿐이기 때문이다.

그렇게 무너지는 것 속에서는 잠시 쉴 수 있을 뿐, 그것은 영원한 것이 아니다. 그러면서 중생들은 영원한 즐거움을 찾게 된다. 바로 이때 부처님께서는 참된 영원한 즐거움인 해탈 열반의 세계, 일불승의 세계로 이끄시는 것이다.

그러니 삼승이라는 수많은 방편의 가르침, 달을 가리키는 손가락, 강을 건너게 해주는 뗏목에만 만족해서는 안 된다. 결국에는 그 모든 방편을 다 버려야지만 참된 진실에 이를 수 있는 것이다.

계주의 비유(貧人繫珠)

세존이시여, 비유하면 어떤 사람이 친구의 집에 갔다가 술에 취해 누워 자다가 관청 일로 먼저 집을 떠나게 되었습니다. 그는 값으로 헤아릴 수 없는 보배를 친구 옷 속에 매어주고 갔습니다. 그 사람은 술에 취해 자고 있었기에 이를 알지 못했습니다.…

오랜 시간 후에 그를 다시 만나 말했습니다.

'안타깝구나. 이 친구야, 어찌 이리 곤궁하게 사느냐. 내가 옛날에 네가 편안히 살 수 있도록 값을 매길 수 없는 보배를 네 옷 속에 매어주었는데도 그것도 모른 채 이렇게 고생하며 가난하게 살고 있으니 참으로 어리석구나. 이제라도 그 보배를 확인해서 쓴다면 마음껏 부족함 없이 생활할 수 있을 것이다.'

부처님도 그와 같아서 보살이시던 때 저희들을 위해 일체지혜를 구하는 마음을 내게 하셨으나 저희는 곧 잊어버리고 깨닫지도 못하였습니다.…

세존께서는 저희들을 연민히 여기시고 교화하시어 가장 뛰어난 서원을 세우게 하셨습니다.

그러나 저희들은 지혜가 없어서 알지도 못하고 깨닫지도 못해서 열반의 일부분만 조금 얻고는 스스로 만족하여 더 구할 줄 몰랐습니다.

주머니 속에 이루 헤아릴 수 없이 값진 보배가 숨겨져 있다는 사실을 모르면 그것을 알 때까지 가난하게 살 수밖에 없다. 내 안에 여래장이 있고, 불성이 있고, 본래면목, 주인공, 자성, 반야 열반이라는 참된 보배가 있다는 사실을 모르고 산다면 이미 참된 자성을 가지고 있으면서도 고통 받으며 중생의 삶을 살 수밖에 없다. 우리에게는 깨달음, 자성, 불성이 없는 것이 아니다. 누구나 이미 가지고 있다. 다만 확인하지 못했을 뿐이다. 확인하지 못하니 그것이 없다고 여겨 스스로를 가난하다고 착각할 뿐인 것이다. 우리는 결코 가난하지 않다. 내 안에 깃든 보배를 보지 못했을 뿐.

왕계의 비유(契中)

문수사리여, 비유하면 마치 어떤 힘 센 전륜성왕이 위력으로 여러 나라에게 항복을 받을 때 작은 왕들이 그 명령을 순종하지 않으면 전륜성왕은 여러 군대를 보내 그들을 토벌한다. 전륜성왕이 군인 중에 공이 있는 이를 보고는 그 공에 따라 상을 주는데, 때로는 집과 전답과 마을과 고을을 주기도 하고, 의복과 몸을 장엄할 것을 주기도 한다. 혹은 온갖 보물을 주기도 한다.

그러나 상투에 꽂아 놓은 밝은 구슬만은 주지 않는다. 왜냐하면 오직 전륜성왕의 정수리에만 왕의 자리를 상징하는 이 밝은 구슬이 있는데, 만약 이것을 주면 왕의 권속들이 놀라고 괴이하게 여기기 때문이다.

문수사리여, 여래도 그와 같아… 온갖 경전을 설해주고, 모든 불법이라는 재물을 주느니라.…그처럼 중생들의 마음을 인도하여 모두를 기쁘게 하면서도 정작 『법화경』은 설하여 주지 않느니라. 그러나 문수사리여, 전륜성왕이 함부로 주지 않던 상투 속의 명주를 이제 비로소 상으로 주느니라.… 이 『법화경』은 모든 여래의 가르침 가운데 가장 훌륭한 말씀이다.… 오랫동안 가지고 있으며 망령되이 설하지 않던 것을 오늘에야 비로소 그대들에게 널리 펴서 설하여 주는 것이다.

왕이 전쟁에서 승리한 장수에게 무한한 포상을 주고, 상을 내리지만 정작 왕의 자리를 상징하는 전륜성왕의 정수리에 있는 밝은 구슬은 줄 수 없는 것처럼, 중생들에게 그동안 수많은 경전이나 가르침에서는 수없이 많은 보배스런 가르침을 주었다. 수없이 많은 깨달음으로 이끄는 다양한 방편의 가르침을 준 것이다.

그러나 왕의 자리까지 내어줄 수는 없었다는 것이다. 주기 싫어 안 준 것이 아니라, 그것은 도저히 장수가 감당하기에는 벅찼던 것이다. 중생들에게 곧바로 불법의 진수를 전해주면 중생들은 받아들이지 못하기 때문이다.

그러나 『법화경』에서는 바로 그 왕의 자리, 왕의 상징인 정수리의 밝은 구슬까지를 내어준다는 것이다. 삼승의 방편의 가르침이 아닌 일불 승이란 불법의 진수를, 골수를 여지없이 드러내 보여준다는 것이다. 일체 중생은 구원실성의 본래부처였으며, 제법실상, 즉 일체 모든 존재가 그대로 참된 부처였음을 드러내 주는 것이다.

『법화경』이란 바로 불법 중에도 왕의 자리임을 의미한다.

의사의 비유(良醫病子)

비유하자면 마치 훌륭한 의사가 있는데 지혜가 총명하고 약을 잘 알고 지어 모든 병을 잘 치료한다. 그에게는 아들이 많이 있었는데 볼일이 있어 다른 나라로 간 사이, 아들들이 잘못하여 독약을 먹고 발작하여 정신이 혼미해져 쓰러져 뒹굴었느니라.

아버지가 돌아와 온갖 약재를 구하여 아들들에게 주고 먹으라고 하였다. 아들들 가운데 일부는 본심을 잃지 않아 약을 먹고 병이 나은 이들도 있었지만, 독기로 인해 본심을 잃어버려 약을 먹지 않은 이들도 있었다. 아버지는 어떻게든 약을 먹게 하려고 방편으로 말했다.

'나는 이제 늙어서 죽을 때가 되었다. 죽기에 앞서 이 좋은 약을 여기 둘 터이니 꼭 가져다 먹고 낫기를 바란다.'

이렇게 일러두고 다른 나라에 가서 사람을 보내어 '아버지가 죽었다'고 말했느니라. 아들들은 크게 괴로워하면서… 비통한 감정을 품고 있다가 드디어 정신이 조금씩 깨어났다. 그래서 아버지가 생전에 해주신 약을 먹고는 중독된 병이 모두 나았다.

아버지는 아들들이 모두 나았다는 말을 듣고는 돌아왔느니라.

"선남자들이여, 이 훌륭한 의사가 거짓말한 것을 죄라고 말할 수 있겠느냐?"

"그럴 수 없습니다. 세존이시여."

나도 그와 같아서 성불한 지가 한량없고 그지없어 백천만억 나유타 아승지겁이지만, 중생들을 위하여 방편으로 열반하리라고 말하였느니라.…

'나는 성불한 때로부터 지내온 겁의 수효가 한량없는 백천만억 년의 아승지니라. 항상 법을 설해 수많은 중생들을 교화해서 불도에 들게 한 지가 한량없는 억겁이다. 중생들을 제도키 위해 방편으로 열반을 나타냈지만, 참으로 열반한 것이 아니고 항상 여기에 머물면서 법을 설하느니라. 나는 늘 여기에 있지만 전도된 중생들은 비록 가까이 있어도 보지 못하느니라.

나의 정토는 변함이 없으나 중생들은 불타버린다고 보고 근심과 두려움과 고통에 가득 차 있다.

아버지가 독약을 먹고 혼미한 아들에게 귀한 약을 먹여 낫게 하듯, 부처님은 분별심과 삼독, 번뇌 망상으로 어리석고 고통 받는 중생들에게 불법이라는 응병여약(應病與藥)의 가르침을 주어 낫게 하신다. 그러나 중생들 중에는 그 약을 잘 받아먹는 이들도 있지만, 정신이 혼미하여, 즉 참된 진리에 관심이 없거나, 욕망과 집착의 삶, 성취의 삶에만 관심이 많아서 이 불법의 약에는 관심조차 없는 이들이 많다.

아버지가 아들을 살리기 위해 약을 두고 떠나며 내가 죽으면서까지 당부하니 부디 아버지의 죽음을 헛되이 하지 않으려거든 이 약을 먹으라고 말씀하신다. 부처님 또한 중생들에게 열반이라는 모습을 보이셨지만, 사실 부처님은 구원실성(久遠實成)의 본불(本佛)이기에 태어나는 것도 아니요 죽는 것도 아니다. 불생불멸이며, 무생법인(無生法忍)이다. 그러나 열반을 보임으로써 중생들에게 불법의 가르침을 받아들이도록 하신 것이다.

한 거룩한 스승이 있다. 그분만이 나를 깨달음에 이르게 해줄 수 있다. 스승이 젊어 내가 배울 수 있는 시간이 충분하다면, 우리는 열심히 공부하려 하지 않을 것이다. 그러나 이 스승이 머지않아 돌아가시게 되거나, 연세가 너무 많으셔서 가르침을 배울 시간이 충분하지 않다면, 제자는 어떻게든 그 스승이 계실 때 조금이라도 더 배우려고 기를 쓰고 공부하게 될 것이다. 부처님께서 열반을 드러내 보이심 또한 이와 같다. 공부인에게 어떻게든 간절한 발심을 돋발케 하기 위함이니, 부디 참된 불법 만났을 때 시간이 귀한 줄 알고 간절하게 공부하라.

16 아미타경

서방정토(西方淨土) 극락세계(極樂世界) 아미타불

부처님께서 장로 사리불에게 말씀하셨다.

"이곳으로부터 서쪽으로 10만억 불국토를 지나면 극락(極樂)이라는 세계가 있는데, 그곳에는 아미타(阿彌陀)부처님께서 지금도 법을 설하고 계시느니라. 사리불이여, 그 국토의 이름이 왜 극락인지 아느냐? 그곳의 중생은 어떤 괴로움도 없고 다만 모든 즐거움만 받기 때문이다.…

사리불이여, 극락에는 칠보(七寶)로 된 연못이 있고 팔공덕수

(八功德水)가 그 안에 가득 차 있다. 연못 바닥에는 금모래가 깔려 있고, 사방 계단은 금, 은, 청옥, 수정으로 되어 있으며, 그 위의 누각은 금, 은, 청옥, 수정, 붉은진주(赤珠), 마노(馬瑙), 호박으로 장엄하게 꾸며져 있다.…

사리불이여, 극락국토에는 이와 같은 공덕으로 장엄되어 있느니라. 또 사리불이여, 그 국토에는 항상 하늘의 음악 소리가 나고 땅은 황금으로 되어 있고, 밤과 낮에는 하늘에서 여섯 번 만다라화(曼陀羅華) 꽃비가 내린다.…

사리불이여, 저 불국토에 바람이 불어 늘어선 보배 나무와 가지들이 흔들리면서 미묘한 소리를 내니, 마치 백천 가지 음악 소리가 동시에 연주되는 것과 같다. 이 소리를 들으면 모두가 부처님을 생각하고 가르침을 생각하고 스님들을 생각하리라는 마음이 저절로 우러난다.…

사리불이여, 중생들은 마땅히 서원을 세워 저 극락국토에 태어나기를 발원해야 한다.…

사리불이여, 어떤 선남자 선녀인들이 아미타불에 대한 이러한 설법을 듣고 그 명호를 굳게 지녀 하루나 이틀, 사흘, 나흘, 닷새, 엿새, 이레 동안 한결같이 흐트러지지 않는다면, 그 사람이 임종할 때에 아미타불이 여러 성중(聖衆)과 함께 그 앞에 나타날 것이며, 그는 목숨이 끊어지더라도 전도몽상(顚倒夢想)이 사라져 아미타불의 극락국토에 왕생(往生)하게 될 것이다.

사리불이여, 내가 지금 아미타불의 불가사의한 공덕을 찬탄하며 설한 것처럼 동방에서도 역시 아촉비불(阿閦鞞佛), 수미상불(須彌相佛), 대수미불(大須彌佛), 수미광불(須彌光佛), 묘음불(妙音佛) 등의 항하사와 같이 많은 부처님께서… 그리고 남방세계에서도 일월등불(日月燈佛), 명문광불(名聞光佛)… 서방 세계에서도 무량수불(無量壽佛), 무량상불(無量相佛)… 북방 세계에는 염견불(焰肩佛), 취승음불(最勝音佛)… 하방(下方) 세계에서는 사자불(師子佛), 명문불(名聞佛)… 상방(上方) 세계에서는 범음불(梵音佛), 숙왕불(宿王佛)… 등의 항하사와 같이 많은 부처님께서 각기 그 국토에서 광장설상(廣長舌相)으로 삼천대천 세계에 두루 미치는 참되고 진실한 법문으로 '너희는 이 불가사의한 공덕을 칭찬하는 모든 부처님께서 호념하시는 이 경을 믿으라' 하시느니라.…

이와 같이 『아미타경(阿彌陀經)』에는 아미타부처님께서 세우신 서방 정토 극락세계에 대한 장엄한 아름다움이 묘사되어 있다. 이는 서방 정토 아미타불의 세계뿐 아니라, 동방, 남방, 북방, 상방, 하방 어느 곳이든 무수히 많은 부처님께서 각각의 극락을 세우시고 법을 설하시며 이러한 장엄한 아름다움의 정토를 건립하고 계시다고 한다.

모든 불교 경전은 하나의 방편이다. 병에 빠져 있는 중생을 치유하기 위한 방편이며, 응병여약(應病與藥)의 약처방이다. 서방 정토 극락세계 아미타불의 신앙은 무엇을 설하고자 하는 방편일까? 그것은 수행을 어렵게 느끼고, 깨달아 부처가 되는 것이 너무 어렵다고 여기는 수많은 중생들에게 보다 쉽게 깨달음을 얻을 수 있는 방편으로 펼치게 된 것이다. 오늘날에도 불교를 어렵다고 하는 이들이 많지만 옛날에는 더욱 문자도 모르고, 공부를 해본 적도 없는 이들이 많았다. 그래서 그들에게 부처가 된다는 것은 도저히 상상조차 해본 적 없는 나와는 동떨어진 세계의 이야기일 뿐이다.

바로 그런 수많은 중생들에게는 아미타불의 서방 정토 극락세계가 주는 장엄한 아름다움이 더 쉽게 와 닿을 것이다. 쉽게 아미타불 염불만 하면 죽고 나서 아미타부처님께서 마중을 나와 주시고 극락세계로 데려간다고 하니 얼마나 고맙고 감사한 일인가? 깨달음은 그곳에 가기만 하면 쉽게 얻을 수 있으니, 일단 거기까지만이라도 가보자 하는 마음으로, 마치 『법화경』에서 화성(化城)에 비유했던 것처럼, 이

멀고 먼 깨달음의 길에 잠시 머물 수 있는 극락정토를 방편으로 보여
주신 것이다.

이 방편의 본질적인 의미는 이것이다. 서방만 서방이 아니다. 동방,
남방, 북방, 위아래의 모든 방위에 무수히 많은 부처님이 계시고, 무수
히 많은 정토가 있다고 한다. 불교에서 오방이나, 시방은 온 우주 전체
를 의미한다. 즉 이 우주법계 모든 곳이 바로 지금 이대로 부처님의 정
토세계이며, 지금 우리가 있는 이곳에 무량한 부처님께서 이미 법을 설
하고 계신다. 지금 우리가 살고 있는 지금 이대로의 이 국토가 그대로
불국토다.

중생들은 산과 풀과 나무를 보며 그저 산과 풀과 나무 나부랭이를 보
겠지만, 깨달은 이의 시선으로, 아니 깨달은 이까지 갈 것도 없이 활짝
열린 마음으로 바라본다면, 저 평범한 산과 풀과 나무 한 그루가 그대
로 놀라운 장엄함이다.

필자 또한 20대의 어느 봄날 우연히 제비꽃 한 송이를 오래도록 바라
보며 놀라운 장엄함과 경이로움을 느낀 뒤로는 그토록 평범하던 세상
의 자연 하나 하나가 이토록 경이롭고 놀라운 것이라는 사실에 눈물을
흘려 본 적이 있다. 시인들도 그토록 평범한 꽃 한 송이를 장엄한 아름
다움으로 묘사하고 있지 않은가.

바로 그렇다. 마음이 열려 있지 않은 이에게는, 무명과 분별심에 휩싸
인 이에게는 이 세상은 속진의 때가 덕지덕지 묻은 예토(穢土)에 불과

하겠지만, 어리석음과 분별을 여의게 되면 지금 이 자리에 이미 있었던 장엄한 정토의 아름다움이 곧장 드러나게 되는 것이다.

정토는 저쪽 10만억 불국토를 가야지만 만날 수 있는 이상향이 아니다. 동서남북 상하 어느 곳이든 무량한 부처님과 무량한 정토가 있다고 하지 않는가? 그곳이 바로 여기에 있다는 것이다.

언제나 경전은 경전의 내용 그 자체가 중요한 것이 아니라, 경전이 진정 우리에게 들려주고자 하는 본뜻, 낙처, 귀결점이 중요하다고 했다. 정토신앙이야말로 그 낙처를 제대로 보는 것이 중요하다. 그래서 후기에 많은 조사스님들께서 정토신앙을 바르게 이해하는 정법의 관점들을 두루 제시하고 있다.

아미타불을 염불함으로써 극락세계에 왕생하기를 발원하라는 말은 무엇일까? 무량수(無量壽) 무량광(無量光), 무량한 수명과 광명인, 즉 시공을 초월하는 본성인 근원의 아미타부처님이 내 안에 이미 드러나 있음을 깨달아야 한다는 것이다.

어떻게 깨닫는가? 부처님의 명호를 외우라. 즉 부처님을, 부처님의 가르침을 몸서리치게 그리워하고, 계속해서 외울 정도로 마음속에 품으라는 것이다. 부처님의 명호, 부처님의 가르침, 부처님을 그리워함으로써 지금 여기에 극락세계가 곧장 드러나 있음을 깨달으라는 것이다. 그것이 왕생이다. 죽은 뒤에 가는 곳이 아니라, 지금 이 자리에서 깨달을 때 곧장 왕생하게 된다. 부처님을 품고, 부처님 명호를 외우고, 부처님의 가르침을 가까이하게 되면서 극락세계라는 불세계에 가기를 발원하기만 하면 염불 10번이면 왕생한다고 하듯, 그렇게 어렵지 않게 깨달음을 얻을 수 있다는 것이다. 불세계를, 깨달음을 너무 어렵게 여기지 말라는 것이다.

아미타불의 세계에 태어나기를 발원

사리불아, 어떤 사람이 아미타불의 세계에 나기를 발원하였거나, 발원하거나, 미래에 발원한다면 그는 바른 깨달음에서 물러나지 아니하고 그 세계에 벌써 났거나 지금 나거나 장차 날 것이다. 신심 있는 이들은 마땅히 극락세계에 나기를 발원하라.

중생들은 마땅히 발원을 세워 저 세계에 가서 나기를 발심하라. 왜냐하면 그곳에 가면 이와 같이 으뜸가는 사람들과 함께 모여 살 수 있기 때문이다.

아미타불의 세계는 바로 지금 여기에 있다. 서방 정토 극락세계가 바로 여기에 있다. 중생에게는 이곳이 있고 저곳이 있지만, 중생의 세계가 있고 극락정토가 있지만, 그것은 어디까지나 중생들의 의식 속에서 이해시키기 위한 방편일 뿐이다. 참된 진실에서는 여기가 곧 거기이고, 그때가 곧 이때다. 아미타불의 세계는 곧 불법과 함께 하는 세계다. 진리가 있고, 도반이 있고, 스승이 있으며, 법이 살아 있는 곳이라면 그곳이 바로 아미타불의 세계다.

중생들은 마땅히 아미타불의 세계에 태어나기를 발원해야 한다. 지금 우리가 살고 있는 세계는 고통스런 중생의 세계다. 그러나 그 고통의 세계는 곧 의식이 만들어 놓은 허망한 세계다. 분별망상이 만든 허망한 꿈의 세계에서 꿈을 깨고 나오려면 어떻게 해야 할까? 특별한 방법이 있는 것이 아니라, 오로지 간절한 발심, 발원이 있어야 한다.

깨달음의 세계, 아미타불의 세계, 분별망상이 사라진 꿈 깬 세계에 가서 나기를 발원한다면 그 발원이 간절해지고 간절해질 때 결국 그 발원이 모여 지금 내 눈앞의 당처에 아미타불의 극락세계를 드러내 보여 줄 것이다.

17 무량수경

불국토가 여기에 있다

아난다여, 저 불국토(佛國土)는 부유하고 평안하며 풍요롭고 아름답다. 수많은 인간과 천인(天人)들로 가득하다. 저 세계에는 지옥이 없고, 동물이 없으며, 아귀(餓鬼)와 아수라(阿修羅)도 없다. 가르침을 들을 자격이나 태생의 차별도 없다. 그 불세계에는 착하지 않은 목소리, 장애와 죄악, 고통의 목소리도 없다. 본래 불국토는 이 세상에서 만들어진 것들과는 달리 무위(無爲)와 자연스러운 존재이며 깨달음의 경지 그 자체라고도 할 수 있다.

불국토에는 불행이 없다. 모든 것이 풍요롭고 평안하며 아름답고 장엄하다. 지옥도 없고 동물도 없고 아귀나 아수라도 없다. 장애도 없고 고통도 없다.

바로 그러한 불국토가 지금 여기에 우리의 눈앞에 당장에 드러나 있다. 목전에 활짝 불국토가 드러나 있지만 우리가 보지 못할 뿐이다. 지옥, 아귀(餓鬼), 아수라(阿修羅) 등은 우리 의식이 만들어 낸 허망한 환상일 뿐이다.

지금 여기에 없는 것은 다른 때 다른 곳 어디에도 없다. 지금 있는 것만이 언제나 있다. 착하지 않은 목소리, 장애, 죄악, 고통의 소리는 오직 중생들의 환상, 분별, 꿈속에서만 존재할 뿐이다. 허망한 착각 속에서만 존재한다.

바로 그러한 불국토는 인간 존재의 가장 자연스러운 상태, 무위(無爲)의 상태다. 모든 것을 있는 그대로 내버려 두면 모든 것은 지금 이대로 완전하다. 가만히 내버려 두면 모든 것은 지금 이대로 불국토다.

Let it Be! 그냥 자연스럽게 내버려 두라. 분별을 가하지 말고, 생각으로 판단하지 말고, 그냥 있는 그대로 허용해 보라. 생각이 끊어지고, 분별이 멎는 순간, 깨달음의 세계, 불국정토가 목전(目前)에 활짝 드러나리라.

발원하면 성취된다

비유컨대 비록 바닷물이라도 억겁의 세월 동안 퍼낸다면 그 안에 든 진귀한 보배를 얻을 수 있듯이, 만약 사람이 정진하여 도를 구하면 마땅히 원하는 결과를 얻고 말 것이니, 어떤 것이든 발원하면 성취된다.

제가 부처가 될 때 시방의 중생들이 불국토에 태어나고자 신심과 환희심을 내어 아미타불 명호를 열 번만 불러도 제 나라에 태어날 수 없다면, 저는 차라리 부처가 되지 않겠습니다.…(18원)

중생들이 보리심을 일으켜 불국토에 나길 원할 때 그들의 임종 시에 제가 가서 그들을 마중할 수 없다면, 저는 차라리 부처가 되지 않겠습니다.…(19원)

바닷물을 아무리 오랜 세월 퍼낸다고 할지라도 다 퍼낼 수는 없으리라. 그러나 억겁(億劫)이 걸리고 세세생생이 걸리더라도 반드시 퍼내고 말리라고 발원한다면 언젠가는 원하는 결과를 성취하게 된다. 이 우주법계는 바로 그런 사람들의 간절한 발원이 모여 인연을 움직이기 때문이다. 간절한 발원은 곧 이 우주 전체가 일으킨 마음과 같다.

법장(法藏)비구는 시방의 모든 중생들이 불국토에 태어나고자 환희심과 신심으로 발원하며, 아미타불을 열 번만 부르더라도 극락국토에 태어날 수 있기를 발원하며, 그 발원이 이루어지지 않는다면 차라리 부처가 되지 않겠노라고 발원했다. 또한 임종(臨終) 시에 발심하여 극락국토에 태어나길 발원하는 이들을 마중하겠노라고 발심하였으니, 이 2가지 원이 법장비구의 48대원 가운데에도 가장 잘 알려진 중요한 발원이다. 법장비구는 이러한 48대원을 다 성취하여 극락정토를 이룩하였고, 현재도 그 발원이 성취될 수 있도록 일체중생의 염불소리와 발심을 귀 기울여 듣는다. 한 사람이, 한 수행자가 극락세계라는 불국토를 건설하리라고 발원하면 그것은 가능해진다. 발심이 이 세상을 만들어내기 때문이다.

한 사람이 지금 이 세계를 극락정토로 만들겠노라고 발심한다면, 그 발심으로 인해 언젠가는 이 세계가 그대로 극락이 될 것이다. 그것이 가능한 이유는 사실, 이미 그 발원은 이루어져 있기 때문이다.

지금 이대로 극락정토 아님이 없고, 깨달음의 땅 아님이 없기 때문이다. 중생이 망상심만 거두어 낸다면 고스란히 극락의 세계가 눈앞에 드러난다.

간절한 마음으로 일체 중생을 위해, 일체 중생이 고에서 벗어나 참된 행복의 길, 평화의 길, 깨달음에 이를 수 있기를 발원하는 것이야말로 모든 공부인의 공통된 서원이요, 발원이다.

무상삼매와 무원삼매

아난아, 법장비구는 일체 모든 현상의 실상은 본래 비어 있으니, 무상(無想, 상이 없음)삼매와 무원(無願, 바랄 것 없음)삼매에 머물러 아예 차별심을 일으키지 않았으며, 모든 것은 다만 인연이 화합하여 이루어졌으니 허깨비와 같고 뜬구름과 같이 허망함을 관조(觀照)하였느니라.

일체법의 성품은 본래 공(空)하고 무아(無我)임을 통달하여 청정한 불국토를 힘써 구하면 반드시 극락정토 성취하리라.

법장비구가 극락정토를 이룰 수 있었던 것은 바로 일체법이 곧 공함을 깨달았고, 상이 없는 무상삼매와 바랄 것 없는 무원삼매에 머물러 차별을 일으키지 않았기 때문이다.

법장비구가 만약 극락정토라는 어떤 시공을 점유하는 실체적인 극락세계를 건설하고자 했다면 그 원을 이루기는 어려웠을 것이다. 그것은 될 수도 있고 되지 않을 수도 있다. 만들어진 모든 것은 무너진다는 제행무상의 법칙에 따라 움직이기 때문이다.

그러나 법장비구는 실체적인 극락세계를 건설하고자 한 것이 아니라, 일체법이 텅 비어 공하다는 사실을 깨달았기 때문에, 텅 비어 공한 극락세계를 이루길 서원한 것이다. 극락세계를 이루지만 이룸이 없는 극락, 극락세계는 극락세계가 아니며 이름이 극락인 바로 그러한 공한 극락세계를 발원하였기 때문에 공한 극락세계를 이루었고, 그렇게 이룬 극락세계에 집착하지 않을 수 있었던 것이다. 그것은 실체가 아니기 때문이다. 그것은 법장비구가 상이 없는 무상삼매를 깨달아 극락세계를 그 어떤 특별하고도 장엄한 상으로써, 모양으로써 그리지 않았기 때문에 가능하다. 극락세계라는 특정한 상을 그려 놓았다면 그런 모양의 세계는 생사별, 생멸법의 유한한 세계이기에 결국 무너질 수밖에 없다.

또한 법장비구는 무원삼매를 깨달았으므로 극락세계를 서원했지만 극락세계를 원하면서도 원함이 없는 삼매를 얻었다.

참된 서원은 그 서원에 집착해 그것을 이루기 위해, 그것을 얻기 위해 애쓰고 이루어지면 성공이고, 이루지 못하면 실패라고 여기는 그런 것이 아니다. 참된 서원은 원하지만 원하는 바가 텅 비어 공한 줄 아는 까닭에 원하지만 원함이 없는 것이다. 그것이 바로 무원삼매다. 공의 도리와 무원삼매를 깨닫는다면 지금 이대로가 이미 극락정토다.

이처럼 법장비구는 공함과 무아와 무원, 무상삼매를 깨달았으므로 극락을 구하지만 극락에 집착하거나 머물지 않고 극락을 완성할 수 있었던 것이다. 극락이란 하나의 방편일 뿐, 실체적인 세계가 아니다. 극락이 실체적인 어떤 세계였다면 그것은 무아도 아니요, 공도 아닐 것이기 때문이다. 공한 극락, 텅 빈 극락, 실체가 없는 극락, 모양이 없는 극락, 극락에 도달한 내가 없는 극락, 그것이 바로 참된 극락이다.

손바닥 위의 세계

극락세계의 보살과 성문, 천인들은 모두 지혜와 신통이 통달
하여 그 위력이 자재하고 능히 손바닥 위에 일체 세계를 올려놓
을 수도 있느니라.

이것이 바로 불보살님의 신통력이다. 어떻게 손바닥 위에 일체 세계
를 올려놓을 수 있을까? 한 티끌 속에 온 우주가 들어 있기 때문이다.
한 티끌이 곧 우주이고, 우주가 곧 한 티끌이기 때문이다. 이 한마음이
곧 우주법계 전체이며, 내가 곧 부처이고, 여기가 곧 극락이고, 여기에
온 우주가 함께하기 때문이다. 이 우주에는 그 어떤 존재도 둘로 쪼개
지는 것은 없다. 일체법이 곧 불법이며, 일체법이 곧 불이법이다. 참된
진실의 세계에서 둘은 없다.

그러니 손바닥 위에 일체세계를 올려놓고, 한 모금으로 한강의 물을
다 마시고, 유마거사는 좁은 방 안에 수많은 보살들을 초대하고도 충분
히 남을 수 있었던 것이다.

법문을 듣고 부처 되어 중생을 구제하라

온 세계에 불길이 가득하여도 반드시 뚫고 나가 법문을 듣고
모두 다 마땅히 부처가 되어 생사 헤매는 중생 구제하리라.

모든 수행자의 발원의 핵심이 바로 이것이다. 온 세계가 삼독(三毒)
의 불길에 가득하고, 일체 중생이 불길 속에서 고통받고 있지만, 반드
시 그 불길 속, 중생 속으로 뛰어들어야 한다.

그 속에 뛰어들어 부처가 되어 고통 속에 헤매는 일체 중생을 구제해
야 한다. 그런데 그러려면 먼저 부처가 되어야 하니, 어떻게 하면 부처
가 될 수 있을까? 법문을 들어야 한다. 법문을 들을 때 스승의 가르침이
내 온 존재를 울리고, 파동 치고, 하나로 공명하며, 이심전심의 깨달음
이 일어날 수 있는 것이다. 그저 법을 가까이하고, 법문을 듣고, 법문 듣
기를 즐거워하면 된다. 그것이 참된 수행이다.

사홍서원(四弘誓願)에서도 중생을 다 건지오리다, 번뇌를 다 끊으오
리다가 있고, 세 번째로 법문을 다 들으오리다가 있은 연후에 불도를 다
이루겠노라는 발원이 있다. 중생을 건지려면 번뇌를 끊어야 하고, 번뇌
를 끊어 부처가 되려면 법문을 다 들어야만 하는 것이다.

있어도 걱정, 없어도 걱정

세상 사람들은 재물 때문에 잠시도 편히 쉴 때가 없다. 논밭이 있으면 땅 걱정, 농사 걱정, 집이 있으면 가축 걱정, 의식 걱정, 돈 걱정, 집 걱정 등 소유하면 소유로 인해 걱정거리가 끊이지 않는다. 이렇듯 부자라고 하더라도 근심 걱정이 끊이지 않는다.

또한 빈궁하고 못난 사람들도 늘 가난에 찌들려 걱정한다. 논밭이 없으면 땅이 있었으면 하고 걱정하고, 집이 없으면 집이 있었으면 하고 걱정하고, 가축이나 재물, 노비가 없으면 그것이 있었으면 하고 걱정한다.

이렇듯 하나가 있으면 다른 하나가 결여되고, 이것이 있으면 저것이 결여하여, 이같이 살아가므로 깨달음에 이르지 못하고 온갖 재물과 욕망만을 탐하고 있다.

사람들의 근심 걱정은 끝이 없다. 있으면 있어서 걱정이고, 없으면 없어서 걱정이다. 많으면 많아서 걱정이고 없으면 또 없어서 걱정이다. 땅이나 집이나 돈이나 자식이 있으면 있어서 걱정이다. 땅값, 집값 떨어질까봐 걱정이고, 돈이 사라질까봐 걱정이며, 자식이 말썽을 피울까봐, 내 뜻대로 따라주지 않을까봐, 잘 살지 못할까봐 걱정이 끊이지 않는다. 소유하는 모든 것은 곧 근심거리일 뿐이다.

그러나 없어도 걱정은 계속된다. 집이 없으면 집이 있기를 바라며 걱정하고, 땅이 없으면 땅이 있었으면 하고 걱정한다. 자식이 없으면 자식이 있었으면 하고 걱정하고, 결혼을 못했으면 결혼을 했으면 하고 걱정한다.

있어도 걱정, 없어도 걱정이다. 왜 그럴까? 있고 없다는 조건에서 행복이나 불행이 달려 있는 것이 아니기 때문이다. 불행한 사람은 있어도 걱정 없어도 걱정이지만, 행복한 사람은 있으면 있어서 행복하고 없으면 없어서 행복하다. 있고 없고의 문제가 아니라, 내 마음의 문제이기 때문이다. 결여된 것이 문제가 아니라, 결여되었다고 느끼는 내 마음이 문제인 것이다.

18
열
반
경

상락아정(常樂我淨)

부처님께서는 법을 설하실 때 " '실체적인 나'가 없으니 나에 대한 관념을 버려라. 아상(我相)을 버리면 아만심이 사라지고, 아만(我慢)이 없으면 곧 열반에 들 것이다"라고 하셨습니다. 그런데 지금 다시 상락아정을 말씀하시니 이를 어떻게 받아들여야 합니까?

매우 훌륭하다. 중요한 질문이다. 우유로 된 약을 어떻게 쓰느냐에 따라 독이 되기도 하고, 약이 되기도 하는 것처럼 '나'가 해가 될 때와 이익이 될 때를 알아서 '나'를 설하는 것이다. 중생들은 '나'라는 것을 실체적인 것으로 알기 때문에 무아(無我)라고 설했다. 모든 법에 '나'가 없다고 하지만, 진실로 '나'가 없는 것이 아니다. 어떤 것이 '참나'(我)인지, 어떤 법이 깨끗하고 참되며(淨) 항상 하고(常) 즐거운지(樂)를 잘 알아야 한다.

부처님께서는 초기경전에서 무아(無我)를 설하셨다. '나'는 없다는 것이야말로 석가모니 부처님의 고구정녕(苦口丁寧)한 법문이다. 그러나 대승불교에 오면 특히 『열반경(涅槃經)』에서는 '일체중생 실유불성(一切衆生 悉有佛性)'이라고 하여, 모든 이들은 불성을 가지고 있고, 그 불성의 특징은 열반사덕(涅槃四德)이라고 하여 상락아정(常樂我淨), 즉 항상 하고, 즐겁고, 내가 있고, 번뇌 없이 깨끗하다고 설하고 있다.

이것을 보고, 소승불교를 공부한 사람들은 대승불교와 『열반경』은 참된 불법과 다르다고 말하곤 한다. 이는 곧 『열반경』에서 말하는 '불성 혹은 참나'의 '나'를 실체적인 것으로 알기 때문이다.

이것이 바로 말, 언어의 한계다. 말이나 언어로는 내가 있다거나 없다고밖에 할 수가 없다. 내가 있기도 하고 없기도 하며, 있는 것도 아니고 없는 것도 아니라는 중도(中道)를 설명하기가 너무 어렵다. '나'는 고정된 실체로 있는 것이 아니다. 그럼에도 참나, 불성을 없다고만 할 수도 없다. 그래서 이것을 진공묘유(眞空妙有)라고 한다. 참으로 공하지만 묘하게 있다는 말이다.

참나니, 진아니, 불성이니 하는 것이 바로 그렇다. 아상의 나, 어리석은 나, 개체적인 나, 육체로써의 나, 오온인 나는 공하여 없다. 그러나 완전히 없는 극단적인 없음은 아니다. 분명히 없지만, 이렇게 말하고 생각하고 행동할 때마다 이렇게 살아 있지 않은가? 내가 없다면 어떻게 말하고 행동하고 생각할 수 있는가? 분명히 없지만 이렇게 분명하게 있다. 그래서 이것을 묘하게 있다고 한다.

『열반경』과 선에서 말하는 참나, 불성, 본래면목(本來面目)이라는 것은 이름을 붙여서 그렇게 설명했을 뿐 실체로 있다는 것은 아니다. 그렇다고 완전히 없다는 것도 아니다. 있지만 없고 없지만 묘하게 있는 이 말로 할 수 없는 이치 너머를 관조해 볼 수 있어야 한다. 말이 이를 수 없는 낙처를 곧장 확인할 수 있어야 하는 것이다.

사무량심(四無量心)

수행하는 보살은 모든 중생을 아들처럼 보호하며, 중생을 대할 때 사랑스런 마음을 내고(慈心), 그들이 고통스러워할 때 함께 슬퍼하며(悲心), 그들이 기뻐할 때 함께 즐기며 기뻐하고(喜心), 모든 이들을 평등한 마음으로(捨心) 대하여라.

일체 중생을 대할 때의 마음가짐, 첫째는 사랑하는 마음, 둘째는 고통스러워하는 이들에게는 함께 슬퍼해 주고, 셋째는 그들이 기뻐할 때는 함께 기뻐해 주며, 넷째는 일체 중생을 잘났다거나 못났다거나, 높다거나 낮다는 분별없이 평등하게 대하라.

일천제(一闡提)

일천제(icchantika, 一闡提)는 정해진 것이 아니다. 그들도 결정적인 것이 아니므로 얼마든지 깨달을 수 있다. 즉, 4가지 계율을 범한 자, 대승경전을 비방한 자, 오역죄(五逆罪)를 지은 자일지라도 모두 불성을 지녔으므로 성불할 수 있다.

일천제란, 성불할 선근(善根)이 없는 사람이라는 뜻으로 현실적인 욕망만을 추구할 뿐 불법을 따르지 않는 무리들을 말한다. 단선근(斷善根), 대탐(大貪), 무종성(無種姓), 무참괴(無慙愧) 등으로 한역한다.

4가지 계율이란, 사중금계(四重禁戒)로써 스님들이 반드시 지켜야하는 계율로 '살생, 도둑질, 음행, 깨달았다고 하는 거짓말'을 뜻한다.

오역죄란, 대승과 소승에서 그 해석이 다소 다른데, 소승불교의 오역죄는 아버지와 어머니, 아라한을 죽이거나 해치는 죄, 승단의 화합을 깨뜨리는 죄, 부처님의 몸에 상처를 입히는 죄를 말한다.

대승불교의 오역죄는 절이나 탑을 파괴하고, 불상과 불경을 태우고, 삼보를 빼앗는 등의 죄, 불법을 비방하는 죄, 출가자를 죽이거나 수행을 방해하는 죄, 소승불교의 오역죄 중 하나를 범하는 죄, 십악업(十惡業)을 행하고 다른 사람에게 가르치는 죄 등으로 그 범위가 다소 확장된다. 이런 죄를 범한 일천제들은 성불할 수 없다는 것이다.

그러나 『열반경』에서는 일천제 또한 정해진 것이 아니며, 결정적인 것이 아니므로 얼마든지 깨달을 수 있다고 설한다.

일천제가 성불할 선근이 없어서 결코 성불할 수 없다고 한다면, 그것은 '정해진 법이 없다'라고 말하는 불법과 어긋나는 것이다. 불교는 언제나 고정된 실체를 부정한다. 고정되게 절대적으로 성불할 가능성이 없는 사람이란 있을 수 없다.

불신상주(佛身常住)

세존께서 가섭에게 이르셨다.

"선남자여 여래의 몸은 늘 상주불멸(常住不滅)하는 몸이며, 금강(金剛)의 몸이며, 음식으로 유지하는 육신이 아니니, 곧 법신(法身)이니라."

가섭이 부처님께 아뢰었다.

"세존이시여, 만약 그와 같다면 그 같은 몸을 저는 보지 못하였고, 오직 무상하고 무너지며 보잘 것 없는 음식으로 유지하는 몸만을 보았습니다."

부처님께서 말씀하셨다.

"가섭이여, 그대는 여래의 몸이 견고하지 않아 무너지는 범부의 몸과 같다고 말하지 말라. 여래의 몸은 무량한 억겁에 이르도록 견고하여 깨뜨릴 수 없으며, 인간이나 하늘의 몸이 아니며, 음식으로 유지하는 육신 또한 아님을 마땅히 알아야 한다. 여래의 몸은 청정 무구하며 머물 바 없는 곳에 머물며, 형상이 아니고 모양이 아니되, 또한 모든 모습으로 장엄하였나니, 여래의 법신은 이처럼 한없는 공덕을 모두 성취하였느니라. 그대는 이제부터 언제나 바르고 참된 마음으로 이 뜻을 사유하며, 마땅히 사람들을 위해 여래의 참된 몸은 곧 법신임을 설하도록 하라.

내가 설하는 진아(眞我)는 바로 불성이다. '나'란 곧 여래장이며, 일체 중생에게 불성이 있다는 것이 바로 참나다. 다만 이 참나는 많은 번뇌에 둘러싸여 있어 자신이 스스로 보지 못할 뿐이다. 마치 가난한 여인이 자기 집 창고에 황금보배가 있음을 알지 못하는 것과 같다."

부처님의 몸은 육신이 아닌 법신(法身)이다. 석가모니 부처님은 다만 중생들을 위해 나투신 화신(化身)일 뿐, 참된 부처님의 몸은 법신이다. 법신은 항상 하여 무너지지 않아 금강(金剛)과도 같이 견고하며, 음식으로 유지하는 육체 같은 것이 아니다. 인간이나 하늘신의 몸도 아니며, 청정무구하여 티끌 하나 붙지 못하고, 어디에도 머물러 의지하지 않는다.

법신은 곧 이 우주법계, 일체 삼라만상이 드러나고 사라지는 그 배경과도 같으며, 이 우주 전체와 둘이 아니고, 모양도 없고 크기도 없으며, 있는 것도 아니고 없는 것도 아니기에, 우리의 생각과 사량 분별로는 도저히 상상할 수 있는 것이 아니기 때문이다. 법신이야말로 참된 부처이며, 진리이고, 그것이 바로 불성이며, 진아(眞我)다.

다만 중생들이 번뇌에 둘러싸여 있기 때문에 참나인 법신을 스스로 보지 못할 뿐, 법신이 없는 것이 아니다. 법신은 육신의 눈으로 볼 수 있는 것이 아니며, 마음의 눈, 법신 그 자체의 눈 없는 눈으로 볼 뿐이다. 본래마음이 본래마음 스스로를 확인할 수 있을 뿐이다.

악업(惡業)을 끊을 수 있다

수발타가 부처님께 말했다.

"사람 중에는 평소 악행을 하는데도 부자로 잘살기도 하고, 착하게 사는데도 가난한 사람도 있습니다.… 자비롭고 살생하지 않아도 빨리 죽는 사람도 있고, 살생만 하고도 장수하는 사람도 있습니다.… 중생이 과보를 받는 것은 전생 업(業) 때문이 아닌가요?"

"그대는 업에 대해 잘 모르는구나. 그대는 오직 과거 업만 있을 뿐, 현재의 업은 없는 것 같고, 현재 수행으로 과거의 악업을 제거할 수 있는 길이 없는 것 같구나. 불법에서는 현재 방편으로 정진하고 참회하면 얼마든 악업을 끊을 수 있다.… 과거의 업만 있다고 생각하는 것은 그릇된 견해다.

과거의 업만 있다고 여기는 것은 잘못된 견해다. 과거의 업은 실체적인 것이기에 한 번 지은 과거의 악업은 반드시 받아야 한다고 여길 것도 없다. 과거의 죄의식에 시달리며, 괴로워할 필요도 없다. 사실 과거는 없다. 죄업도 죄의식도 없다. 과거의 죄업이 붙을 곳이 없지 않은가. 그것이 내 몸 안에 있는가? 밖에 있는가? 어느 장소에 있는가? 그것은 실체적으로 존재하는 것이 아니다. 그러니 과거 죄업에 얽매여 현재를 괴롭힐 필요는 없다.

과거에 악행을 많이 했더라도 현재에 부자로 살 수도 있고, 착하게 살았지만 현재가 가난한 사람도 있다. 만약 그 모든 것이 과거로부터 가져온 절대적인 업장 때문이라면 선인선과 악인악과(善因善果 惡因惡果)가 납득할 만한 논리로써 현실에서 드러나야 할 것이지만, 현실은 그렇지 못하다. 죄업이란 정해진 것이 아니기 때문이다. 얼마든 바꿀 수 있고, 참회할 수도 있으며, 깨달음을 통해 천 년간 어두웠던 동굴이 한 번의 불로 환해지듯 일체 모든 업장이 한꺼번에 소멸될 수도 있다. 그것은 실체가 아니기 때문이다.

우리는 업장이나 악업, 과거의 죄의식에 끌려다니는 존재가 아니다. 그 모든 업장의 주인이 되어 얼마든 끊어낼 수도 있다.

공덕천(功德天)과 흑암녀(黑暗女)

옛날 궁궐 같은 집을 짓고 사는 부잣집에 하늘에서 금방 내려온 선녀같이 젊고 아름다운 여인이 온몸에 진주, 보석들을 치장하고 찾아왔다. 미모와 향기에 취한 주인이 물었다.

"당신은 누구신지요?"

"저는 공덕천(功德天)입니다."

주인이 다시 물었다.

"당신은 왜 우리 집에 왔나요?"

공덕천은 말했다.

"나는 이 세상의 모든 복과 행운들을 모두 모아 당신의 집에 깃들게 하고자 찾아온 천사입니다."

주인은 기뻐서 어쩔 줄 몰라 했다.

"그래요, 어서 안으로 들어갑시다."

주인은 진수성찬으로 대접하며 들떠 있었다.

바로 그때 대문을 두드리는 소리가 들렸다.

주인은 기쁜 마음으로 대문으로 나갔더니 거기에는 때가 잔뜩 끼고 더러운 넝마를 걸치고, 얼굴은 새까맣고 밉상인데다 주근깨, 기미까지 낀 작은 여자가 서 있었다. 불쾌해진 주인은 얼굴을 찡그리며 당장에 그 여자를 물리쳐 버리려고 했다.

"당신은 누구시오?"

"저는 흑암녀(黑暗女)라는 여자입니다."

"도대체 우리 집에는 왜 온 것이요?"

"저는 당신 집으로 수없이 많은 불행과 불화, 재앙과 질병, 가난과 나쁜 운수를 깃들게 하러 온 여신입니다."

이 말을 듣고 주인은 버럭 화를 내면서 내쫓았다. 그러나 흑암녀는 주근깨 가득한 얼굴로 까만 눈을 초롱초롱 빛내면서 이렇게 말했다.

"나가라고 하면 나가겠습니다. 그러나 지금 당신 집 안에 들어와 있는 공덕천이란 여인이 나와 쌍둥이 형제인데 우리 둘은 보이지 않는 끈이 달려 있어서 어디를 가든지 함께 다닐 수밖에 없습니다. 떨어져서는 절대 못 사는 운명이니 내가 쫓겨난다면 언니도 나를 따라 나올 것이고, 언니가 집에 있는 한 나도 따라 집에 있게 될 것입니다.”

이 말을 듣고 주인이 공덕천을 바라보니 공덕천은 미소를 지으며 고개를 끄덕이고 있었다.

언제나 공덕천과 흑암녀는 함께 다닌다. 선과 악은 언제나 서로를 인연으로 생겨난다. 동전의 앞면만 있을 수는 없다. 앞면은 언제나 뒷면과 함께 생겨나고 함께 사라진다. 선한 사람은 악한 사람을 인연으로 선한 사람이 될 뿐이다. 크다는 것은 작은 것을 인연으로 큰 것이다. 이 모두가 인연이고, 인연은 언제나 동시생 동시멸이다. 대소, 장단, 선악, 생멸, 행복과 불행 등은 언제나 서로를 비추어 주는 거울이다. 언제나 다른 것을 인연으로 인해서 생겨나는 것이기에 둘이 아닌 하나이다.

그러니 좋은 것만 취하려고 애쓰거나, 싫은 것은 버리려 애쓰지 말라. 그 2가지는 사실 하나다. 좋은 것이든 싫은 것이든 있는 그대로, 오는 대로 내버려두라. 있는 그대로 받아들이고 허용해 주라. 좋은 건 취하고 싫은 건 버리는 2가지 양변의 취사선택을 놓아버리면, 비로소 중도(中道)의 실천이 열린다. 받아들임이 시작된다.

열반경 사구게(四句偈)

모든 것은 무상하게 변화하니 이는 생멸법이다.

생멸이 멸해 마치면, 바로 열반의 즐거움이다.

일체 모든 것은 무상하게 변화한다. 변하지 않는 것은 없다. 생겨나는 모든 것들은 소멸하게 마련이다. 생겨났다가 사라지는 일체법은 곧 생멸법(生滅法)이다. 그러나 생멸법의 바탕, 배경, 근원에는 불생불멸법(不生不滅法)이 있다. 생멸법은 겉으로 드러난 모양의 세계가 가진 특징일 뿐, 근원의 세계에서는 무생법인의 불생불멸이 있다. 그것이 바로 열반의 즐거움이다.

중생들은 생멸하는 존재이지만, 부처는 불생불멸하는 열반의 존재다. 우리의 육신이나 오온(五蘊)은 태어났다가 죽어가는 무상한 존재이지만, 우리의 근원은 불생불멸한 법신으로 영원하다.

살펴볼 경구들

일체 중생이 모두 불성이 있어 본래 부처인 것이나, 집착에 의하여 모든 속박과 번뇌를 받는다. 한 생각 집착을 놓아버리고 본래부처 자리로 돌아갈 때, 모든 부처님과 똑같이 해탈하여 차별이 없게 된다.

한 가지 선한 행을 하면 백 가지 악을 깨는 것과 같다. 마치 작은 금강석이 수미산을 무너뜨리는 것 같고, 적은 불이 온갖 것을 태우는 것 같고, 소량의 독약이 중생을 해치는 것과 같다. 이처럼 비록 작은 선이라 할지라도 실제는 크다는 것을 알아야 한다. 왜냐하면 작은 선이 큰 악을 깨뜨리는 까닭이다.

일단 이 세상에 태어난 모든 것은 죽음으로 돌아간다. 반드시 생명은 다할 때가 있다. 이루어진 것은 반드시 없어지고 모아진 것은 반드시 흩어지게 마련이다. 젊음은 오랫동안 지속되지 않고, 주색(酒色)은 병을 불러들인다. 고통의 수레바퀴는 끝없이 구르고 굴러서 쉬지 않는다. 이 세상은 덧없는 것이므로 이 세상에 살고 있는 모든 존재에게 영원한 즐거움은 없다.

비유하면 어떤 사람이 물에 떠내려가면 작은 선도 닦아 익힐 틈이 없는 것처럼, 중생도 또한 그러하여 거친 번뇌의 흐름에 떠내려가다 보면 선법을 닦아 익히지 못한다.

집착하는 까닭에 탐욕이 생기고, 탐욕이 생기는 까닭에 얽매이게 되며, 얽매이는 까닭에 생로병사와 근심, 슬픔, 괴로움과 같은 갖가지 번뇌가 뒤따르는 것이다.

19
원
각
경

허공꽃

무명은 무엇인가?···

비유하면 눈병 난 사람이 허공에 꽃이 보이는 것과 같고, 달을 봄에 두 개로 보이는 것과 같다. 허공에는 실제로 꽃이 없는데 눈병 난 사람은 있다고 집착한다.···

무명은 본체가 없다. 마치 꿈속에서 사람을 봤는데 깨고 나면 없는 것처럼, 허공꽃이 사라지지만 어디로 사라졌다고 말할 수 없다. 원래 생겨난 곳이 없기 때문이다.

어리석은 중생은 생이 없는 가운데서 허망하게 생멸이 있다고 여긴다. 이것을 '생사의 바다에게 헤맨다'고 한다.

이 세상 일체 모든 것들은 전부 허공꽃 아닌 것이 없다. 진실로 있는 것이 아니라 내 눈에 눈병이 나고, 티끌이 들어갔기 때문에 허공에 꽃이 핀 것처럼 보이는 것일 뿐이다. 꿈속에서 사람을 봤더라도 깨고 나면 어떤 이도 없는 것처럼, 우리 앞에 있는 바로 이 사람, 이 존재, 이 삶, 이 상황들 전부가 한바탕 꿈일 뿐이다. 태어나고 죽어간다고 하는 한 존재의 거대한 삶 자체가 허공꽃이요, 꿈일 뿐이다.

눈병은 무엇일까? 내 안에 자리한 분별망상이다. 식(識)일 뿐이다. 유식(唯識)에서는 유식무경(唯識無境)이라고 하여 이 세상은 '오직 식일 뿐, 외부의 경계가 실제 있는 것은 아니다'라고 했다. 눈병만 낫는다면 허공꽃은 본래 없다. 삶도 없고, 죽음도 없고, 고통도 없고, 나도 없고, 세상도 없고, 생로병사와 오온, 십팔계가 전부 다 허공꽃일 뿐이다. 세상에는 아무 문제도 없다. 오로지 나의 눈병이 문제일 뿐. 허공에는 아무것도 없듯, 눈병 없는 사람에게 이 세상은 그저 텅 빈 공일뿐이다.

원각(圓覺)

선남자여, 깨달은 보살은 생사를 싫어하지도 않고, 열반을 좋아하지도 않으며, 지계(持戒) 하는 사람을 공경하지도 않지만 파계(破戒)하는 이를 싫어하지도 않는다. 오래 수행한 이를 존경하지도 않지만, 초심자를 가벼이 여기지도 않는다. 모든 것이 원각(圓覺)이기 때문이다.

보살과 중생이 마음을 깨달으면 여기에는 닦을 것도 없고, 증득할 것도 없다. 원각이 두루 비추고 고요해 차별 없는 세계요, 둘이 없는 경계이기 때문이다.

중생은 본래 성불해 있는 것이요, 생사와 열반이 지난밤의 꿈과 같다.

불교의 깨달음을 『원각경(圓覺經)』에서는 원각이라고 표현하고 있다. 중생은 누구나 본래 성불해 있어서 원각이 뚜렷하게 드러나 있다. 이 세상은 본래 원각이 두루 하여 고요하고 차별 없는 세계이며, 둘이 없는 세계다. 불이법(不二法), 둘이 아님을 깨닫는 것이 깨달음이며, 원각이다. 본래 부처이며, 본래 원각이기에 사실은 닦을 것도 없고, 증득할 것도 없다. 지금 이대로가 언제나 그대로이기 때문이다. 이것이 바로 그것이다.

모든 것이 원만한 깨달음 원각이며, 여기에는 둘로 나누어지는 차별상은 없다. 그렇기에 생사와 열반이 둘이 아니니, 생사를 싫어할 것도 없고 열반을 좋아할 것도 없다. 오래 수행한 이와 초심자의 차이도 없고, 계율을 지키고 범한다는 차별도 없다. 모든 것이 본래 그대로 원만한 깨달음이기 때문이다. 중생들이 차별지를 일으켜 원각을 모르고, 둘로 나누어 분별하다 보니 온갖 차별상이 드러난 것일 뿐이다.

방편(方便)

경전의 가르침은 달을 가리키는 손가락과 같다. 손가락을 매개로 그것이 가리키는 달을 보면, 손가락은 궁극적으로 달이 아님을 알게 된다. 모든 부처님이 중생을 깨우치는 방편도 이처럼 달을 가리키는 손가락과 같다.

경전의 모든 가르침은 달을 가리키는 손가락과 같다. 경전의 가르침 자체가 달인 것은 아니다. 경전이 우리에게 가리키고자 하는 것은 손가락을 통해서 '달'을 보게 하기 위함이지, 손가락을 계속 보고 있으라는 것이 아니다. 달을 보려거든 손가락을 보던 의식에서 '손가락을 볼 것이 아니라 손가락이 가리키는 낙처인 달을 보라는 것이구나' 하고 문득 돌이켜 달을 볼 줄 알아야 한다.

달을 보려면 손가락은 버려야 한다. 손가락만 계속 보고 있으면 달을 볼 수 없다. 경전의 모든 가르침은 결국 방편이기 때문에 결국에는 다 버려야 할 것들이다. 경전 그 자체에 집착하여 경전에만 사로잡혀 있고, 경전의 말씀 그 자체에 불법의 진수가 있다고 믿으면 안 된다. 경전은 경전 자체가 보배가 아니라 보배를 가리키는 손가락일 뿐이기 때문이다.

특정한 방편, 특정한 수행, 특정한 경전, 특정한 방법에 사로잡혀 그것이 곧 불교라고 굳게 믿으며 그것은 절대 포기할 수 없다고 하는 사람은 결코 달을 볼 수 없다.

참된 선지식은 중생이 쥐고 있는 온갖 방편들을 죄다 빼앗아 가는 사람이다. 무언가 좋은 것을 쥐어 주는 것이 아니라, 쥐고 있고, 의지하고 있던 것들이라면 무엇이든 전부 다 빼앗는 것이다. 그래서 완전히 쥐고 있는 것이 아무것도 없게 만들었을 때 비로소 손가락만 보던 의식이 딱 멎으면서 문득 달을 보게 된다.

구경각(究竟覺)

선남자여, 모든 장애가 곧 구경각(究竟覺)이다. 바른 생각과 그릇된 생각이 모두 해탈이고, 이루어지고 파괴되는 것이 모두 열반이며, 지혜와 어리석음이 똑같은 반야(般若)다.…

법계의 지혜로 모든 상을 비추어보면 모든 것이 허공과 같다. 이것을 '원각의 성품에 수순하는 것'이라고 한다.

장애가 곧 구경각이다. 색이 곧 공이다. 생사가 곧 열반이요 번뇌가 곧 보리다. 장애와 고통이 있는 바로 거기에 깨달음도 같이 있다. 번뇌와 장애가 다 사라지고 없어진 뒤에 새로운 깨달음이 생기는 것이 아니다. 장애가 있는 곳, 바로 그곳으로 뛰어들라. 바로 거기에 구경각이 있다.

장애를 장애라고 해석하고, 괴로워하고, 어떻게 해결할까를 궁리하고, 남들과 비교하는 등의 온갖 장애를 없애려 하고, 장애에서 벗어나려고 하는 노력들은 헛된 노력일 뿐이다. 오히려 장애 속으로 뛰어들어 장애를 온전히 받아들이고, 장애 그것이 되어야 한다. 장애 속에서만 구경각을 찾을 수 있지, 장애를 버리고 또 다른 구경각을 찾을 수는 없기 때문이다.

바른 생각과 그릇된 생각이 전부 해탈 위에 드러나 있다. 바르다거나 그르다는 것은 하나의 분별일 뿐, 그 모든 것은 원각의 성품이라는 바다 위에 드러난 파도일 뿐이다. 높은 파도든 낮은 파도든 똑같은 파도일 뿐이지만, 사람들은 좋으니 나쁘니 하며 분별할 뿐이다. 좋은 생각도 나쁜 생각도 모두 똑같이 해탈이다.

법계의 원만한 지혜로 일체 모든 상을 비추어보면 모든 것이 빈 허공과 같다. 상이 상이 아니게 된다. 바로 그것이 '원각의 성품에 수순하는 것'이다. 원각의 성품을 따르고자 한다면 『금강경』에서 설하듯 모든 상이 상이 아님을 보면 된다. 범소유상 개시허망을 깨달으면 된다.

수행자의 4가지 병

수행자는 4가지 병을 여의어야 깨달을 수 있다.

첫째, 인위적으로 무언가를 지어야 한다는 병이다. 어떤 이가 '나는 본심 자리에 여러 행을 지어서 원각을 구하리라' 한다면 원각은 지어서 얻는 것이 아니므로 이는 작(作)병이다.

둘째, 그대로 맡겨두는 병이다. 어떤 이가 '나는 지금 생사를 끊지도 열반을 구하지도 않아 일체에 맡겨 모든 법성을 따름으로써 원각을 구하리라' 한다면 이는 임(任)병이다.

셋째, 멈추고 그치는 병이다. 어떤 이가 '나는 모든 망념을 쉬어 고요해짐으로써 원각을 구하리라' 한다면 이는 지(止)병이다.

넷째, 사라지고 소멸됨에 집착하는 병이다. 어떤 이가 '지금 일체 번뇌를 끊어 몸과 마음이 공해 아무것도 없으니 일체를 적멸케 하여 원각을 구하리라' 한다면 이는 멸(滅)병이다.

최상의 가르침에서는 깨달음에 이르기 위한 그 어떤 방법이나 방편을 제시하지 않는다. 처음에는 방편으로 다양한 수행법을 안내하고, 열심히 수행하도록 이끌고, 복도 짓고, 계율도 지키고, 지혜도 닦아 가도록 이끈다. 그러나 그 모든 수행자에게 쥐어 주는 깨달음의 방법들은 결국에는 모두 빼앗아 가야 할 것들이다.

수행자의 4가지 병은 방편의 수준에서는 병이 아니라 수행이다. 열심히 닦아야 하는 방법들이다. 그러나 원각의 입장에서 본다면 그 모든 것은 방편일 뿐이며, 방편은 언젠가 버려야 할 것들이다. 그러니 원각의 입장에서 보면 이 모든 것은 병일뿐이다.

처음에는 인위적으로 열심히 노력하고, 깨달으려고 하고, 참선도 하고 염불도 하면서 어떻게든 깨달아 보려고 열심히 노력하지만, 결국 내 힘으로 될 수 있는 것이 아님을 깨닫고는 절망하고 좌절하게 된다. 인위적으로 지어가는 것이 아니고, 지어서 얻는 것이 아님을 깨닫게 된다. 내가 할 수 있는 일이 아님을 깨닫게 된다. 인위적인 모든 노력은 병이 될 뿐이다.

내맡겨 두라는 말도 처음에는 아주 유용한 공부지만, 결국에는 그 말에도 머물러 의지해서는 안 된다. 깨닫게 되면 저절로 내맡겨지는 것이지 억지로 내맡겨서 될 일이 아니다. 아무리 좋은 것도 거기에 집착하면 그것은 옳은 것이 아니기 때문이다.

번뇌를 멈추려는 노력을 통해 번뇌를 없앨 수는 없다. 처음에는 지관(止觀)겸수라고 하여 멈추고 보도록 이끌지만, 결국 억지로 멈출 수 있는 것이 아님을 깨닫고 절망하게 된다. 어떻게 생각을 쉴 수 있단 말인가? 아무리 전쟁터의 투사처럼 망상과 싸워 이기려 해도, 아니 싸워 이기려 하면 할수록 생각은 더욱 날뛴다. 생각을 그치려는 노력을 가지고 생각과 싸워 이길 수는 없다. 멈추려는 바로 그 노력을 멈춰야 한다. 멈추려는 노력도 하나의 병이기 때문이다.

일체법이 공하다고 하니 텅 비어 아무것도 없는 것이 되어야겠다고 여겨 억지로 사라지게 하고, 억지로 적멸케 하고, 억지로 공이 되게 하려고 한다면 그 또한 하나의 병이다.

아주 중요한 사실은 이 공부는 억지로 할 수 없고, 자연스럽게 저절로 이루어지는 점이란 사실이다. 사실 이 공부는 특별한 방법이 없다. '이것만 제대로 하면 깨달을 수 있다'고 말하는 그 모든 방법론이 특정한 시기에 특정한 수준까지 공부시키는 하나의 방편은 될 수 있겠지만,

거기에 똬리를 틀고 앉아 끝까지 지키려고 해서는 안 된다. 결국 그것 또한 버려야 할 것임을 알아야 한다. 결국, 그 모든 수행의 방법들은 전부 다 병일뿐이다.

원각경 사구게(四句偈)

윤회의 근본은 애욕임을 마땅히 알라. 많은 탐욕이 있음으로 인해 애욕이 생겨나니 이것이 생사를 계속해서 반복하게 하는 원인이 된다.

깨달음은 허공과 같아 평등하여 움직임이 없으니 깨달음이 시방세계에 두루 가득해진다면 곧 불도(佛道)를 이루게 되리라.

세상이 환상인줄 안다면 그 환상을 멀리 여의라. 더 이상 방편을 짓지 말라. 환상을 여의는 바로 그 자리가 깨달음이요, 이 자리는 점차로 닦을 필요가 없다.

세상은 꿈과 같고, 물거품과 같고, 그림자와 같고, 환상과 같다. 진짜가 아닌 것을 붙잡을 이유는 없다. 환상을 여의는 그 자리에 곧장 깨달

281

음이 드러날 뿐이다. 환상인 줄 모르고 거기에 얽매여 집착하고 그것을 가지려고 애욕하기 때문에 윤회의 고통을 받을 뿐이다. 생사의 환상은 바로 환상을 여의지 못하고, 환상에 집착하고 애욕하는 데서 생긴다.

깨달음은 점차로 닦아가는 것이 아니다. 어떤 단계가 있는 것도 아니며, 조금씩 공부가 되어가는 것도 아니다. 꿈을 깨는데 특별한 단계를 가지고 꿈에서 깨어나지 않듯, 중생의 망상의 꿈을 깨는 데는 단계가 필요하거나, 오랜 시간이 걸리는 것이 아니다. 몰록 돈오(頓悟)하는 것이다.

깨달음은 마치 허공과 같이 시방세계에 두루 가득한 것이다. 일체 모든 존재들에게 두루 평등하게 깨달음은 드러나 있다. 한 번도 숨겨진 적이 없다. 다만 중생이 스스로 눈을 감았을 뿐이다. 그러니 간절히 눈 뜨길, 잠에서 깨어나길, 눈병이 낫기를 발원하고 발심한다면 그 발원이 모이고 모여 결국에는 단박에 몰록 깨닫는 날이 오는 것이다.

20
능
엄
경

보는 성품

"아난아, 소경의 눈에는 어두운 것만 보이지만,

여기를 보는 것이야 무슨 결함이 있겠느냐?…

소경이 눈이 멀어 어두운 것만 보이는 것과 눈 있는 사람이

깜깜한 방에 있는 것과 이 두 현상은 다르냐 다르지 않으냐?"

"다르지 않습니다."…

눈은 능히 색을 나타낼지언정

보는 성품은 마음이요, 눈이 아니니라.

"아난아! 이 가깝고 먼데 있는 모든 물질의 성질이 비록 여러

가지로 다르지만 똑같이 너의 청정하게 보는 정기로 볼 수 있는 것이니, 여러 가지 사물의 모양은 차별이 있을 지언즉 그것을 보는 성품은 다름이 없으니, 이 보는 정기의 오묘하고 밝음이 진실로 너의 보는 성품이니라."

『능엄경(楞嚴經)』은 선(禪)에서 매우 중요한 위치에 있는 경전이다. 소경은 볼 수 없다고 알고 있지만 사실은 그렇지 않다. 소경이 볼 수 없는 것이 아니라, 소경은 오직 어두운 것 그 하나만을 볼 뿐이다.

눈이 멀지 않은 사람 또한 어두운 방에 들어가면 다른 것은 전혀 볼 수 없고 오직 어둠만 보일 뿐이다. 눈을 감아도 마찬가지다. 소경이 어두운 것을 보는 것이나, 눈 있는 사람이 어두운 것을 보는 것이나 양쪽 다 '본다'는 점은 동일하다. '보는 성품'은 다르지 않은 것이다.

우리는 끊임없이 눈으로 무언가를 볼 때, 보는 대상에만 마음이 가 있다. 보이는 대상을 상대로 이렇거니 저렇거니 분별하고, 좋고 싫다고 해석한다. 볼 때 보이는 대상을 따라가지 않는다면 무엇이 있는가? '보는 성품'이 있다. '보는 성품'은 무엇을 보든 달라지지 않는다. 화려한 세상을 보든, 어두운 방 안에서 깜깜한 것을 보든, 좋은 것을 보든, 나쁜 것을 보든, 보이는 대상은 아무리 달라지더라도 '보는 성품'은 소경이나 눈 있는 자나 다르지 않다.

보이는 대상을 따라가며 분별하지 말고 보는 성품을 돌이켜 보라. 보고 있는 바로 그놈은 누구인가?

손가락을 구부리고 펴는 것

부처님은 손가락을 구부렸다 폈다 한 뒤 아난에게 물었다.

"너는 내 손이 구부렸다 폈다고 생각하느냐, 아니면 너의 보는
성품이 구부렸다 폈다고 생각하느냐?"…

"물건을 본 것은 보는 성품이다. 또 내 손이 움직였을 지언즉
아난의 보는 성품은 흔들리지 않은 것이다.…

무슨 까닭으로 너희는 흔들리지 않는 근본 성품을 잃어버리고
경계에 매달려서 윤회하느냐?"

손가락을 구부렸다 폈다 하는 이것이 바로 부처다. 손가락을 구부렸
다 폈다 할 때 보이는 대상만을 쫓아가면 손가락을 구부리고 펴는 손가
락의 움직임만 보일 뿐이다. 상(相)만 보이는 것이다. 그것은 상에 얽매
이고, 대상을 따라가는 분별일 뿐이다.

보이는 대상을 따라가지 말고, 보는 성품을 돌이켜 보라. 손가락은 아
무리 움직이더라도 보는 성품은 움직이지 않는다. 두 눈으로 세상의 그
모든 것들을 볼지라도 보이는 대상은 항상 다르지만 늘 같은 것이 있

다. 보는 성품은 그 어떤 대상을 보더라도 전혀 달라지지 않는다. 윤회의 고통 속에 빠져 허우적거리는 이유는 이 자신의 근본 성품을 회광반조(回光返照)해 보지는 않고 대상만을 쫓아가는 중생의 습성 때문이다.

바다와 물결의 비유

"대왕이시여, 대왕께서는 이 몸은 마침내 변화해 없어질 것이라고 하셨는데, 죽어 없어질 때도 죽어 없어지지 않는 것이 있음을 아십니까?"

"모릅니다."…

"대왕이여, 그대가 세 살 때 보았던 황하강의 물과 열세 살 때 보았던 물이 같습니까 다릅니까?"

"다름이 없습니다. 세존이시여."

"대왕이여, 그대의 얼굴이 비록 늙어 쭈그러들었으나 그 보는 성품만은 본래의 그대로 일뿐 늙거나 쭈그러든 것이 아닙니다."

비유하면 맑고 깨끗한 큰 바다는 버리고 오직 바다 위에 생겨난 물거품을 바다인 양 잘못 인식하여 눈앞의 물결과 조수를 보고 바다라 하며 바다를 다 알았다고 하는 것과 같으니, 너희들은 미혹한 속에서도 배나 더 미혹한 사람이구나.

물거품과 물결은 거세게 치기도 하고 잔잔하게 치기도 한다. 끊임없이 크고 작은 물결이 바다 위에서 생겨나고 사라진다. 그러나 아무리 수없이 많은 물결이 생겨나고 사라질지라도 바다는 전혀 움직이지 않는다.

우리 몸이 태어나고 죽어간다고 할지라도 나고 죽는 이 육신은 하나의 파도일 뿐이다. 자성의 바다는 언제나 고요하다. 한 치의 흔들림도 없다. 어릴 때 보았던 강물과 나이가 들고 나서 보는 강물은 달라졌을지라도, 그 보는 성품만은 그대로일 뿐 늙거나 젊은 것이 아니다. 태어나서 죽을 때까지 육신은 끊임없이 변해가지만, 보는 성품, 듣는 성품, 생각하는 성품은 변하지 않는다. 물결은 아무리 변하더라도 바다는 언제나 여여한 것처럼.

진여(眞如)의 성품(性品)

허망한 허깨비 같은 물질이 그 성품은 오묘한 깨달음의 본체이다. 이처럼 오온, 육입, 십이처, 십팔계도 허망하게 생겼다 사라지는 것이지만, 본래는 여래장이어서 밝고 원만하고 참다운 성품이다. 성품 가운데는 가고 옴, 미혹과 깨달음, 생사를 찾아보아도 찾을 수가 없느니라.

아난아! 어찌 육입(六入)이 본래 여래장인 오묘한 진여(眞如)의 성품이라고 하는가? 가령 어떤 사람이 눈동자를 움직이지 않고 오래 보다가 피로해지면 허공에서 허깨비 같은 꽃(허공꽃)이 보일 것이니 그 눈과 피로는 다 같은 보리로써 똑바로 보다가 다만 피로해져서 생긴 것일 뿐이니라.

색즉시공(色卽是空) 공즉시색(空卽是色) 수상행식(受想行識) 역부여시(亦復如是), 번뇌즉보리(煩惱卽菩提), 생사즉열반(生死卽涅槃), 오온(五蘊)이 곧 깨달음의 본체요, 육입(六入)이 곧 여래장(如來藏)인 진여(眞如)의 성품. 지금 이대로의 나를 떠나 따로 부처를 찾지 말라.
지금 여기의 이것을 떠나 따로 불세계가 있다고 여기지 말라. 지금 이 자리가 바로 그 자리다. 이것이 바로 그것이다. 여기 이 평범함 속에 가장 위대한 깨달음이 깃들어 있다. 평상심이 곧장 도다.

듣는 성품

여래께서 라훌라를 시켜 종을 치게 하시고 아난에게 물으셨다.

"지금 종소리가 들리느냐?"

"들립니다."

잠시 후 소리가 없어지자 부처님께서 또 물으셨다.

"지금은 소리가 나느냐 안 나느냐?"

"소리가 나지 않습니다."

"너희들은 어찌하여 이랬다 저랬다 하느냐?…

소리가 있고 없음을 아는 것은 그 대상인 소리가 있었다 없었다 하는 것이지 어찌 저 '듣는 성품'이야 있었다 없었다 하겠느냐."

듣는 놈이 저절로 생긴 것이 아니라 소리로 인하여 그 이름이 있게 되었네. 듣는 놈을 돌이켜 소리에서 벗어나면 해탈한 놈을 무엇이라 이름하겠는가. 하나의 근(根)이 본원으로 돌아가면 여섯 개의 근이 해탈을 이루게 되리라.…

그 들음을 버리고 듣는 놈을 돌리게 된 다음이라야 지극히 요긴함이 된다. 무릇 들음을 버리고 듣는 놈을 돌리게 되면 부처님의 광명과 보리수와 무설시(無說示)와 중향처(衆香處)에 다 들어갈 수 있을 것이다.

종소리가 날 때 종소리를 듣는 것처럼, 사실은 종소리가 나지 않을 때 아무것도 듣지 않는 것이 아니다. 침묵을 듣고 있다. 소리 없음을 듣고 있다. 온갖 소리가 나더라도 그 소리를 따라가면 다 분별되어 다르게 들리겠지만, 그 소리를 듣는 성품을 돌이켜 회광반조(回光返照)해 보면 그것은 전혀 있고 없는 것도 아니고, 변하는 것도 아니다.

관세음보살의 이근원통(耳根圓通), 즉 소위 관음법문을 설명하는 부분이다. 들음을 버리고 듣는 놈을 돌리게 된다는 것은 듣는 그 소리의 뜻을 따라가 분별하던 습관을 버리고, 듣는 놈이 누구인지를 돌이켜 회광반조하여 비추게 되면 깨달음을 얻을 수 있다는 것이다. 이것이 바로 듣는 놈을 돌리는 반문문성(反聞聞性)의 수행이다.

백장스님 문하에서 한 스님이 종소리를 듣고 깨달았는데 백장선사는 곧 "뛰어나구나. 이것이 곧 관세음보살님께서 도에 이르는 방법이다." 라고 하셨다.

머리를 찾는 연야달다

"실라벌성(室羅筏城)의 연야달다(演若達多)는 홀연히 어느 날 거울을 보다가 자기 머리와 얼굴, 눈이 보이지 않자 도깨비라고 성을 내며 미쳐서 머리를 찾아 뛰어다녔다고 한다. 너는 연야달다가 왜 미쳐서 달아났다고 생각하느냐?"

"예, 그는 그저 제 마음이 미친 것일 뿐, 더 이상 다른 이유는 없습니다."

"진여(眞如) 묘각(妙覺)은 시방세계를 밝게 비추고 법계에 두루 하며 본래 원만하고 밝고 미묘하다. 사람들은 그것이 없다고 말하지만 그것은 사실이 아니니, 어찌 원인이 있겠느냐?…

깨달음을 얻은 사람은 꿈에서 깬 사람이 꿈속의 일을 말함과 같으니, 꿈속의 일을 생생하게 기억할지라도 무슨 이유로 꿈속의 물건에 집착하겠느냐?

저 실라벌성의 연야달다는 무슨 이유로 스스로 머리를 찾아 뛰어다니겠느냐? 홀연히 미친 마음만 쉬어버리면 머리를 밖으로 찾아 나서지 않을 것이다. 미친 마음 때문이 아니라면 어찌 제가 달고 있는 머리를 잃어버렸겠느냐?…

미친 마음만 쉬고 나면 깨달음의 청정하고 밝은 마음이 본래 법계에 두루 원만하여 다른 사람으로부터 얻는 것이 아니다. 그러니 어찌 수고스럽게 갈고 닦아 수행이라는 방법을 통해 깨달고자 하는가?

　비유하면 어떤 사람이 자기의 옷 안에 여의주가 있으나 스스로 깨닫지 못하고 곤궁하게 걸식하면서 다른 곳을 돌아다니는 것과 같다. 비록 가난할지라도 사실은 여의주를 잃은 적이 없으니, 지혜 있는 이가 여의주를 가르쳐 주기만 한다면 그는 소원을 이루고 큰 부자가 된다. 비로소 신비한 여의주가 밖에 있던 것이 아님을 깨닫게 되는 것이다."

　연야달다는 정신이 혼미해지고 미쳐서 머리가 없다는 착각과 망상을 일으키고는 머리를 찾아 밖으로 뛰어다닌다. 머리를 달고서 머리를 찾아다니는 그 이유는 오로지 미친 마음, 미혹한 마음 때문이다. 머리가 없다는 미혹한 마음, 미친 마음만 사라진다면 어찌 제 머리를 달고 제 머리를 찾아 나서겠는가?

　『능엄경』에서는 이처럼 우리의 본래 성품, 진여묘각은 언제나 시방세계에 두루 밝고 원만하며 밝고 미묘하게 드러나 있지만 중생이 미혹하여 다만 보지 못할 뿐임을 설하고 있다. 사람들은 어리석고 미혹하며, 제 스스로 일으킨 망상분별에 가로막혀 있어서 눈앞에 드러나 있는 진여묘각의 본래성품을 보지 못할 뿐이다. 그러한 미혹함만 쉬어버린다면 머리는 언제나 없어진 적이 없다. 머리를 달고 머리를 찾을 아무 이유가 없다.

이처럼 머리가 이미 있지만 없다고 망상한 것처럼, 이미 드러나 있는 깨달음을 없다고 착각하는 것일 뿐이니, 이미 드러나 있는 깨달음을 얻기 위해 애써 수고스럽게 갈고 닦고 수행할 필요가 있겠는가? 그저 미혹함만 쉬어버리면 될 뿐이다. 따로 수행이 필요한 것이 아니다.

다만, 참된 수행이라고 한다면 그것은 특정한 방법으로 앉아서 특별한 수행을 애써 갈고 닦아야 하는 것이 아니라, 미혹을 깨버리는, 분별 망상을 녹여 없애주는 꿈 깬 자의 법문을 지속적으로 듣는 것이다. 바른 법을 가까이하고, 법문을 듣고, 언제나 드러나 있다고 하는 이 법이 왜 나에게는 보이지 않는 것일까 하고 간절히 법을 그리워하는 것, 그것이 바로 참된 수행이다.

『법화경』의 비유처럼, 옷 안에 값비싼 여의주를 가지고 있으면서도 모르면 가난하게 살 수밖에 없는 것과 같다. 이미 있는 여의주를 확인하는 것, 그것이 불법이고 수행이지, 없는 것을 애써 갈고 닦아 만들어 내는 것이 아니다.

21
능
가
경

장식(藏識)과 여래장(如來藏)

대혜여, 시작 없는 헛된 악습에 훈습된 것을 장식(藏識)이라고
한다.

이 장식에서 '나'라는 생각을 일으키는 제7식을 내고, 무명이
머무는 것이다. 비유하면 큰 바다에 파도가 이는 것과 같아서 그
체는 항상 계속되어 끊이지 않는다.…

만일 여래장에 장식이 없으면 곧 생사가 없다. 여래장 장식의
본 성품은 청정하지만 객진(客塵)으로 물들어져 부정하게 된 것
이다.…

여래장의 장식은 부처님의 경계이므로 너희들 같은 비구와 청
정한 지혜의 보살들이 행할 바요, 외도와 소승이 행할 바가 아니
니라.

장식은 업의 종자(種子)를 저장하는 식(識)으로 곧 아뢰야식(阿賴耶
識)이다.『능가경(楞伽經)』의 특징은 여기에서 보듯이 아뢰야식이라는
업의 종자를 저장하는 장식을 곧 여래장과 같다고 설하는 것이다. 본래
마음은 청정하지만 어리석음이 훈습(薰習)되어 그 본래의 청정한 바탕
을 덮어버린 것이다. 본래 청정한 마음을 바다라고 하고, 그 위를 뒤덮
은 무명을 파도로 본 것이다.

청정한 마음이 법신이며 바다이고, 아뢰야식은 청정법신을 무명이
덮은 것으로 파도와 같다. 파도의 측면에서는 저장식인 아뢰야식이고,
바다의 측면에서 보면 여래장인 것이니, 그 둘은 결국 서로 다르지 않
다. 여래장이 곧 아뢰야식인 것이다. 청정법신 여래가 미혹과 업장에
감추어져 있어서 여래장이라는 표현을 쓴 것이다. 색즉시공, 번뇌즉보
리처럼 아뢰야식 즉 여래장인 것이다.

이것이『능가경』의 특징이다.『승만경』이나『열반경』 같은 경전에서
는 아뢰야식이 아닌 불성이나 여래장을 설한다.『해심밀경』 같은 유식
사상에서는 아뢰야식을 설한다. 그러나 이『능가경』에서는 여래장과
아뢰야식을 통합하고 있다. 여래장과 아뢰야식을 둘이 아닌 것으로 보

아, 여래장이 무명에 덮이면 아뢰야식이고, 아뢰야식에서 무명이 벗겨지면 여래장이 되는 것이다. 이러한 통합은 『대승기신론(大乘起信論)』에서 보다 정교하게 마무리된다.

여래장에 장식 즉 아뢰야식이라는 업식(業識)이 없으면 생사윤회의 업이 사라지니 생사가 없다. 여래장의 본 성품은 청정하지만 객진으로, 즉 업식의 때로 물들게 되면 허망한 생사윤회가 생겨난다.

삼계유심(三界唯心), 유식무경(唯識無境)

사문과 바라문이 모든 법을 살필 때 자기 성품에 미혹하여 허공의 구름 같고, 빙빙 도는 불 수레바퀴와 같고, 신기루 같고, 환과 같고, 불꽃 같고, 물속에 비친 달 같고, 꿈같아서, 자기 마음을 떠나지 않은 것인데 무시이래의 허망한 견해 때문에 일체법이 밖에 있다고 한다.

여래장의 자성청정함을 전해서 그 32상으로 일체중생의 몸속으로 들어간다.… 여래와 일체중생이 평등해서 둘이 아니다.

진실한 이치는 오직 마음뿐 경계는 없느니라.

대혜여, 만약 경계가 환과 같아 자기 마음에서 나타나는 것임을 알면 곧 삼계의 괴로움과 무지와 애욕의 업이 소멸한다.

여래장은 청정상이지만 객진번뇌에 오염되어 부정한 것이 때 묻은 옷 속에 있는 것과 같다.…

어리석은 이들에게는 삼승(三乘)이 있다고 말하지, 오직 마음뿐 경계는 없다고 말하지는 않는다. 대혜여, 그런 사람은 과거, 현재, 미래의 모든 부처님께서 설하신 자기 마음의 참된 경계는 알지 못하고, 마음 밖의 경계에 사로잡혀 항상 생사를 돌고 돌아 끊이지 않는다.

중생은 어리석어 대상에 집착한다. 과거로부터 쌓아온 습기로 인해 모든 현상이 자기 마음에서 생겨난 것임을 알지 못한다. 의식의 본질을 바로 알아, 모든 현상이 자기 마음에서부터 생겨난 것임을 철저히 깨닫는다면 집착하는 주관과 집착되는 대상의 대립을 떠나 분별없는 세계에 이를 수 있다.

유식무경(唯識無境), 참된 이치는 오로지 마음뿐, 경계는 없음이다. 일체법은 결코 밖에 있지 않다. 일체의 모든 경계는 신기루, 환영, 불꽃, 물에 비친 달, 꿈과 같아서 실체가 없다. 경계는 환영과 같아 자기의 마음에서 나타나는 것이다. 우리가 그토록 집착하고 소유하려 하던 그 모든 외부의 경계, 대상, 물질들이 사실은 자신의 마음에서 나타난 것임을 안다면 애욕이 사라질 것이고, 무지가 사라질 것이고, 모든 고통이 사라질 것이다.

어리석은 이들에게는 유식무경을 설하지 못하지만, 지혜로운 이에게는 유식무경, 삼계유심(三界唯心)을 설한다.

유식무경에서 식(識)은 인간의 의식 즉 육식(六識)을 나타낸다. 그리고 육식 또한 실체가 없어 공하다. 결국 유식무경에서 '오직 식만 있다'는 말은 '식'이 고정불변한 실체라는 것도 아니고, 여래장이라는 말도 아니다. 그러나 여기에서 다시 여래장을 설하는 이유는, 여래장이라는 마음 바탕, 근원의 마음에서 식이라는 허망한 분별의식이 드러나고 사라지기 때문이다. 허망한 분별의식인 식의 근원, 배경, 바탕이 바로 여래장이기 때문이다.

식이 바로 객진번뇌(客塵煩惱)이니, 여래장은 본래 청정상이지만 식이라는 객진번뇌에 오염되어 있을 뿐이고, 그 오염된 식이 이 세상이라는 일체의 대상 경계를 거짓으로 지어낼 뿐, 그 대상은 실체가 아니다. 물론 그 대상을 지어내는 식 또한 실체적인 것은 아니다. 여래장이라는 청정한 바탕 위에서 거짓으로 식이 일체의 대상경계를 지어내는 것이다. 그것이 바로 여래장과 유식무경의 관계를 설하는 이유다.

점수(漸修)와 돈오(頓悟)

"세존이시여, 어떻게 일체 중생이 현실에서 자기 마음의 흐름을 청정하게 합니까? 점차(漸)로 청정하게 되는지요? 아니면 단번(頓)에 청정하게 되는지요?"

부처님께서 말씀하셨다.

"대혜여, 점차로 청정하여지지 단번에 되는 것이 아니다. 나무 열매가 점점 익고 단번에 익지 않는 것처럼 현실적으로는 일체 중생의 마음의 흐름도 그와 같다. 점차로 청정하게 되는 것이지 단번에 청정하게 되지는 않는다.

도공이 그릇을 만들 때 조금씩 만들어지는 것이지 단박에 완성되지 않듯이, 중생의 마음의 청정함도 그와 같이 점차로 흘러서 되는 것이지 단번에 되지는 않는다.

비유하면 땅 위에 초목이 피어날 때 점차로 생기지 단번에 나지 않는 것과도 같다. 모든 부처님께서 중생의 마음의 흐름을 청정하게 하심도 그처럼 점차로 되는 것이지 단번에 되지는 않는다.

대혜여, 비유하면 사람이 음악과 글과 그림 등 갖가지 기술을 배울 때도 점차로 되지 단번에 이루어지지는 않듯이 모든 부처님께서 중생의 마음의 흐름을 청정하게 하심도 그처럼 점차로 되는 것이지 단번에 되지는 않는다."

돈오돈수(頓悟頓修)니 돈오점수(頓悟漸修)니 하는 논쟁들은 선종의 역사에 있어 매우 중요한 논쟁거리였다. 그러나 사실 이것은 관점의 차이일 뿐 본질에서는 서로 다르지 않다.

일단 깨달음은 돈오다. 몰록 깨닫는다. 다만 몰록 깨닫기 위해서는 오랜 시간 신심을 내어 발심을 하고 꾸준히 법을 가까이하고, 법문을 듣고, 수행을 하면서 의심과 분심(憤心)을 이어가는 등의 정진이 필요하다. 그런 점에서 점차적인 공부를 통해 깨닫는다고 볼 수 있겠으나, 깨달음의 측면에서 보면 아무리 그렇게 발심을 이어가는 시간이 필요하다고 할지라도 깨달음을 얻는 그 견성의 순간은 점차가 아닌 몰록, 단박에 깨닫는 것이다.

중요한 점은 이렇게 단박에 깨닫는 '돈오'에 대해서는 이견이 없으나, 돈오 이후에 보림의 단계에서 점차적으로 닦아가는 것인가, 아니면 돈오를 하면 곧장 그 자리에서 수행 또한 몰록 끝나는 것인가 하는 문제가 논쟁의 중심이다. 바로 이 점이, 사실은 서로 다르지 않고 다만 관점의 차이일 뿐이라는 것이다.

돈오, 즉 견성의 깨달음이 있으면 사실은 그 자리가 이미 깨달음의 자리다. 자기의 성품을 확인했으면 그것으로 깨달음은 끝난 것이다. 그런 점에서 돈오돈수다.

그러나 중요한 점은 중생들의 오랜 습기로 인해 깨달음의 자리를 이미 확인했으면서도, 자꾸만 생각과 분별심이 올라오고, 이 자성의 자리가 조금씩 희미해져 가는 듯이 느껴진다. 대부분의 경우 깨달음의 순간에 부수적으로 일어나는 경이로운 느낌이라거나, 놀라운 체험 등의 부수적인 느낌, 감정에 집착한 나머지 그런 느낌이 깨달음인 것으로 오해한다. 그래서 그런 감정적인 황홀경 같은 것을 붙잡으려고 하지만 그것은 잠시일 뿐 곧 물러가고 다시 평상으로 돌아간다. 그러다보니 깨달음이 왔었는데 다시 사라졌다고 말하곤 한다. 그러나 이는 깨달음이 사라진 것이 아니라 깨달음에 익숙하지 않고, 확연하지 못한 중생의 분별심의 습기로 인해 오해한 것이다.

새로운 깨달음의 자리를 확인했더라도 이제부터는 거기에 익숙해지는 시간, 완전히 그 자리에 안착하는 시간이 필요한 것이다. 그러기 전까지는 왔다 갔다 하는 것처럼 보인다. 세간과 출세간, 깨달음의 자리와 세간의 자리를 왔다 갔다 하는 것처럼 보이는 것이다. 그러면서 점차 이 공부를 꾸준히 이어가다 보면, 점차적으로 안정이 되고, 이 자리에 익숙해지면서, 결국 세간과 출세간이 둘이 아니라는 불이법에 대한 확고함이 서게 된다.

때로는 이때 두 번째 깨달음이 왔다는 표현을 쓰기도 하지만, 이것은 또 다른 더 높은 깨달음이 온 것이 아니라, 첫 번째의 깨달음에 대해 더욱 익숙하게 자리 잡는 체험에 불과하다.

깨달음의 단계가 두 번, 세 번 있는 것이 아니다. 보통 이러한 체험은 초견성(初見性) 이후에도 한두 번 정도씩 더 경험하는 경우가 보통이다.

이것은 단계적인 깨달음이 아니라 첫 번째의 돈오가 점차 익숙해지고, 업습은 점차로 옅어지는 경험일 뿐, 새로운 깨달음을 또다시 얻는 것은 아니다. 이런 점에서 어떻게 해석하느냐에 따라 점수라고 말할 수도 있고, 돈수라고 말할 수도 있는 것이다. 『능가경』에서는 업습을 조복시키고, 깨달음의 자리에 점차 익숙해지는 관점에서 점수를 설한 것일 뿐, 본질의 깨달음은 언제나 돈오일 뿐이다.

삼자성상(三自性相)

대혜여, 보살마하살은 마땅히 3가지 자성의 모양을 잘 알아야 한다. 어떤 것이 3가지 자성상인가? 첫째는 망계자성(妄計自性, 망령되이 헤아리는 자성, 遍計所執性)이며, 둘째는 연기자성(緣起自性, 인연 따라 연하여 일어나는 자성, 依他起性)이고, 셋째는 원성자성(圓成自性, 원만한 성품의 자성, 圓成實性)이다.

망계자성은 상으로부터 생긴다.··· 이름에 계착하는 상(名)과 사물의 모양(事相)에 계착하는 상, 이 2가지를 망령되게 헤아리는 성품에서 생긴다.···

대혜여, 의지하는 바와 연기하는 바에서 일어나니 이것이 연기자성이다.

어떤 것이 원성자성인가? 이름과 모양에 집착하는 상이 일체 분별을 떠나 바른 깨달음을 얻은 지혜의 진여이다. 이것이 원성 자성의 여래장심이다.

유식불교에서 매우 중요한 삼성설이 『능가경』에서는 망계자성(변계 소집성), 연기자성(의타기성), 원성자성(원성실성)으로 나온다. 망계자 성 즉 변계소집성은 분별망상에 의해 만들어진 허망한 것들을 말한다. 연기자성 즉 의타기성은 인연을 만나 생겨난 것들을 말한다. 원성자성 즉 원성실성은 원만하게 스스로 완성된 참된 성품을 말한다. 이 세상 모든 것들은 인연을 따라서 이루어진 것이거나, 망령된 우리의 헛된 분 별망상 때문에 있다고 여겨진 것들뿐이다. 그리고 그 바탕에는 원성실 성이 있다.

망계자성은 허망하게 생겨난 것으로, 실제로 있는 것이 아니라 우리 마음속에서 허망하게 상(모양)으로 그려낸 것이다. 우리는 허망하게 만들어낸 모양에 이름을 붙여서 헤아리고, 모양을 헤아린다. 명상(名相) 에 집착하는 것이다. 대상에 이름과 모양을 붙여서 허망하게 분별심으 로 대상을 실체화하는 것이다. 이렇게 만들어진 모든 것들을 변계소집 성이라고 한다. 그러나 이렇게 생겨난 모든 상(相)은 실체적인 것이 아 니다. 그래서 상무자성(相無自性)이라고 한다.

연기자성은 인연 따라 생겨난 것들, 의존적으로 생겨난 것이다. 일체 모든 것들은 인연 따라 생겨나지 않은 것이 없다. 인연생기로 인해 생겨난 것이다. 그러나 인연 따라 생겨난 것은 인연이 다하면 사라질 유한하고, 비실체적인 것일 뿐이다. 인연생 인연멸하는 것에는 실체가 없다. 그래서 인연 따라 생겨난 모든 것은 사실 진짜로 생겨난 것이 아니다. 그래서 생무자성(生無自性)이라고 한다.

원성자성은 이름과 모양에 집착하지 않고, 분별에 의해 허망하게 생겨난 것이 아닌 일체 분별을 떠난 원만한 본래 성품이다. 그러나 물론 이 또한 본래성품이라는 특별한 자성이 따로 있는 것은 아니다. 그래서 승의무자성(勝義無自性)이라고 한다.

오법(五法)

대혜여, 어떤 것이 오법(五法)인가? 첫째는 명(名)이고, 둘째는 상(相)이며, 셋째는 분별(分別)이요, 넷째는 정지(正智)요, 다섯째는 진여(眞如)이다.…

대혜여, 어떤 것이 명인가? 말하자면 안식과 눈앞의 색(色) 등인 일체 모든 존재의 모양이니, 소리의 모양, 귀의 모양, 코의 모양, 혀의 모양, 몸의 모양과 같은 것이다. 이와 같은 모양을 나는 말하여 명상(名相)이라고 하느니라.

대혜여, 어떤 것이 분별인가? 어떤 존재에 대해 이름을 말하고 상을 취하여 요별(了別)하되, '이것은 분명 이와 같다'고 분별함이니 말하자면 코끼리, 말, 수레, 사람 등으로 가지가지 모양을 분별함이니 이를 분별이라 이름한다.

　대혜여, 어떤 것이 정지인가? 명과 상을 볼 뿐 그 이면의 진실을 보지 않나니… 분별식의 모양은 바른 것이 아니니… 이를 정지라 이름한다. 보살은 정지에 의하여 명상을 하여 있다거나 없다고 하지 않으니 유무(有無)의 삿된 견해를 떠났기 때문이다. 명과 상을 보지 않는 것이 바로 이 경지이니, 그렇기에 나는 말하여 진여(眞如)라고 이름한다.

　대혜여, 보살이 진여에 머무는 자는 모양 없는 고요한 경계에 들어가리니, 들어가서는 보살의 첫 번째 환희지(歡喜地)를 얻게 되리라.

　어리석은 중생은 대상을 명(明)과 상(相)으로 분별한다. 어리석어 미혹한 이는 주관적인 의식으로 분별하며, 객관 세계를 이름과 모양으로써 파악하는 것이다. 그러나 명과 상을 분별하여 보지 않고 바른 지혜, 즉 정지로 보게 되면 그것은 곧 진여가 된다. 깨달은 지혜로운 이의 주관은 정지가 되고, 객관은 진여가 된다.

4가지 선(禪), 인무아(人無我)와 법무아(法無我)

대혜여, 4가지의 선이 있다. 첫째는 우부소행선(愚夫所行禪)으로 이는 어리석은 범부들이 닦는 선이다. 둘째는 관찰의선(觀察義禪)으로 이는 이치를 관찰하는 선이다. 셋째는 진여반연선(眞如攀緣禪)으로 진여에 반연하는 선이며, 넷째는 제여래선(諸如來禪)으로 즉 모든 부처님께서 닦는 선이다.

대혜여, 어떤 것이 우부소행선인가? 어리석은 범부가 닦는 선으로 소승법을 닦는 이가 '나 없음(無我)'을 알고, 모든 사람들은 뼈마디의 몸으로 이루어져 있어서 모두 무상하고 괴롭고 더러운 것으로 보는 것이다. 이렇게 관찰하여 집착하지 않고, 모든 번뇌를 없애 삼매에 이르니 이것이 우부소행선이다.

어떤 것이 관찰의선인가? 이치를 관찰하는 선이다. 인무아(人無我)를 아는데서 한발 더 나아가 법무아(法無我)를 관찰하는 것이다.

어떤 것이 진여반연선인가? 인무아, 법무아가 둘이 있다고 분별하면서 허망하게 생각하니, 사물을 있는 그대로 본다면 무아라거나 무아가 아니라거나 하는 망상이 일어나지 않느니라. 이것이 진여반연선이다.

어떤 것이 제여래선인가? 여래의 경지에 들어가 증득한 성스러운 지혜와 법락에 머무르며, 중생을 위해 부사의(不思議)한 일을 행하니 이것이 모든 부처님들이 닦는 선이니라.

첫 번째 우부소행선은 말 그대로 어리석은 범부가 닦는 선으로 무아법을 관찰함으로써 '나'에 집착하지 않고, 아집과 아상이라는 번뇌를 없애는 선이다. 이는 범부선이고 소승선이다. 아공(我空), 인무아(人無我)를 깨달아 '나'에 집착하지 않는 선이다.

둘째 관찰의선은 이치를 관찰하는 선으로, 인무아(人無我)뿐 아니라 법무아(法無我)를 관찰하는 선이다. 아공법공을 관하는 선이다. '나'만 공한 것이 아니라, 일체 모든 존재인 '법'도 공함을 깨닫는 것이다. 나도 세상도 모두 공함을 요달하는 것이다.

세 번째 진여반연선은 인무아와 법무아, 아공(我空)과 법공(法空)을 둘이라고 나누어 생각하는 분별조차 사라지는 선이다. 나와 세상이 따로 있거나, 나 없음과 일체법의 없음이 서로 다른 것이 아니라는 자각이다.

네 번째 제여래선은 완전한 여래의 경지에 들어가 일체의 분별없이 성스러운 지혜와 법의 즐거움을 누리는 선으로, 이때는 다시금 중생들에게 내려와 중생들을 위한 이타적인 부사의한 자비행을 실천하게 된다.

선불교와 관련된 경구(經句)

나는 정각을 이룬 그날부터 열반에 이르기까지 49년간 한 자
도 설하지 않았다.(如來 一字不說)

달을 가리켜 보이는데 달을 보지 않고 손가락을 보는 것과 같
이, 경전의 문자를 볼 뿐 자신의 진실을 보려고 하지 않는다.

22
승
만
경

승만부인의 십대원(十大願)

첫째, 깨달을 때까지 계율을 범하지 않겠습니다.

둘째, 선배와 스승에게 교만하지 않고 공경하겠습니다.

셋째, 모든 중생에게 성내지 않겠습니다.

넷째, 타인을 질투하거나 소유물을 탐하지 않겠습니다.

다섯째, 마음과 물질에서 인색한 마음을 내지 않겠습니다.

여섯째, 나를 위해 재물을 모으지 않고 중생 위해 쓰겠습니다.

일곱째, 중생을 위해 사섭법을 실천하겠습니다.

여덟째, 고독, 병자, 빈곤 등 고통받는 중생을 구제하겠습니다.

아홉째, 범계자를 깨우치고 불법으로 인도하겠습니다.

열 번째, 불법 수지하여 잊지 않고 잘 간직하겠습니다.

3가지 서원과 하나의 큰 서원

3가지 서원은

첫째, 중생이 안온하길 힘쓰고 정법(正法) 지혜 얻기를 발원

둘째, 정법 지혜 얻어 중생 위해 법을 설하길 발원

셋째, 정법을 섭수(攝受)하고 수호하며 지켜나가길 발원

하나의 큰 서원은

"보살이 세운 수많은 서원은 곧 하나의 큰 대원에 속하는데, 그
것은 '섭수정법(攝受正法)'입니다. 즉 정법을 온전히 받아들이는
일입니다. 이것이야말로 큰 서원입니다."

승만부인의 십대원(十大願)과 일체 모든 보살의 모든 원은 결국 하
나의 큰 서원으로 귀결된다. 그것은 곧 섭수정법, 바른 법을 온전히 받
아들이는 일이다. 정법을 깨닫기를 발원하고, 정법을 지키고 수호해 나

가길 발원하며, 바르게 얻은 법을 일체 중생을 위해 설하기를 발원하는 것, 그것은 곧 섭수정법으로 귀결된다.

우리가 세워야 할 가장 큰 발원이 바로 섭수정법이다. 바른 법을 깨닫고, 지키고, 설하길 발원하며, 오로지 바른 법을 섭수하는 서원을 세우는 것, 그것이야말로 일체 모든 수행자의 단 하나의 발원이다. 오로지 이 우주에는 단 하나의, 둘도 아닌 불이법의 이 정법 하나가 있기 때문이다. 이 세상에는 둘도 없다. 오로지 이 하나의 법이 있을 뿐.

여래장(如來藏)

세존이시여, 성스러운 진리는 매우 어렵고, 깊고, 미세하여 생각으로는 헤아려 알 수 있는 경지가 아닙니다. 깨달은 사람만이 알 수 있으며, 세간 사람들은 알 수 없습니다. 왜냐하면 여래장을 설하기 때문입니다.…

생사는 여래장을 의지해 존재합니다.… 세간의 언어로는 태어남이 있고 죽음이 있지만, 여래장에는 태어남과 죽음의 두 경계가 없습니다. 여래장은 유위의 상을 여의었고, 상주하며, 영원히 변하지 않습니다.

여래장은 법계장(法界藏), 법신장(法身藏), 출세간상상장(出世間上上藏), 자성청정장(自性清淨章)입니다.

자성이 청정한 여래장이 객진번뇌와 부수적인 번뇌들에 오염되어 있어 감히 중생의 생각으로는 알 수 없는 것이 여래의 경지입니다.…

자성청정심이 번뇌에 오염된다는 것은 참으로 알기 어려운 문제입니다. 오직 부처님만이 진실하게 알고 봅니다.

여래장은 생각으로 헤아려 알 수 있는 경지가 아니다. 불가사의(不可思議)한 법이다. 세간 사람들은 세간의 언어로 설명하고, 세간의 의식으로 헤아리는 것만 할 수 있을 뿐, 출세간(出世間)의 진실에는 가 닿을 수 없다. 깨달음을 얻기 전까지는 이 법에 대해 '오직 모를 뿐'이다. 아직 깨닫지도 못한 사람이 머리로 헤아려 불교 교리를 공부하고, 경전을 공부하고서는 '불교를 좀 알겠다'고 한다면, 그것은 완전한 망상이다. 그것은 참된 불법이 아니며, 참된 여래장이 아니다.

인간의 생사, 이 우주의 생사가 전부 이 한 법, 여래장에 의지해 오고 갈 뿐이다. 그 모든 것들이 여래장이라는 바다 위에서 생겼다가 사라지는 파도일 뿐이다. 이 자리에는 생사가 없다. 무위(無爲)이며, 상주하며, 영원히 변치 않는다. 여래장이 곧 법계(法界)이며, 법신이고, 출세간이며, 자성청정장이다.

그러한 자성청정한 여래장이 번뇌에 왜 오염되는 것일까? 그것은 머리로 헤아려 알 수 있는 경계가 아니다. 중생의 생각으로는 알 수 없는 경계다. 오직 부처님만이 아신다. 머리로 헤아려 알려고 하지 말라. 이 법은 알고 모르고에 있지 않다.

23
해
심
밀
경

삼성(三性)

모든 법상(法相)에는 3가지가 있다.

첫째는 변계소집상(遍計所執相)이요,

둘째는 의타기상(依他起相)이요,

셋째는 원성실상(圓成實相)이니라.

변계소집상이란, 이른바 이름으로 거짓되이 세운 일체법은 자
성과 차별되며, 말을 마음대로 일으키게 하는 까닭이다.

의타기상이란, 일체법의 인연으로 생기는 자성이니, 즉 이것

이 있으므로 저것이 있고, 이것이 생기므로 저것이 생기는 것이니라. 이른바 무명(無明)은 행(行)의 연이 되고 내지 순전히 큰 괴로움의 뭉치를 부르고 모은다.

원성실상이란, 이른바 일체법의 평등한 진여이다. 이 진여에서 모든 보살들이 용맹 정진으로 인연을 삼는 까닭에 능히 통달한다. 이러한 통달에서 점점 닦고 모아서 위없는 바른 깨달음을 원만히 깨친다.

변계소집상이란, 중생이 번뇌 망상과 분별심을 일으켜 상을 짓는 것을 말한다. 변계(遍計)란 의식으로써 두루 헤아리고 분별한다는 말이고, 소집(所執)이란, 그렇게 스스로 분별해서 만들어 놓은 상을 있다고 여겨 제 스스로 거기에 집착하는 것이다. 중생은 이처럼 없는 것을 자신의 의식으로 분별하고 헤아려 있다는 상을 만들어 놓고 스스로 거기에 얽매여 집착한다. 이렇게 만들어 놓은 상이 변계소집상이다.

의타기상이란, 인연이 모여서 이루어진 모든 것들을 말한다. 우리가 '있다'고 여기는 일체 모든 존재, 일체제법, 삼라만상은 전부 인연 따라 만들어진 것이다. 인연 따라 만들어진 모양을 대상으로 변계소집상이 자기만의 모양을 만들어 내는 것이다.

예를 들어 직장에 취직하여 일하는 인연으로 인연 따라 월급 300만원이 내게 들어왔다. 이 300만원은 의타기상이다. 인연 따라 만들어진 모양이다. 그런데 이 의타기상을 대상으로 중생은 자기 생각으로 헤아리고 분별하여 '많다거나 적다'고 분별한다. 박봉이라거나 많은 월급이라거나 하며 제 스스로 분별한 뒤에 그것을 사실이라고 여겨 작다고 여기면 '박봉의 월급을 받는 가난한 자'라는 상을 세우는 것이다. 이것이 제 스스로 만든 변계소집상이다.

그런데 참된 진실에서는 어떨까? 인연 따라 생겨난 300만원은 많거나 적은 금액이 아니다. 그저 있는 그대로의 중립적인 300일 뿐이다. 그 300만원이라는데 변계소집의 상을 세우지 않으면 그저 300만원은 아무 문제가 없다. 많은 것도 아니고 적은 것도 아니다. 그저 있는 그대로의 분별없는 실상일 뿐이다. 그저 평등한 진여일 뿐이고, 여여(如如)한 원성실상일 뿐이다.

삼무자성(三無自性)

승의생이여, 마땅히 알라. 나는 3가지 자성이 없는 성품[無自性性]에 의해 밀의(密意)로써 말하여 일체법이 모두 자성이 없다고 말하노라.

이른바 모습의 자성 없는 성품[相無自性性]이며,

생의 자성 없는 성품[生無自性性]이며,

승의의 자성 없는 성품[勝義無自性性]이니라.

상무자성(相無自性)이란, 이른바 변계소집이라, 이는 분별하여 거짓된 이름을 말미암아 세워져서 모양이 된 것이기에 그렇게 세워진 상이란 자성이 없다고 말한다.

생무자성(生無自性)이란, 이른바 법의 의타기상이니, 이는 다른 인연을 말미암아 있는 것이요 자연으로 있는 것이 아니기에 생의 무자성이라 말한다.

승의무자성(勝義無自性)이란,… 일체법의 법무아의 성품을 승의라 하며 이는 자성 없는 성품이라 부른다.

나는 이러한 3가지 자성이 없는 성품에 의하여 일체법은 모두 자성이 없다고 말한다.

앞에서 설한 삼성(三性)은 그 성품이 본래 무자성(無自性)이다. 변계소집성은 상무자성으로, 허망한 분별망상으로 인해 생겨난 일체 모든 상은 사실 자성이 없다. 분별하여 모양을 거짓으로 만든 것이니 상의 자성이 있을 리 만무하다.

의타기성은 생무자성으로, 여러 인연이 모여 이루어진 모든 것은 그것 자체의 실체가 없다. 인연 따라 생겨난 것은 인연이 사라지고 나면 흩어지는 무상하고 무아인 존재일 뿐이다. 인연생(因緣生)은 곧 인연멸(因緣滅)이다. 그러니 의타기성으로 생겨난 모든 존재는 진짜 생겨난 것이 아니다. 생무자성이다. 생겨났지만 생겨난 바가 없다. 인연 따라 생긴 모든 것들은 무아이고 공한 것이다.

원성실성은 어떨까? 원만한 법의 참된 성품을 불성이라 하든, 여래장이라 하든, 자성이나, 주인공이나, 본래면목, 열반, 해탈, 반야, 승의, 무엇이라 부르든 간에 그 또한 실체일 수는 없다. 아무리 참된 진리의 성품이라 할지라도 그러한 것이 따로 절대적으로 실존한다고 여기면 거기에 집착하게 된다.

승의(勝義)란 열반, 해탈을 말하는데, 결국에는 원성실성이란 승의도 무자성이란 뜻이다. 그래서 불교에서는 열반에도 집착하지 말라, 법에도 사로잡히지 말라고 한다. 법에도 집착해서는 안 될진대, 하물며 비법(非法)에 집착하겠는가 하는 『금강경』의 구절도 이것을 설하는 것이다.

승의제(勝義諦)

자내증(自內證)의 내적인 깨달음과 상 없이 행하는 바는 말할 수 없으며, 표시가 끊어졌네. 모든 시비가 쉬어진 승의제(勝義諦)에는 일체의 생각과 사유가 설 자리가 없네.

깨달음, 승의제에는 일체의 시비가 끊어졌다. 상이 없으며, 말할 수도 없고, 그 어떤 언어로도 표시로도 가리킬 수 없다. 생각으로 헤아려 알고자 하면 깨달음과는 어긋난다. 생각이 딱 멎는 순간, 사유와 알음알이가 멈추는 순간, '나'라는 상이 사라지는 순간, 바로 그때 자내증의 내적인 깨달음과 승의제는 몰록 드러날 뿐.

아타나식(阿陀那識)

아타나식(阿陀那識)은 심히 깊고 미세하여 어리석은 범부들에게는 말하지 않나니 일체의 종자는 끊임없는 폭포의 흐름 같아서 그들이 분별하여 '나'라고 할까 두렵다.

모든 생명이 이 세상에 출현하는 것은 일체종자식(一切種子識)이 생겨나고 자라 육체적인 여러 기관(根)을 유지하며, 분별의 언어에서 기인된 훈습을 유지함을 근본으로 한다. 이 점에서 아타나식이라 하며 혹은 개인 존재와 밀접한 관련이 있으므로 아뢰야식이라고 한다.

『해심밀경(解深密經)』의 아타나식은 곧 업과 윤회의 주체인 종자식

즉 아뢰야식과 같은 의미다. 수많은 업의 종자는 끊임없이 폭포처럼 흘러 아타나식을 이루다보니, 중생들은 그것을 '나'라고 여긴다.

착한 말과 생각과 행동을 많이 하면 착한 업을 짓게 되고, 그러면 선업이 쌓여서 스스로를 '착한 사람'이라고 여긴다. 업의 종자가 모여 그것을 '나'라고 믿는 것이다. 그런 착한 업이나 나쁜 업이 쌓이고 모인 것을 일체종자식이라고 하고, 그로 인해 육체적인 여러 기관이 생겨난다는 것이다. 업과 윤회의 주체가 된다는 것이다.

24
여래장경

여래장(如來藏)

불안(佛眼)으로 일체중생을 관찰하니 탐진치 삼독 등 온갖 번뇌에 빠져 있어도 여래의 지혜와 안목과 법신이 갖추어져 있다.…

일체 중생의 몸이 비록 여러 고통스런 세계를 윤회하며 익힌 번뇌 속에 있어도 여래장은 언제나 오염되지 않는다. 부처의 덕상(德相)이 완전히 갖추어져 있어서 부처와 전혀 차이가 없다.…

부처님께서는 중생 몸 안에 여래장이 있음을 보시고 그 성품을 개발하여 쓸 수 있게 하려고 바른 진리를 설한다. 번뇌를 완전히 소멸시키면 불성이 환하게 드러난다.

『여래장경(如來藏經)』은 대표적인 여래장을 설하는 경전이다. 일체 중생은 탐진치 삼독에 빠져 괴로움 속에서 허덕이는 중에도 사실은 여래의 지혜와 안목과 법신을 갖추고 있다. 윤회와 번뇌 업장 속에서 살더라도 근원의 배경을 이루고 있는 여래장은 티끌 하나도 오염되지 않는다. 여래장과 둘이 아닌 일체중생은 그대로 부처와 전혀 차이가 없다. 바로 이 여래장이란 참성품이 있음을 중생은 모르고 있기에 부처님은 법을 설하여 불성, 여래장을 환하게 드러나게 해주신다.

여래장을 밝히려면 불법을 만나 수행하라

일체 중생이 가지고 있는 여래장도 항상 존재하여 결코 변함이 없다. 단지 저들 중생들은 번뇌에 가려져 있을 뿐이다. 그러므로 부처님이 세상에 나오셔서 널리 설법하시는 인연을 먼저 만나야 한다. 온갖 번뇌의 티끌을 전부 소멸시키면 곧 일체지를 밝히게 된다.

이러한 가르침을 진실로 믿고 온전한 마음으로 수행하고 익힌다면 반드시 해탈을 얻을 수 있다. 또한 완전한 깨달음을 얻고 나서는 세상을 위해 불사를 펼칠 수 있게 된다.

본래 누구에게나 완전하게 갖추어진 불성을 밝히려면, 여래장을 확인하려면 부처님의 설법 인연을 만나야 한다. 이 공부에서 가장 중요한 것이 바로 이것이다. 바른 불법을 듣는 것이다. 법문을 듣는 것이야말로 이 공부에서 가장 중요한 요건이다. 불법의 시절인연을 만나야 한다.

물론 업장이 두텁고 불법 인연이 없는 이들은 부처님의 설법을 만나도, 선지식을 눈앞에서 만나고, 법을 들어도 본체만체 귀담아 듣지 않는다. 그래서 그런 사람은 두 눈 뜨고 불법을 보고 들으면서도 불법이 그를 전혀 밝히지 못한다.

바른 법문을 듣고, 그 바른 법에 귀 기울이며, 바른 법을 존중하고 공경하고 찬탄하고, 신수봉행(信受奉行) 하는 활짝 열린 마음을 가진 사람이 법을 설하는 시절인연을 만난다면 그는 반드시 해탈을 얻을 수 있다. 해탈을 얻어 세상을 위해 불사(佛事)를 펼칠 수 있다.

이 말은 단지 경전 속의 죽은 언어로써, 한 가닥 희망 어린 표현이 아니다. 말 그대로 진실이다. 참된 법문과 선지식을 만난다면 우리는 바로 이생에서, 바로 지금 여기에서 불법을 깨달을 수 있다. 부처가 될 수 있고, 그렇게 되는 것이 바로 불법의 가르침이다.

언젠가 몇 생 후에는 발심하여 부처가 되리라고 한다면 그것은 거짓 된 헛된 망상일 뿐, 그런 것을 발심이라고 하지 않는다. 그때가 올지 안 올지 어찌 알 수 있겠는가. 오로지 지금밖에 없다. 바로 지금 여기에서 공부하지 않고, 발심하지 않고, 법문을 듣지 않는다면 지금을 제외 한 다음 생이나 미래는 없다.

'금생에 성불하리라'는 발심의 서원을 바로 지금 여기에서 세우라. 바로 그렇게 세운 서원이 당신에게 바른 법과 스승을 가져다 줄 것이 다. 서원과 발심이 내 삶을 이끌어 갈 것이다. 발심이 이 우주법계로부 터 깨달음에 필요한 모든 것들을 전부 다 공짜로 가져다준다. 내가 본 래 이미 깨달음 그 자체이기 때문에, 이미 깨달아 있기 때문에, 필요한 모든 것은 이미 내 안에 원만구족하게 다 갖추어져 있기 때문이다. 내 가 만나는 모든 시절인연과 공부인연은 다 또 다른 나를 만나는 것이기 때문이다.

우리가 할 일은 오로지 마음을 내는 일이다. 발심하는 것밖에 더 이 상 할 수 있는 것은 아무것도 없다. 수행의 방법, 깨달음의 방법은 없다. 있다면 오직 발심하는 것일 뿐.

히말라야 정상에 오르려는 사람이 이미 올라와 있는 줄 모르고 히말 라야 정상에 오르려고 한다면, 그에게는 어떤 방법이 있을까? 이미 도 착해 있는 사람에게는 더 이상 도착할 방법이 없다. 바로 여기가 거기 이기 때문이다. 다만 헛된 망상 분별로 인해 내 스스로 지금 여기에 도

착해 있음을 모르니, 불법을 만나 이미 도착해 있다는 법문을 들어야
하는 것이다. 발심하고 법문을 듣는 것, 그것이 깨달음의 모든 것이다.

여래장의 9가지 비유

1. 시든 연꽃 가운데 앉아 있는 부처님

2. 꿀벌 무리(번뇌) 가운데 감추어져 있는 꿀

3. 단단한 껍질 속에 감추어진 열매

4. 더러운 곳에 떨어져 감추어진 순금

5. 가난한 집에 있는 보물

6. 암라나무 열매 안에 들어 있는 씨앗

7. 누더기에 싸여 있는 순금의 상

8. 비천한 여인이 임신한 존귀한 왕의 아들

9. 진흙에 묻힌 황금의 상

이러한 9가지 비유처럼, 여래장은 겉모습이 아무리 시들어 있는 중생
일지라도, 수많은 중생들의 무수한 번뇌 가운데일지라도, 단단한 껍질
속에 달콤한 열매가 숨겨져 있는 것처럼, 아무리 더러운 곳이라 할지라
도 그곳에 순금이 있다면 그것을 반드시 찾아내는 것처럼, 가난한 집일

지라도 보물이 숨겨져 있듯, 암라나무 열매 안에 들어 있는 씨앗같이 지금은 씨앗일지라도 거대한 암라나무를 틔울 수 있는 것처럼, 누더기에 싸여 있는 순금의 상처럼, 비천한 여인이 임신한 존귀한 왕의 아들처럼, 진흙에 묻힌 황금의 상처럼, 일체 중생은 누구나 아무리 비천하더라도, 아무리 가난하고 헐벗고, 어리석고, 도저히 가능성이 보이지 않더라도, 우리는 지금 이 자리에서 여지없는 부처이며, 여래장을 감추고 있다.

25
부
증
불
감
경

증가와 감소

사리불이여, 크게 잘못된 사견이 있으니, 중생계가 증가한다
거나 감소한다고 보는 견해다.…

일체의 어리석은 범부는 진실로 이 세상이 하나의 법계라는
것을 알지 못한다. 또한 하나의 법계임을 알지 못하기에 삿된 견
해로 분별하는 마음을 일으켜 중생계가 증가한다거나 감소한다
고 생각한다.…

왜냐하면 이런 중생들은 부처님의 불요의경(不了義經)에 의

지한 까닭에 지혜의 눈이 열리지 않았기 때문이다.

겉보기에는 증감이 있을지라도, 진리의 세계에서는 증가도 감소도 없다. 이 세상은 하나의 법계, 일진법계(一眞法界)이기에 그 하나의 바탕은 증가하거나 감소하는 것이 아니다. 그 어떤 경계가 없다. 울타리가 없다. 텅 빈 허공처럼 하나의 법계는 일체제법, 삼라만상의 바탕이며 배경이기에 거기에는 전혀 증감이 없다. 생사도 없고, 움직임도 없고, 그 어떤 분별이 붙을 자리가 없다.

경전에도 다양한 수준이 있고, 다양한 방편이 있다. 『법화경』에서 삼승은 방편일 뿐이고, 일불승이 진실이라고 하듯, 방편으로 만들어진 경전들을 불요의경이라고 한다. 방편을 최대한 버리고 곧바로 진실을 드러내는 경전을 요의경이라고 한다. 불요의경에만 집착해 있는 중생들, 특정한 경전이나 방편에만 사로잡혀 있는 이들은 지혜의 눈이 열리지 않았기 때문에 열반과 여래장의 참된 자성을 곧장 설해주면 쉽게 믿지 않는다.

중생이 곧 여래장

사리불이여, 이러한 심오한 뜻은 제일의제(第一義諦)이다.

이 제일의제는 바로 중생계이다. 중생계가 바로 여래장이다. 여래장은 바로 법신(法身)이다.

여래의 법신은 항상한 것이다. 중생들이 의지해서 돌아가야 할 법이기 때문이다.

사리불이여, 이 법신이 갠지스강의 모래알보다 더 많은 끝없는 번뇌에 얽혀서 시작도 끝도 없이 세간의 흐름을 따라 파도에 표류하듯 생사의 세계를 오가는 것을 중생이라고 이름한다. 법신이 생사와 고뇌를 싫어하여 일체 욕망과 추구하는 마음을 버리고 십바라밀(十波羅蜜)을 실천하여 보살행을 닦는 것을 보살이라 한다.

사리불이여, 중생계를 떠나지 않은 곳에 여래의 법신(法身)이 있다. 그리고 법신을 떠나지 않고 중생계가 있다. 따라서 중생계가 곧 여래의 법신이요, 여래의 법신이 곧 중생계다. 사리불이여, 이 두 법의 관계는, 의미는 하나인데 다만 이름이 다를 뿐이다.

이 여래장은 일체 모든 법을 나투는 근본이다. 이 여래장에 일체의 법이 갖추어져 있고, 일체의 법이 구비되어 있다. 또한 여래장은 세간의 법 중에 있으면서 진실로 일체의 법을 떠나지 않고 벗어나지 않는다. 즉 그것은 일체의 법에 머물러 있고, 일체의 법을 포섭하고 있다.

제일의제(第一義諦)는 방편의 가르침을 버리고 곧장 드러낸 진리의 골수(骨髓)를 말한다. 언어로 표현된 가르침은 전부 다 방편이기에 세속제(世俗諦)라 부른다. 언어를 넘어서, 사량 분별을 넘어서 곧장 진리 그 자체를 드러내고자 한다면 그것이 바로 제일의제다. 그러니 사실 제일의제는 언어로 표현될 수 없다. 제일의제가 제일의제라고 표현되는 순간 벌써 두 번째 자리에 떨어지고 마는 것이다. 언어로 표현되었기 때문이다.

이 최상의 진리의 제일의제가 곧 중생계라는 것이다. 번뇌즉보리, 생사즉열반이다. 번뇌 망상에 시달리고 있는 중생의 세계가 그대로 제일의제라는 참된 진리의 실상이 고스란히 드러나 있는 세계다. 색즉시공이다. 중생계가 곧 여래장이며, 법신이다.

여래장, 법신, 제일의제가 번뇌에 얽혀 생사의 흐름에 휩쓸리면 중생이고, 번뇌와 욕망과 추구를 버리고 십바라밀을 닦으면 그가 바로 보살이다.

26 대일경

삼구법문(三句法文)

"세존이시여, 지혜는 무엇이 원인이고, 무엇이 근본이며, 무엇이 구경이 됩니까?"

부처님께서 말씀하셨다.

"보리심이 원인이고, 대자비가 근본이며, 방편이 구경이다."

보리란 무엇인가? 곧 실답게 자기의 마음을 아는 것이다. 이 아뇩다라삼먁삼보리와 그 법은 조금이라도 얻을 것이 없다. 왜 그러한가? 허공의 모습이 보리이니, 알고 이해하는 자도 없고 또한 열어 보일 것도 없다. 보리는 모습이 없기 때문이다. 스스로의 마음에서 보리와 일체지지(一切智智)를 찾아 구해야 한다. 성품은 본래 청정하기 때문이다. 마음은 안에 있는 것도 밖에 있는 것도 아니며 푸르지도 누르지도 않으며 길지도 짧지도 않으며… 허공상의 마음이기 때문이다. 허공상의 마음이란 분별과 무분별을 떠났으니, 성품은 허공과 동일하니 마음과 같고 곧 보리와 같은 것이다.

보리심에서 보리는 깨달음이다. 보리심이란 곧 깨달음을 얻겠노라는 간절한 발심이다. 보리심이 바로 지혜의 원인이다. 보리심이 있으면 지혜를 얻게 된다. 지혜를 얻게 되면 저절로 일체 중생이 둘이 아닌 줄 아는 까닭에 동체대비심이 드러나며, 보리심의 씨앗이 결국 싹이 나고 열매가 맺도록 하기 위해서는 방편에 의지해야 한다.

아뇩다라삼먁삼보리는 최상의 깨달음이다. 최상의 깨달음은 조금이라도 얻을 법이 없다. 참된 법을 얻으면 얻은 바가 없다.

참된 법은 허공의 모습이기에 때문이다. 최상의 깨달음은 알거나 이해할 수도 없다. 이것은 알고 모르고의 차원이 아니기 때문이다.

이해를 넘어서 있다. 이는 열어 보일 것도 없으니, 참된 깨달음은 모습이 없기 때문이다. 본래 청정한 성품은 안이나 밖에 있는 것도 아니고, 경계가 없으며, 색깔도 없고, 크기도 없다.

허공상이며, 분별과 무분별도 떠났다.

일체법이 곧 실상(實相)

나는 최고의 바른 깨달음을 이루었으니 구경하여 허공과 같으니라.

어리석은 범부는 알지 못하고서 삿된 망상으로 경계에 집착하여 시간과 방향과 모습 등에서 욕심과 무명으로 덮여 있으니, 그들을 해탈시키기 위해 방편으로 법을 설하는 것이다.

그러나 사실은 시간도 방향도 없고, 모양을 짓는 것도 짓는 자도 없으니 그 온갖 모든 법은 오직 실상에 머물 뿐이니라.

온갖 모든 법은 오직 실상에 머물 뿐이다. 일체법이 곧 실상이요, 구경각(究竟覺)이다. 눈앞에 드러난 일체 모든 존재의 배경에 제법의 실상이 있다. 이 제법의 실상은 곧 허공과 같아 시간도 방향도 없고, 그어떤 모양도 없다. 일체법이 곧 불법이다. 거기에는 모습도 시공도 없기 때문에 일체의 모든 법으로 드러난다. 내세울 그 무엇도 없기 때문에 무엇이든 인연 따라 모든 것을 드러내는 것이다. 일체제법을 드러낼 수 있는 것이다. 바탕이 텅 비어 있어야만 그 위에 무엇이든 그려낼 수 있는 것과 같다. 실상은 허공처럼 텅 비어 있다.

본성(本性)은 공(空)함

모든 법은 허깨비, 아지랑이, 꿈, 그림자, 신기루, 메아리, 물에 비친 달, 물거품, 허공꽃, 돌아가는 불바퀴와 같다. 저 진언문(眞言文)에서 보살행을 닦는 모든 이들은 마땅히 이와 같이 관찰하라.…

본래의 성품은 청정하다. 다만 이와 같이 진언이라는 허깨비를 지송하면 능히 온갖 신통을 생겨나게 할 수 있다.…

모든 성품은 아지랑이 같이 공하지만 사람들의 망상에 의해 성립될 뿐이다. 이처럼 진언의 모습도 오직 임시의 명칭일 뿐이다.…

진언행도 꿈같은 줄 알아야 한다.

밀교의 주요 수행은 진언(眞言)이다. 진언, 다라니는 총지(摠持)의 뜻이 담겨 있다. 모든 것이 다 담겨 있다는 것이다. 아무런 뜻도 없는 '옴' 하는 말속에 어떻게 일체 모든 것들이 다 담길 수 있을까? 어디에도 원만 구족한 총지 아닌 것이 없기 때문이다. 원만 구족한 완성된 성품인 총지의 존재가 다만 헛된 분별망상과 생각과 뜻을 헤아리게 되면 눈앞에 있으면서도 눈앞의 것을 보지 못한다. 진언은 말뜻이 없고, 뜻으로 헤아릴 수 없기 때문에 그렇게 생각 너머, 뜻 너머, 의미 너머에 있는 참된 진실을 가리킬 수 있는 것이다. '옴' 하나의 진언 속에, '훔' 하는 하나의 진언 속에 이 우주 전체가 고스란히 담겨 있다.

그러나 이러한 진언 또한 하나의 방편일 뿐이다. 방편은 꿈과 같은 것일 뿐, 허깨비이며 진실이 아니다. 밀교에서는 이처럼 진언이라는 방편을 통해 언어와 개념, 명과 상 너머의 진실을 가리키고 있다.

Ⅲ 대승논서

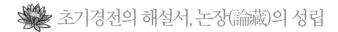

초기경전의 해설서, 논장(論藏)의 성립

부처님께서 열반하신 후, 100년이 지난 뒤부터 근본분열(根本分裂)을 시작한 부파불교(部派佛敎)는 기원전후가 되면 약 20여 개의 부파로 분열되기에 이른다. 이렇게 여러 부파가 난립하고 있다 보니 부파는 각자 자신의 부파가 정통성이 있음을 주장해야 할 필요성을 느끼기 시작했다. 그러려면 부처님의 가르침을 더욱 잘 체계화시키고, 연구하고, 몰두해야 했다.

더욱이 앞서 살펴본 바와 같이 부파불교는 출가자 중심의 승원불교로써 왕이나 귀족들의 재정적인 후원을 받아 오로지 연구에만 매진할 수 있는 분위기가 형성되었기 때문에 학문적인 성격이 강한 불교였다.

이에 각 부파들은 저마다 부처님의 가르침인 경전을 결집하면서 동시에 그 경장에 대한 해석을 가하고 체계화하고 연구하기 시작했다. 그러면서 부처님 가르침인 경장에 대한 해설서가 편찬되기 시작했으니 그것이 바로 논(論), 논서이며, 그것을 경장(經藏), 율장(律藏)과 함께 논장(論藏)이라 하며 이 셋을 합쳐 삼장(三藏)이라고 부른다.

경장 + 율장 + 논장 = 삼장

이 삼장이 바로 우리 불자들의 불교 공부 텍스트인 것이다.

 부파불교의 논장(論藏)

　현존하고 있는 부파불교 논장으로는 팔리 상좌부(上座部)의 7개 논서와 한역 설일체유부(說一切有部)의 7개 논서가 있다. 팔리 상좌부의 논서는 이미 기원전에 형성되었으며『법집론(法集論)』,『분별론(分別論)』,『논사(論事)』,『인시설론(人施設論)』,『계론(界論)』,『쌍론(雙論)』,『발취론(發趣論)』이 있으며, 이를 기원후 약 425년경 붓다고사(佛音, Buddhagosa)가 집대성을 하였으니 이것이 바로 청정도론(淸淨道論, Visuddhimagga)이다.

　한역 설일체유부의 7개 논서에는『집이문족론(集異門足論)』,『법온족론(法蘊足論)』,『시설족론(施設足論)』,『식신족론(識身足論)』,『품류족론(品類足論)』,『계신족론(界身足論)』의 6족론과『발지론(發智論)』이 있다. 앞의 2가지는『아함경』에 대한 해설서로써 최초기 논서로 평가받고 있다.

　『발지론』은 중기 설일체유부의 대표 논서이면서 유부 아미달마불교의 획기적인 분기점이라고 할 만한 논서로, 이 논은 유부의 교학을 전체적으로 조직하고 있어서 몸에 해당한다고 하여『발지신론(發智身論)』이라고도 불려왔다.

　바로 이 유부의 대표 논서인『발지신론』에 대한 방대한 주석서로 집대성된 것이 바로『대비바사론(大毘婆娑論)』이다. 카니시카왕(Kanishka王, AD 140-170 재위) 때 50명의 아라한이 20년에 걸쳐 편찬한 것이라고 한다. 그러다보니 이 논서는 너무나도 방대하여『아비담심론(阿毘曇心論)』등 그에 대한 간추린 입문서들이 나타나기 시작했고, 이『대비바사론』에 대한 간추린 개설서의 최고 종점이자 아비달마 불교의 입문서라고 할 수 있는『구사론(俱舍論)』이 나타나게 된다.

보통 불교를 공부할 때 '구사 8년, 유식 3년'이라는 말이 있다. 유식불교가 불교에서는 가장 어려운 공부라고 잘 알려져 있는데, 오히려『구사론』은 유식보다 더 많은 세월이 필요하다고 할 정도로 난해하고 어려운 논서이기도 하다.

🪷 대승불교의 논장

이상의 초기경전의 개설서이자 부파불교의 논서도 있지만, 초기불교와 대승불교에 비해 부파불교는 현학적이라는 면에서 별로 주목받지 못했다. 그래서 부파불교의 논서보다 대승불교의 논서로 오면서 더욱 주목받는 불교사상사의 획을 그을 만한 논서들이 대거 등장하게 된다.

🪷 대승기신론(大乘起信論)

먼저 인도의 마명(馬鳴, Ashvaghosa, 100~160)이 저술한『대승기신론』이 있다. 말 그대로 대승불교에 대한 믿음을 일으키게 하기 위해 저작된 논서로, 줄여서 '기신론'이라고도 한다. 진제와 실차난다가 번역한 2종의 한역본만 존재하며 산스크리트본이나 티베트어 역본은 없다.

사실 이 논은 아직 인도에서 저술한 것이 맞는지에 대해서도 아직 명확하게 밝혀지지 않고 있어서, 중국에서 찬술한 것이 아닌가 하는 의심을 받고 있기도 하다. 내용은 일심이문 일심이문(一心二門), 삼대(三大), 사신(四信), 오행(五行)등의 가르침을 담고 있으며, 이론과 실천의 양면에 있어서 여러 교리와 사상을 잘 담고 있는 대승불교의 진수가 담긴 논서로 높이 평가되고 있다.

🪷 대지도론(大智度論)

다음은 제2의 붓다라고 불리는 용수(龍樹, Nagarjuna, 150~250)의 저술이자,『대품반야경(大品般若經)』의 주석서인『대지도론(大智度論)』이다.『대지도론』은 대승불교의 백과 전서라고 불리며 후에 중국 천태종과 화엄종에도 많은 영향을 끼쳤다. 이 논서는 구마라집(鳩摩羅什, Ku-marajiva, 344~413)의 한역본만 전해지며 산스크리트 원본과 티베트어 판본도 존재하지 않는다. 내용은 반야공 사상을 기본 입장으로 하면서『중론』의 부정적 입장에 대해 제법실상이라는 긍정적인 면을 강조하고, 대승 보살의 실천을 해명하는데 힘을 쓰고 있다.

 중론(中論)

　다음은 마찬가지로 용수의 저작인『중론(中論)』이다.『중론』은『백론
(百論)』,『십이문론(十二門論)』과 함께 삼론(三論)이라고 불리며, 후기
중국 삼론종(三論宗)은 바로 이 논서를 중심으로 생겨난 종단이다. 499
구의 간결한 게송이기에『중송』, 혹은『중관론송』이라고도 하며,『중관
론』이라고도 부른다.『중론』은 용수의 초기 작품으로 초기와 중기 대승
불교 사상에 매우 중요한 기초가 되었고, 대승불교의 사상 전개에도
커다란 영향을 끼쳤다. 이 논서를 중심으로 유식사상(唯識思想)과 더
불어 대승불교의 2대 사상이라고 하는 중관사상(中觀思想)이 전개
되었다.

　내용은 일체 모든 것이 연기, 무자성(無自性), 공(空)임을 밝히고 있
으며, 공사상과 팔부중도(八不中道)의 가르침을 펴고 있다. 기존의 모
든 불교 학설을 종합적으로 비판하면서 초기불교의 근본정신을 재조
명하여 되살리고 있다.

　이외에 마명(馬鳴, Ashvaghosa, 100?~160?)의『불소행찬(佛所行贊)』,
용수의『십이문론(十二門論)』,『십주비바사론(十住毘婆沙論)』, 제바(提
婆, Aryadeva, 170~270)의『백론(百論)』등도 중관사상의 주요 논서로
꼽히고 있다.

# 유식삼십송(唯識三十頌)

　다음으로는 유식사상의 논서를 들 수 있는데, 대표적으로 유식불교의 대성자로 잘 알려져 있는 무착(無着, Asaṅga, 310~390?)이 지은『섭대승론(攝大乘論)』이 있다. '대승의 요의를 정리한 것'이란 의미로『섭론』이라고도 하며, 이 논서를 중심으로 중국에서는 섭론종(攝論宗)이 성립되기도 했다. 무착은 동생 세친을 대승불교로 이끌기도 했으며, 후에 동생 세친(世親, Vasubandhu, 316~396)은 처음 소승 부파불교를 공부하다가 대승의 유식불교로 전향하여『구사론(俱舍論)』과『유식삼십송(唯識三十頌)』,『유식이십론(唯識二十論)』,『십주비바사론(十住毘婆沙論)』등을 저술하였다.

　또 다른 유식의 논서로는 미륵(彌勒)의『유가사지론(瑜伽師地論)』과『유식삼십송』을 십대 논사가 주석을 달아 만든『성유식론(成唯識論)』등을 들 수 있다.

　이 가운데『유식삼십송』은 서른 줄의 게송으로 이루어진 짧은 유식불교의 이론서이지만, 대승 유식설의 주요 논서이며, 중국과 한국불교 법상종(法相宗)의 근본 경전이기도 하다.

　여기에서는 대승의 논서 중에도 가장 중요도가 높은 논서인『대승기신론』과『대지도론』,『중론』과『유식삼십송』에 대해서만 간략히 살펴보도록 하겠다. 이들 논서는 논장이면서도 경전과도 같은 비중을 가지고 있으며, 훗날 불교의 역사와 사상사에 있어서 매우 중요한 비중을 차지하고 있기 때문이다.

27
대
승
기
신
론

일심이문(一心二門)

바른 뜻을 드러내 보이기(顯示正義) 위해 일심법(一心法)에 의거한 2가지 문이 있으니, 첫째는 심진여문(心眞如門)이고, 둘째는 심생멸문(心生滅門)이다. 이 2가지 문(門)이 일체법을 총섭하여 두 문이 서로 떨어지지 않는다.

불교에서 문(門)은 분야, 가르침, 교설 등을 말한다. 일심(一心)이란 곧 중생심(衆生心)이다. 이 일심은 곧 생멸문(生滅門)과 진여문(眞如門)으로 나뉜다. 불교에서는 '마음'을 아주 중요하게 다루고 있다. 마음이 번뇌 망상에 물들어 괴로워하면 생멸문이 되고, 마음이 괴로움을 여의고 해탈로 가면 진여문이 된다. 마음이야말로 생멸(生滅)과 불생불멸(不生不滅), 중생과 부처로 가는 중요한 분기점이요 관문이다.

본래의 번뇌 망상과 무명에 오염되지 않은 청정한 마음의 본바탕이 바로 진여문이며, 번뇌와 무명에 오염된 마음이 생멸문이다. 그러나 중생의 생멸심 안에 불생불멸의 진여심이 함께 한마음으로 있다. 이 2가지 문은 서로 떨어지지 않으며, 일체법을 총섭(總攝)한다. 일체 모든 법이 바로 이 2가지 마음 안에 깃들어 있다.

일심(一心) 즉 한마음이 곧 우리의 본래 바탕이다. 그 바탕의 한마음, 일심 안에서 심진여문과 심생멸문이 나뉘지만 일심의 측면에서 보면 그 둘은 나뉘는 것이 아니다. 하나의 양쪽 측면일 뿐이다.

중생의 마음이 곧 일심이며, 불성이고 법신, 여래장인 것이다. 심진여문이 곧 심생멸문이다. 바다라는 진여심 위에 파도라는 생멸심이 일어난다. 그러나 바다는 곧 파도와 같다. 이 둘은 하나이기에 일심이라고 한다.

시각(始覺)과 본각(本覺)

본각(本覺)의 뜻은 마음의 본체가 생각을 여읜 것이다. 생각을

여읜 모습은 허공과 같아 두루 하지 않는 곳이 없어 법계의 하나
된 모습(法界一相)이니, 이것이 곧 여래의 평등법신이다. 법신
이기에 '본각(本覺, 본래 깨달아 있음)'이라고 한다.

본각의 뜻은 시간의 뜻에 대비해서 말한 것으로, 시각(始覺)과
본각은 동일하다. 시각의 뜻은 본각이기에 불각(不覺)이고, 불각
이기에 시각이라고 말하는 것이다.

본각은 마음의 본체가 생각이라는 분별망상에 오염되지 않은 본바
탕의 마음이다. 즉 우리는 본래부터 깨달아 있다는 것이다. 본래부터
깨달아 있기 때문에 본각이라 한다.

그러나 중생들은 생각을 여의지 못했기 스스로 망상분별로 인해 못
깨달았다고 착각하며, 스스로 중생이라고 착각한다. 이것을 깨닫지 못
했다는 의미로 불각이라고 한다.

중생이 스스로 깨닫지 못했다고 착각을 하기 때문에 새롭게 마음공
부를 통해 깨달아야 한다고 여긴다. 공부를 통해 비로소 깨닫게 되면
그때는 처음 깨달음이 비롯되었다고 하여 시각이라고 한다.

염법훈습(染法薰習)과 정법훈습(淨法薰習)

훈습(熏習)이란, 마치 세간의 의복이 실제는 향기가 없지만, 사람이 향으로써 스며들게 하고 물들게 하면 향기를 갖게 되는 것과 같다. 진여(眞如)는 실제로는 오염이 없지만 다만 무명으로써 훈습하기 때문에 오염된 모양이 있게 된다.

어떻게 염법훈습(染法薰習)이 있는가?… 염법의 원인인 무명이 있기에 진여가 무명에 훈습되어 망심(妄心)이 생긴다. 망심은 무명을 훈습한다. 진여법을 깨달아 알지 못하므로 생각이 일어나 허망한 경계[妄境界]를 지어낸다. 염법의 연(緣)인 망경계로 인해 망심을 훈습하여 망심이 생각하고 집착하고 업을 지어 몸과 마음의 고통을 받게 된다. 허망한 경계가 훈습되는데는 2가지가 있으니, 첫째는 생각을 증장시키는 훈습이고, 둘째는 집착을 증장시키는 훈습이다.…

어떻게 정법훈습(淨法薰習)이 있는가?… 훈습의 인연의 힘이 있기 때문에 망심으로 하여금 생사의 고통을 싫어하고 열반을 즐겨 구하게 된다. 이 망심에는 생사를 싫어하고 열반을 구하는 인연력이 있기 때문에 진여를 훈습한다. 스스로 자신의 성품을 믿고, 허망한 마음뿐이며 외부 경계가 없음을 알아 멀리 여의는 법[遠離法]을 닦으며, 경계가 없음을 여실하게 아는 지혜[如實智]가 생기고, 갖가지의 방편으로 수순하는 행[隨順行]을 일으키며, 집착하지 않고, 망상을 일으키지 않는다. 그리하여 오랫동안 훈습의 힘에 의해서 무명이 멸하게 된다.

훈습이란, 옷에는 실제 향기가 없지만 향을 피워 옷에 스며들면 향기가 나는 것과 같이 향내음처럼 은은하게 계속 업습을 지속하면 훈향이 배는 것을 의미한다.

쉽게 말하면 염법훈습(染法熏習)이란, 인간이 점차 본각(本覺)인 진여를 망각한 채 오염되어 생멸상에 훈습되는 것을 말한다. 본각이라고 하듯이 본래 깨달아 있는 존재이지만, 그것을 깨닫지 못하는 무명으로 인해 망심이 생기고, 허망한 경계를 지어낸다. 이것이 염법훈습의 3가지 무명훈습(無明熏習), 망심훈습(妄心熏習), 망경계훈습(妄境界熏習)이다.

정법훈습(淨法熏習)이란, 중생의 망상심의 바탕에는 진여의 성품이 있으므로 이 진여의 성품이 중생으로 하여금 분별과 집착을 버리고 청정한 마음바탕인 진여에게로 돌아오게끔 바른 법을 훈습하는 것을 말한다. 모든 중생은 사실은 본래 깨달아 있는 본각이기 때문에, 본각이라는 본향의 인연이 있기 때문에 그 힘에 의해 망심으로 하여금 생사를 싫어하고 열반을 즐겨 구하는 진여를 훈습하는 것이다.

망심이 진여를 훈습하는 과정을 살펴보면, 중생이 수행을 통해 깨달음을 얻어가는 수행법과도 흡사하다. 쉽게 말하면 중생이 부처의 성품을 훈습하여 결국 깨달음을 얻으려고 한다면 마땅히 다음 수행을 해야 한다.

첫째, 스스로 자신의 성품을 믿어야 한다. 자기의 본래 고향은 본각으로 본래 부처라는 사실을 굳게 믿어야 한다.

둘째, 원리법(遠離法)이라고 하여 헛된 마음이 움직이는 것일 뿐 실제 경계는 없음을 알아 '멀리 여의는 법'을 닦는 것이다. 일체 경계가 공함을 깨닫게 되면 세속적 대상에 대한 욕망과 애착 등을 멀리 여의게 된다.

셋째, 여실지(如實智)라고 하여 일체 모든 경계가 텅 비어 공하다는 사실을 여실하게 아는 지혜를 얻는 것이다.

넷째, 수순행(隨順行)이라고 하여 주어진 삶 자체가 곧 본각임을 알아 인연에 수순하는 것이다. 주어진 삶을 허용하고 받아들여 수순하는 것이다. 수순함으로써 어떤 대상에도 과도하게 집착하지 않게 되고, 망상 분별이라는 생각 또한 여의게 된다. 이러한 훈습의 수행을 통해 무명이 소멸하고 시각이 열린다.

결론적으로, 본각이던 진여가 무명과 망상에 휩싸여 염법훈습되어 중생으로 살아가게 되었지만, 모든 중생은 본래 온 곳이 본각이기 때문에 우리 안의 본연의 진여인 본각의 인연에 힘에 의해 누구나 정법훈습이 되게 되어 있다. 즉 중생들 누구나 본래는 부처이기 때문에 정법을 깨닫는 방향으로 나아가고 있다. 본래불이기 때문이다. 바로 그 본각인 본래불의 인연력이 우리를 정법훈습으로 이끄는 것이다. 그러니 발심하고, 불법을 가까이하고, 진리에 목말라 한다면 저절로 정법훈습으로 인해 깨달음의 길로 나아가게 된다.

28
대지도론

법도 취하지 말라

세간 사람들은 자신의 견해에만 의지하고, 자신의 법에만 의지하며, 자신의 이론에만 의지해서 서로 다툼을 일으킨다. 희론(戲論)은 다툼의 근본이 되고, 희론은 모든 견해에 의해서 생기나니, 다음의 게송을 보라.

취한 법이 있기에 이렇거니 저렇거니 다투거니와
취한 법이 없다면 무슨 논쟁이 있으랴.
취하고 취하지 않는 모든 견해를

이 사람은 이미 모두 없애버렸네.

수행자가 이러한 이치를 여실하게 깨닫는다면
온갖 법과 온갖 희론을 모두 취하거나 집착하지 않는다.
이것이야말로 진실로 다투지 않음이니,
불법의 감로미(甘露味)가 그것이다.
만일 이렇지 못하다면 이는 곧 법을 비방하는 것이다.

불법에서는 취할 만한 특별한 견해가 없다. 일체 모든 견해라는 망상을 전부 쉬었을 때 참된 진실이 드러나는 것이지, '이것이 진리다'라고 말할 만한 특별한 견해를 가지고 있지 않다. 특별한 견해에 집착해 있다면 그것은 전부 희론일 뿐이다. 어떤 생각, 어떤 견해, 어떤 이론에도 의지하지 말라. 그 어떤 것도 취하거나 버리지 말라. '이것이 법이다'라고 말한다면 그것은 곧 법을 비방하는 것이다. 이 법은 무유정법(無有定法), 정해진 바가 없는 법이다.

반야바라밀은 다툼이 없다

반야바라밀(般若波羅蜜, Prajnaparamita)은 모든 법이 끝끝내 공한 필경공(畢竟空)의 경지인 까닭에 다툴 곳이라고는 없다. 만약 필경공인 가운데에서 다툴 수 있다고 한다면 그것은 필경공이라 할 수 없다. 필경공이라 함은 있고 없는 양 변이 모두 멸한 까닭이다. 그러므로 반야바라밀다경을 다툼이 없는 곳이라고 한다.

모든 법이 끝끝내 하나도 남길 것 없이 필경공이다. 끝끝내 필경공이란 말은 최후에 하나조차, 심지어 깨달음조차 남길 것이 없다는 뜻이다. 불교를 공부하는 사람은 다른 것은 전부 공이지만 오직 해탈, 열반, 불성, 깨달음만큼은 남아 있을 것이라고 여긴다.

그러나 아공법공(我空法空)이라는 말에서도 보듯이, 진리라고 할 만한, 깨달음과 열반이라고 할 만한 그 무엇조차 남겨 두지 않는다. 해탈, 열반, 깨달음은 이름이 해탈이고 열반일 뿐 그 이름에 해당하는 무언가 알맹이나, 실체가 있는 것이 아니다. 해탈은 있거나 없는 양 변으로 해석되는 무언가가 아니다. 있다고 할 수도 없고, 그렇다고 물론 없다고 할 수도 없다. 그래서 진공묘유(眞空妙有)라고 한다. 이 필경공의 가르침에서는 '묘유'일 뿐이니, 진짜 있다고 여기지 말라는 의미다.

무아인데 '이와 같이 내가 들었다'고 하는 이유

"불법에서는 '일체법(一切法)이 공하여 한 법도 나라고 할 것
이 없다'고 했는데, 어찌하여 경전의 첫 머리에는 전부 '이와 같
이 내가 들었다'고 합니까?"

"비록 부처님의 제자들이 나 없음을 알기는 하지만 세속의 법
을 따라 나라고 말할 지언즉 그것이 실체적인 나인 것은 아니
다.… 무아의 법 가운데 나를 말함은 세속법을 따르는 까닭이니,
힐난할 것은 아니다."

불교에서는 무아(無我)라고 하여 '나는 없다'라고 설한다. 그럼에도
경전에서는 '이와 같이 나는 들었다'라고 하여 '나'라고 말한다. 아공법
공(我空法空), 일체법이 다 공하다고 말하면서도 일체법을 설한다. 언
어는 참된 진실을 말할 수 없다고 하여 언어와 개념을 벗어나야 한다고
말하면서도 언어로 경전을 설한다.

중생에게 출세간(出世間)의 법을 설하려면 세간 속에 사는 중생의
언어로, 중생의 수준에 맞는 방편(方便)으로 설해야 하기 때문이다. 그
것이 바로 방편의 역할이다. 모든 방편은 쓰고 버려야 할 것들이지만,
쓰지 않을 수 없는 것들이기도 하다. 손가락으로 달을 가리키지 않으면
사람들은 달을 보지 못하기 때문이다.

'이와 같이 나는 들었다'라고 했지만 그렇다고 부처님께서 '나'를 내

세우셨다거나, 아상이 있어서 그런 말을 한 것은 아니다. 그것은 나를 실체화한 것이 아니라, 인연 따라 무상하게 변해가는 무아의 존재를 중생들의 눈높이에서 알기 쉽게 설명하기 위한 방편일 뿐이다.

깨달음을 얻는다는 것은 나도 없고, 세상도 없고, 맛있는 음식도 안 먹고, 일도 안 하고, 돈도 안 벌고, 좋은 일이 있어도 좋아하지도 않고, 싫은 일이 있다고 인상을 찡그리지도 않고, 남들이 욕을 해도 전혀 대응도 안 하는 그런 돌부처 같은 것이 아니다.

깨달음을 얻은 이라고 할지라도 우리와 똑같이 먹고 마시고 자고 일하고 웃고 울고 좋아하고 싫어하고 화도 내고 특별한 음식을 좋아하기도 한다. 모든 것은 그대로다. '평상심이 바로 도(平常心是道)'라는 말이 바로 그것이다. 다만, 그것을 함에도 한 바가 없다. 머물러 집착하는 바 없이 그 모든 것을 다 하는 것이다. 다 하면서도 한 바가 없기에 흔적을 남기지 않는다. 뒤끝이 없다. 마음에 잔재를 남기지 않고, 번뇌를 남기지 않는다.

말 그대로 응무소주 이생기심(應無所住 而生其心), 중생과 똑같이 마음은 다 내고 살지만 머무는 바 없이 마음을 낼 뿐이다. 무위행(無爲行), 해도 한 바가 없지만 그럼에도 할 것은 다 한다.

듣는 자가 없으나 인연 따라 듣는다

듣는다는 것은 어떻게 듣는가? 귀(耳根)로 듣는가? 귀의 의식(耳識)으로 듣는가? 뜻의 의식(意識)으로 듣는가?…

귀로 소리를 듣는 것도 아니요, 귀의 의식이나 뜻의 의식으로 소리를 듣는 것도 아니다. 다만 여러 가지 인연이 화합함으로써 소리를 듣게 되는 것이지, 어떤 한 법이 소리를 듣는다고 말할 수는 없다. 왜냐하면 귀는 감각이 없기 때문에 소리를 듣지 못하고, 식은 색깔도 없고, 상대도 없고, 처소(處所)도 없는 까닭에 역시 소리를 듣지 못하고, 소리 자체도 감각이나 감관이 없기 때문에 소리를 알지 못한다. 하지만 귀가 망가지지 않았고, 소리를 들을 수 있는 곳에 이르렀으며, 뜻으로 듣고자 한다면 육근(六根)과 육경(六境)과 육식(六識)이 화합하였기 때문에 이식(耳識)이 생기며, 이식이 생기면 의식이 갖가지 인연을 분별하여 소리를 듣게 되는 것이다. 그러니 '누가 소리를 듣는가?' 하고 힐난할 것은 아니다.

불법에는 어느 한 법이 짓거나 보거나 아는 일은 없나니, 다음의 게송을 보라.

업(業)도 있고 과(果)도 있지만
업과 과를 짓는 자(作者)는 없다.

이는 가장 높고 심히 깊은 법이니

오직 부처님만이 밝게 아신다.

공하지만 단멸(斷)하는 것은 아니요,

상속하지만 항상(常) 하는 것도 아니다.

죄와 복 또한 이와 같으니

이런 법을 부처님께서는 말씀하셨다.

이것이 바로 불교의 연기법이다. 귀가 제 혼자서 듣는 것도 아니고, 소리가 제 혼자서 듣는 것도 아니며, 귀의 의식이 듣는 것도 아니고, 뜻의 의식이 듣는 것도 아니다. 그 모든 것이 인연 따라 화합할 때만 비로소 소리를 들을 수 있는 것이다. 이것이 바로 근경식(根境識)의 삼사화합(三事和合)이다. 감각기관과 감각대상이 화합하여 접촉할 때 의식이 생겨나고 그 의식에서 느낌과 애욕과 집착 등이 생겨나는 것이다. 이것이 십팔계(十八界)요 십이연기다.

육근 혼자서 보고 듣고 말하고 느끼는 것도 아니고, 육경 혼자서도 아니며, 육식 혼자서 하는 것도 아니다. 이 모든 것이 인연 따라 잘 모였을 때만 비로소 소리도, 빛깔도, 냄새도, 감촉도 느끼고 인식할 수 있는 것일 뿐이다. 어느 한 법만이 저 홀로 이루어내는 것이 아니다. 인연법에는 저 홀로 하는 것이 없다. 인과 연이 서로를 받쳐 주고 도와주고 맺어주어야지만 과보를 낼 수 있는 것이다.

원인도 있고 조건도 있고, 결과도 있다. 그러나 그 모든 것은 인연 따라 생겨났다가 사라지는 생멸법일 뿐이지 실체적인 것은 어디에도 없다. 실체가 없는 것들이 수많은 조건과 인연화합으로 모이면 잠시 꿈과 같은 결과를 만들어 낼 뿐인 것이다.

그러나 그렇게 인도 있고 연도 있고 조건도 있고 결과도 있지만 그 모든 것의 주관자는 없다. 업을 짓기도 하고 받기도 하지만 업을 짓거나 받는 '자'는 없다. 초기경전에서 '업보(業報)는 있되 작자(作者)는 없다'는 것이 이를 말한 것이다. 업도 있고 과보도 있지만 그 업을 짓고 받는 '자'가 없다는 것이다. 그러니 무아이고 공이다. 실체가 없음에도 모든 것이 이루어진다.

이렇듯 공하지만 단멸하는 것이 아니고 상속하지만 그렇다고 상주하는 것도 아니다. 텅 빈 가운데 있지만, 있는 가운데 없다. 마치 촛불과 같이 처음 탈 때의 불꽃과 나중의 불꽃이 같지만 다르고 다르지만 같은 것과 같다.

죄와 복도 그와 같다. 죄도 있고 죄의 과보도 있고, 복도 있고 복의 결과도 있지만 죄를 '짓는 자'나, 복을 '받는 자'는 없다. 죄나 복도 중도(中道)이기에, 상주하는 것도 아니고 단멸하는 것도 아니니, 한 번 죄를 지으면 절대적인 죄인이 되는 것도 아니고, 그렇다고 죄가 완전히 없는 것도 아니다. 그렇기 때문에 무한 가능성인 것이다.

죄를 지었더라도 죄라는 것이 상주하는 것은 아니니 절대적인 '죄인'

으로 낙인찍힐 것도 없고, 죄의식에 시달릴 것도 없다. 그렇다고 단멸하는 것은 아니니 참회하고 용서를 구해야 하며, 복도 지어야 한다.

상주나 단멸이 아니라, 인연 따라 이루어지는 것이니 마음으로 어떤 마음을 가지느냐에 따라 복을 받을지, 죄의 업보를 받을지가 결정되는 것이다. 죄를 지었더라도 어떤 마음으로 어떤 인연을 짓느냐에 따라 죄업을 비껴갈 수도 있고, 복을 지었더라도 그 이후에 다시 나쁜 마음으로 산다면 복의 결과를 못 받게 될 수도 있다.

언제나 연기법과 중도의 가르침에서는 '일체유심조(一切唯心造)'다. 내 마음이 주인이 되어 어떤 결과를 맺을지를 결정할 수 있는 것이다. 그럼에도 불구하고 '나'라는 존재, '짓는 자'가 없으니, 스스로를 죄인으로 낙인찍을 것도 없고, 죄의식에 시달릴 것도 없고, 복 짓는 사람이라고 자랑할 것도 없는 것이다. 모든 것은 인연 따라 일어났다가 사라지는 것일 뿐이고, 우리는 다만 그 모든 것을 그저 지켜볼 뿐이다.

사리불도 부처님에 비하면 어린이 수준

『반야경』

사리불이 부처님께 말씀드렸다.

"세존이시여, 어찌하여 보살마하살이 일체법을 알고자 한다면 반야바라밀을 행해야만 하는지요?"

『논(論)』

…사리불은 일체지자(一切智者)가 아니었기에, 부처님의 지혜에 비한다면 마치 어린아이와도 같았다.…

『아바단나경(阿婆檀那經)』에서는 다음과 같이 설한다.

부처님께서 기원정사에 머무실 때 해 질 무렵 경행(經行)하고 계셨는데 사리불이 뒤를 따랐다. 이때 매가 비둘기를 쫓으니 비둘기는 부처님 곁으로 날아와서 숨었다. 부처님의 그늘 아래에서 비둘기는 편안해지고 두려움이 제거되었다. 나중에 사리불이 가까이와 사리불의 그림자가 비둘기 위에 닿으니 비둘기는 다시 소리를 지르며 처음과 같이 두려움에 떨었다. 이에 사리불이 부처님께 여쭈었다.

"부처님과 저의 몸이 모두 삼독심이 없거늘 어찌하여 부처님 곁에서는 두려움이 없더니 제가 가까이 가면 비둘기가 소리를 내고 두려워하는지요?"

부처님께서 말씀하셨다.

"그대는 삼독심의 습기(習氣)가 아직 다하지 못한 까닭이다. 그러므로 그대의 그림자가 비둘기를 덮을 때는 두려움이 제거되지 않는 것이다.…"

이것이 바로 깨달음 이후의 수행이 중요한 이유다. 돈오(頓惡) 이후의 점수(漸修), 혹은 견성(見成) 이후의 보임(保任)이 필요한 이유다.

부처님의 으뜸가는 아라한의 제자들이 그렇게 많았음에도 불구하고 그들은 모두 부처님께 언제나 법문을 듣고 자신의 공부를 점검하였다. 사실 엄밀히 말하면 견성, 돈오라는 깨달음의 체험은 깨달음의 완성이 아니라, 이제 불법에 발을 들여 놓은 불교 공부의 입문이라고 할 수 있다. 깨달음 이후에 진짜 공부는 시작되는 것이다.

깨달음 이전에는 공부라고 할 수도 없고, 그저 오직 모를 뿐이다. 모르고 모르다가 툭 터져 진실을 보고 나더라도, 그때부터는 업습(業習)의 조복이라는 공부를 닦아가야 한다. 삼독심의 습기가 아직 남아 있는 까닭에 그 습을 조복시키는 공부, 깨달음이 익숙해지는 공부가 남아 있는 것이다.

아무리 지혜제일의 사리불이라 할지라도 부처님처럼 완전히 깨달음을 얻으신 분 앞에 간다면 아직도 법에 있어서는 어린아이에 불과한 것이다.

법의 실상

"어떤 것이 제법실상(諸法實相)인가?"

"…실상이란 파괴할 수도 없고, 항상 머물러 변치 않으며, 능히 만들어내는 이도 없다.… 이 이치는 일체의 관점을 버리고, 일체의 언어를 멸하며, 모든 심행(心行)을 여의면 본래 불생불멸이어서 마치 열반의 모습 같으니, 일체의 법 모습이 역시 그와 같다는 것이다. 이것을 제법실상이라 부른다.…

…허공과 같아 물듦이 없고, 희론도 없고, 문자도 없나니, 이렇게 능히 관찰하면 곧 부처를 보리라. 여법하게 관한다면 부처와 반야와 열반 이 셋은 곧 하나라서 실로 다를 바가 없네.… 반야는 곧 한 법이지만 부처님은 갖가지 이름으로 말씀하시어 중생들의 근기에 맞춰 그들을 위해 다른 말을 세우실 뿐.

어떤 이가 반야를 얻으면 따지고 헤아리는 마음이 모두 멸하니 마치 태양이 뜨면 아침 이슬이 일시에 없어지는 것과 같다.… 반야는 오는 바도 없고 가는 바도 없으니 지혜로운 이는 온갖 곳에서 반야를 구하나 얻을 수 없다.… 어떤 이가 반야를 보면 곧 해탈을 얻는 것이지만, 반야를 보지 못한다 해도 이 또한 해탈을 얻는 것이네.… 언설은 세속을 위한 것이지만 일체를 가엾이 여기는 까닭에 거짓된 이름으로 법을 설하시니 비록 말했으나 말한 바가 없다네.

참된 법의 실상은 파괴될 수 없다. 생겨난 것은 사라지겠지만 이것은 생겨나는 것도 사라지는 것도 아니다. 그러면 어떻게 중생이 제법실상을 깨달을 수 있을까? 생각이 꽉 막혀야 한다. 분별심을 조복 받아야 한다. 일체의 견해, 관점이 다 사라지고, 일체의 언어와 개념을 멸하며, 마음이 그 어디로도 가지 못해 꼼짝 못하게 되었을 때, 아무런 분별망상도 하지 못하게 되었을 때, 곧바로 불생불멸의 열반이 드러날 뿐이다. 제법의 실상이 드러나는 것이다.

그래서 제법실상이란 열반은 허공과 같고, 물듦도 없고, 희론이나 문자도 없다. 이 제법의 실상을 열반이라고도 하고, 반야라고도 하며, 열반이라고도 부를 뿐, 그것은 말만 다를 뿐 같은 것을 가리킨다.

헤아리는 마음만 모두 멸하면 곧장 반야지혜가 드러난다. 반야를 얻는다는 것은 곧 헤아리는 마음이 멸했다는 것이다. 반야를 보면 곧장 해탈을 얻는다.

그러나 신비로운 사실은 반야를 보지 못한다고 할지라도 이 또한 해탈과 다르지 않다. 우리는 언제나 완전한 해탈의 즐거움 속에 있기 때문이다. 언제나 제법실상은 드러나 있다. 다만 우리의 허망한 의식이 알음알이로 헤아리기 때문에 해탈하고도 해탈했음을 자각하지 못할 뿐이다.

수희찬탄(隨喜贊嘆)의 공덕

더불어 기뻐한다 함은 어떤 사람이 공덕을 지을 때 그것을 보는 이가 마음으로 더불어 기뻐하면서 '참으로 장하구나' 하고 칭찬하는 마음을 내는 것이다.…

비유컨대 한 사람이 갖가지 묘한 향을 팔고 다른 사람이 그것을 살 때, 그 곁에 있던 다른 사람들도 그 향기를 맡지만 그 향에는 전혀 손상이 없고 그 사고파는 두 사람도 잃는 것이 없는 것과 같다.…

보살은 수희찬탄(隨喜讚嘆)하는 마음으로써 복덕과 과보를 내어 회향하며, 수희찬탄은 곧 시방삼세의 모든 부처님께 공양하는 것이 되므로 성문(聲聞)이나 벽지불(辟支佛=獨覺)을 구하는 이의 보시보다도 더 뛰어나다고 할 수 있다.

비유하건대 마치 사람이 작은 물건을 국왕에게 바치더라도 아주 많은 대가를 얻는 것과 같다. 또한 소라를 불 때 기운은 아주 작게 써서 불었는데도 그 소리는 매우 큰 것과 같다.

누군가가 공덕을 지을 때, 혹은 누군가에게 좋은 일이 생겼을 때, 기쁜 일이 생겼을 때, 시기와 질투를 하지 않고, 내 일처럼 기뻐하면서 더불어 기뻐하고 칭찬, 찬탄하는 마음을 내어 준다면, 그것은 그 사람이 지은 공덕이지만 나에게도 똑같은 복덕이 쌓인다. 이 세상은 일체유심조(一切唯心造)요, 마음공부의 장이기 때문이다.

물질적으로 누군가가 크게 보시를 했다면 내 일처럼 기뻐해주라. 수희찬탄만 했을 뿐인데, 그 사람이 한 보시의 공덕을 나도 똑같이 받게 된다. 왜 그럴까? 보시의 참된 공덕은 마음에서 오기 때문이다.

겉으로는 보시를 했지만 마음속에 흔연하지 않은 마음이나 아깝다는 마음이 있다면 그것은 참된 공덕이 되지 않는다. 그러나 내가 하지 않고 남이 하는 것을 찬탄만 하더라도 내 일처럼 진심으로 더불어 기뻐한다면 내게 더 큰 공덕이 쌓일 수도 있는 것이다. 이 세상은 물질세계인 것 같지만 사실은 마음의 세계이기 때문이다. 유식무경(唯識無境)이기 때문이다.

부처님을 수희찬탄하고, 불법을 수희찬탄하고, 불법을 공부하는 사람을 수희찬탄한다면 그것은 시방삼세의 모든 부처님께 공양하는 것이 된다. 수희찬탄할 때 내게도 그런 일이 생긴다. 부처님과 법을 수희찬탄하면 내가 법을 깨달을 인연을 짓는 것이 된다.

소위 대박이 나서 갑자기 부자가 된 사람이 있다면 시기질투를 하기보다 진심으로 기뻐해주라. 내게도 그런 복이 올 것이다. 특정한 공덕에 대해 수희찬탄해 준다는 것은 곧 그 특정한 공덕을 내가 받게 되는 결과를 끌어오는 것이다. 마음에서 영글고 연습이 되면 그것은 머지않아 현실이 된다.

29 중론

팔불중도(八不中道)

생(生)하지도 않고 멸(滅)하지도 않으며

상주하지도 않고 단멸하지도 않으며

하나도 아니고 다르지도 않으며

오지도 않고 가지도 않는다.

능히 이러한 '연기법'을 설하여

모든 희론(戱論)을 적멸하니

모든 설법자 가운데 으뜸이신

부처님께 머리 숙여 예배합니다.

생하고 멸하는 것은 인연 따라 만들어진 것들일 뿐이다. 인연 따라 생겨난 것은 인연이 다하면 소멸한다. 물질적이고 정신적인 모든 것들, 즉 오온(五蘊)은 모두 인연생 인연멸의 생멸법이다. 나도 세상도, 일체 모든 삼라만상이 전부 다 생멸법이다.

그러나 생멸법 아닌 것이 있다. 인연 따라 생기고 사라지는 것이 아닌, 불생불멸법이다. 그것은 바로 이 삼라만상의 배경에서 그 모든 우주 삼라만상을 생하게 하고 멸하게 하는 바탕의 성품이다. 그것은 삼라만상과 함께하면서도 삼라만상은 아니다. 삼라만상 그대로가 불생불멸법이면서 동시에 생멸법이다. 색즉시공 공즉시색(色卽是空 空卽是色), 번뇌즉보리, 생사즉열반이라는 말처럼 모든 삼라만상의 사물, 존재는 그것이 그대로 생멸법이면서 동시에 불생불멸법이다.

일체 모든 존재의 겉모습은 생멸이지만, 그 배경의 본래 성품은 불생불멸이다. 그러니 일체법의 본성은 무엇인가? 생도 아니고 멸도 아니다. 그것은 항상 하는 것도 아니고 끊어져 없어지는 것도 아니다. 상주나 단멸의 양극단을 여의었다. 그것을 보통 불이(不二)라고도 하고, 일심(一心)이라고도 하여 '하나'라고 말하지만 그것은 '하나'인 것도 아니고, 그렇다고 서로 다른 것도 아니다. 오고 가는 것이 아니다.

언제나 지금 여기에 이렇게 온전히 드러나 있지만, 그 모습은 볼 수 없다. 보이지 않아서 보지 못하는 것이 아니라 우리가 세속의 분별심에 사로잡혀 의식의 필터를 가지고만 이 세상을 보고 있기 때문이다. 이 참된 성품은 세속적인 이해와 연구의 대상이 아니다. 생각으로 헤아릴 수 있는 것이 아니다. 우리의 오온, 즉 몸과 느낌, 생각, 의지, 의식은 세속적인 생멸법이지만 이 참된 자성은 출세간법이며 불생불멸법이기에, 세속의 살림살이인 알음알이를 가지고 잴 수가 없는 것이다.

그래서 이 법을 세간이 아닌 출세간법이라고 한다. 세간의 이해와 알음알이로는 가 닿을 수 있는 것이 아니란 뜻이다. 그러니 오직 모를 뿐이다.

그러나 그렇다고 해서 이 출세간법이라는 진리를 중생에게 설하지 않을 수 없다. 어떻게든 부족한 언어를 통해서라도 최대한 근사치에 가깝게 설명할 수밖에 없다. 그래서 어쩔 수 없이 『중론』에서는 중관사상, 팔부중도의 방식으로 이 출세간의 특성을 설명하고 있다.

세간에서는 생이면 생이고 멸이면 멸이지만, 출세간에서는 생하는 것도 아니고 멸하는 것도 아니라고밖에 표현할 길이 없다. 세간에서는 항상 하는 것이거나 단멸하는 것밖에 없지만, 출세간법은 그런 것이 아니기에 상주도 아니고 단멸도 아니라고 중도적으로 표현할 수밖에 없는 것이다. 세간법에서는 하나면 하나고 둘이면 둘이지만, 출세간의 진실은 하나도 아니고 둘도 아니다.

출세간법은 말 그대로 세간의 이해의 대상이 아니기 때문이다. 이런 말을 듣고 우리는 '그럼 도대체 어쩌란 말이냐?' 하고 따질 것이 아니라, 바로 그 '모름' 속으로 뛰어 들어가야 한다. '오직 모를 뿐'이라고 들어가면서 알려는 알음알이를 움직이지 말아야 한다. 알고자 하는 마음은 있으되, 궁금함과 의문은 있으되, 그것을 머리를 굴려서 헤아려 알려고 하면 어긋난다. 결정코 머리를 굴려서는 이것을 깨달을 방법이 없다.

『중론』에서 이런 팔부중도의 방식으로 진리를 설한 것은 이 팔부중도를 듣고 '아하! 이런 것이구나' 하고 이해를 하라는 의미가 아니다. 이 말을 듣고, '아! 내가 아무리 해도 알 수 있는 것이 아니구나', '도대체 뭔 말인지 감을 잡을 수 없구나', '그저 모를 뿐이구나' 하고 절망하라고 이런 방편을 쓴 것이다. 그것이 바로 『중론』의 목표다.

그럼에도 많은 사람들은 팔부중도를 이해로써 헤아리려고 한다. 아무리 잘 이해를 했다고 할지라도 사실 그것은 망상일 뿐이다. 그건 『중론』의 목표를 완전히 벗어난 것이다.

그래서 부처님은 '모든 희론을 적멸했다'고 하는 것이다. 일체의 모든 논쟁, 생각, 사고, 판단, 분별, 헤아림이 완전히 딱 끊어지도록 이끌어 주시는 분이라는 뜻이다. 그렇게 바른 설법자는 잘 이해되도록 이끄는 것이 아니라, 도무지 답이 안 나오고, 그 어떤 해답도 내릴 수 없고, 그 어떤 생각으로도 이해할 수 없도록 이끄신다. 그야말로 꽉 막히게 하는 것이다. 그래서 희론이 적멸하도록, 생각이 갈 길을 잃도록, 분별망상이 사라지도록, '나'라는 망상이 없어지도록 이끄는 것이다. 부처님이야말로 그런 '희론을 적멸'하도록 이끄는 모든 설법자 가운데 으뜸이신 분이다.

연기(緣起)=공(空)=가명(假名)=중도(中道)

> 모든 인연으로 생기는 존재,
>
> 그것을 나는 곧 공(空)이라 하고
>
> 또한 가명(假名)이라고 하니
>
> 이것이 곧 중도(中道)의 뜻이다.

이것이 『중론』에서 가장 중요한 핵심의 가르침이다. 인연으로 생겨난 모든 존재 그것은 곧 공이다. 인연 따라 생겨난 것은 그것 자체로써의 실체가 없다. 인연이 모여야지만 생겨날 수 있기 때문이다. 그렇기에 인연 따라 생겨난 것들은 인연이 다하면 소멸될 수밖에 없다. 그러니 공하다.

그러나 공한 것이라고 해서 아주 없는 것은 아니다. '나는 없다'고 하며 나는 무아이고 공한 존재라고 하지만, 여기 이렇게 '나'는 분명히 있지 않은가? 바로 이렇게 인연 따라 생겨난 인연화합의 임시적인 존재까지 없다고 하는 것은 아니다. 이렇게 지금 있는 이것을 곧 '가(假)'라고 한다. 공하기는 하지만, 거짓으로 있다, 임시적으로는 분명히 있다는 것이다. 그래서 이렇게 인연 따라 생겨난 모든 것들에 우리는 이름을 붙여서 기억하고 분별한다. 가명이다.

이처럼 참된 불법은 본래 공하다고 설하지만, 그것을 악취공(惡取空)으로 보는 것이 아니라, 임시적으로 존재하는 가명(假名)의 존재까지 없다고 하는 것은 아니다. 즉 중도로써 밝히는 것이다. 모든 존재는 공하지만, 가명으로, 임시적으로는 있다는 것이다. 이것이 바로 중도의 뜻이다.

즉 공하다고 해서 무조건 없다고 하는 것도 아니고, 가명으로 있다고 해서 진짜 있는 것도 아니다. 이것이 바로 중도다. 없지만 있고, 있지만 없는 것이다. 있다고 해도 안 되고, 없다고 해도 안 된다. 있는 것이 아니라고 해도 맞지 않고, 없는 것이 아니라고 해도 맞지 않는다. 이것이 바로 중도다.

이처럼 출세간의 진실은 도저히 세간의 언어로는 밝힐 수 없다보니 부득이하게 중도적인 언어, 언뜻 보면 말이 되지 않는 것 같은 언어로 밝힐 수밖에 없는 것이다.

그게 최선입니까? 그렇다! 이것이 바로 말로 할 수 있는 '최선'이기 때문이다.

공(空), 사성제(四聖諦), 수행

만약 일체가 모두 공이라면
생기는 것도 없고 멸하는 것도 없다.
나고 죽음이 없다면 고집멸도(苦集滅道)라는
사성제(四聖諦)의 가르침도 있을 필요가 없다.

또한 사성제가 쓸모가 없다면
삶을 고(苦)라고 할 것도 없고
집착을 끊어 없앨 것도 없으며
집착을 끊고 고통을 소멸시키는
도에 이르는 수행법 또한 필요가 없다.

『반야심경』의 '무고집멸도(無苦集滅道)'가 바로 그것이다. 사실 일체 모든 법은 공하여 거기에는 그 어떤 것도 붙을 것이 없다. 심지어 확연무성(廓然無聖)이라고 하여 이 자리에는 그 어떤 성스러운 것들도 거추장스러운 것일 뿐이라고 설한다. 즉, 이 공성의 자리에는 열반도, 해탈도, 본성도, 깨달음도, 자성이며, 여래장이며, 일심도, 제법실상도 이 모든 성스러운 것들조차 붙을 자리가 없다.

사실 공에는 아무것도 붙을 자리가 없지만, 중생이 착각을 일으켜 스스로 괴롭다고 하니, 그 잘못된 착각의 괴로움을 없애주기 위해서 고집멸도를 설한 것일 뿐이다. 괴롭다는 망상에 시달리는 사람에게 그 괴로움의 원인은 무엇이고, 괴로움을 소멸하면 어떻게 되며, 괴로움의 원인을 제거하는 방법은 무엇인지 등 사성제를 설하는 것일 뿐이다. 제 스스로 만들어 놓은 자승자박의 괴로움이 없다면 사성제를 설할 아무런 이유도 없다. 깨달은 자에게, 괴로움이 없는 자에게는 고집멸도가 필요 없지 않은가.

무생(無生)

모든 법은 스스로 생기는 것도 아니고
다른 것으로부터 생기는 것도 아니며
그 양자에서 함께 생기는 것도 아니고
아무 원인 없이 생기는 것도 아니다.
그러므로 무생임을 알라.

꿈속에서 한바탕 영화를 찍으며 온갖 스토리를 만들어 내고 울고 웃었더라도, 꿈을 깨고 보면 그 꿈속의 이야기는 실재하는 것이 아니다. 분명히 그때는 있었는데, 분명히 꿈속에서는 실재인 것처럼 느껴졌지만 꿈을 깨고 보니 그 모든 것은 진짜 있었던 것이 아니다. 무생(無生)

이다. 생겨난 바가 없다.

삶이란 그와 같다. 생겨난 모든 것, 생멸법인, 인연 따라 생겨난 모든 것은 사실 생겨난 바가 없다. 물론 인연 따라 생겨났지만 그 모든 것은 꿈과 같고, 환영과 같고, 아침 이슬 같고, 그림자 같다. 인연 따라 생겨난 것은 진실로 생겨난 것이 아니다. 그래서 연기된 모든 것은 공이라고 하고 그것은 무생이다. 이와 같은 진실을 무생법인(無生法忍)이라고 한다.

30
유식삼십송

3가지 마음

허망한 것에 의존하여 나와 세계가 있다고 말하니 온갖 형상이 연이어 생겨난다. 그것은 마음이 변화하여 생겨나는 것이며 그 마음은 오직 3가지다. 그 3가지는 아뢰야식(阿賴耶識, ālaya-vijñāna)과 말나식(末那識, manas)과 의식(意識)이다.

아뢰야식에는 과거의 모든 경험들이 종자로 저장되어 있다.…

두 번째 말나식은 자아의식으로 아뢰야식에 의존해서 발생하고 작용한다. 말나식은 아뢰야식을 자아(自我)라고 착각한다.…

말나식은 깨달음을 방해하는 2가지 장애, 즉 영원한 자아가 실체적으로 존재한다고 믿는 소지장(所知障)과, 탐진치 삼독에 의한 번뇌장(煩惱障)에 오염되어 있다.

세 번째 마음은 눈귀코혀몸의 전오식(前五識)과 육식으로 구성되어 있으며, 이들은 대상을 지각하고 분별하는 작용을 한다.… 마음은 늘 나뉘어져[식의 전변(轉變)] 분별하는 주관과 분별되는 객관으로 인식되지만, 실제로는 나도 법도 없고, 일체는 오직 식(識)일 뿐이다.

가설(假說)로써 거짓된 아(我)와 법(法)을 설하니, 여러 가지 모양들이 생겨난다는 것 그것은 식이 변한 것일 뿐이네.

능변식(能變識)에는 3가지가 있으니 이른바 이숙식(異熟識)[第八識]과 사량식(思量識)[第七識]과 요별경식(了別境識)[第六識]이다.

첫 번째 능변식은 아뢰야식(阿賴耶識)이며, 이숙식(異熟識) 혹은 일체종자식(一切種子識)이라고 한다.

두 번째 능변식은 말나식(末那識)이라고 부른다. 이는 아뢰야식에 의지해 일어나고, 아뢰야식을 반연(攀緣)한다. 사량(思量)

하는 것을 그 성품과 모습으로 삼는다.

　4가지 번뇌와 항상 함께하니 그것은 아치(我癡), 아견(我見),
아만(我慢), 아애(我愛)이다.

　세 번째 능변식은 나누면 6가지가 있다. 대상을 요별(了別)하
는 것을 그 성품과 모습으로 삼는다.

　유식에서 말하는 마음은 제육 의식(第六意識), 제칠 말나식(第七末
那識), 제팔 아뢰야식(第八阿賴耶識) 이 3가지다. 그러나 이 마음은 실
체적으로 존재하는 것이 아니라 허망한 것에 의존하여 생겨난 인연가
합(因緣假合)의 연기적 무아(無我)다.

　다음 게송에서도 나오듯이 거짓으로만 '나'와 '세계' 즉 아(我)와 법
(法)을 설한 것이고, 나와 세계가 여러 가지 모양으로 생겨난 것은 오
직 식이 변한 것(識轉變)일 뿐이다. 이렇게 능히 변화하여 드러나게 한
다고 하여 능변식이라고도 한다. 그것이 바로 유식이며, 유식무경이다.
바로 그 능변식이 3가지가 있으니 의식, 말나식, 아뢰야식이다.

　제육 의식은 눈귀코혀몸뜻이 색성향미촉법을 만날 때 거기에서 생겨
나는 안식(眼識), 이식(耳識), 비식(鼻識), 설식(舌識), 신식(身識), 의식
(意識)의 6가지 의식이며, 이것이 바로 분별식, 분별심, 분별망상이라
고 알려진 것이다. 앞의 5가지를 전오식(前伍識)이라고 부르고 의식을

제6식(第六識)이라고 한다. 이 제육 의식은 각각의 대상을 분별하는 작용을 함으로써 이 세상을 만들어낸다. 제6식은 식이 변해서 만들어진 나와 세계를 진짜 나라고 집착한다.

제팔 아뢰야식을 살펴보자. 제8식은 이숙식, 일체종자식, 장식, 아뢰야식이라고 부른다. 쉽게 말해 생사윤회의 주체가 되는 일체의 업을 저장한다고 해서 일체종자식이라고 하고, 그러한 업의 종자는 선업과 악업에 따라 새로운 삶을 이끌어 내므로 이숙식(이숙: 다르게 성숙했다)이라고 한다. 업의 종자를 함장하고 포섭하므로 장식이라고도 하며, 아뢰야라는 말이 '저장하다'는 뜻이기에 아뢰야식을 장식이라고 번역한다.

혹은 수많은 업의 종자를 집지하여 흩어지지 않게 하는 측면에서 집지식(執持識)이라고 하며, 이를 아타나식(阿陀那識, adāna vijñāna)이라고 한다. 또한 부처님에게는 업의 종자가 텅 비어 청정하기 때문에 이 제8식이 청정무구식(淸淨無垢識)이 되어 이를 아마라식(阿摩羅識)이라고도 하며, 이를 별도로 제9식이라고도 한다.

다음은 제칠 말나식인 사량식(思量識), 자아의식(自我意識)으로 제팔 아뢰야식을 자아라고 집착하는 의식이다. 우리의 분별의식 중에 가장 심층적인 것은 '나'라는 집착이다. 바로 제8식을 '나'라고 집착하는 이 자아의식이 바로 우리가 흔히 아상, 아견, 아만, 아애, 아취라고 하는 것이다. 그래서 『유식삼십송』에서는 제7식을 '4가지 번뇌와 함께하니 아치(我癡, 나라는 무명), 아견(我見, 나라는 견해, 아집), 아만(我慢, 나라는 거만함), 아애(我愛, 나에 대한 탐착)다.'라고 했다. 제7식을 사량식이라고 하는 이유는 특히 심층에서 '나다' 하고 헤아리고 분별하는 뜻이 강하기 때문이다.

예를 들어 아무리 가족과 아내를 내 몸처럼 아끼고 사랑하는 사람일지라도 교통사고가 나는 순간에는 자신도 모르게 자동차 핸들을 돌려, 나는 살고 옆에 있던 가족이 죽게 되기도 한다. 바로 이 근본적인 자아의식인 제7식이 내면 깊은 곳에서 아만, 아애, 아취라는 번뇌를 작동시켜 사랑하기 때문이다. 겉으로는 널리 보시를 행하고 복을 짓는 것 같은 사람도 마음 깊은 곳에서는 그것을 누군가가 알아주거나 계산하는 마음이 깔려 있게 마련이다. 제칠 말나식이 있기 때문이다. 말나식은 철저히 '나'라는 근원적인 자아집착식이다.

삼성(三性)

마음의 헤아려 분별하는 변계(遍計, 두루 헤아림) 작용에 의해 허망한 모습, 관념, 대상이 만들어지며, 그렇게 만들어진 것들을 실체화하여 집착하므로 생겨난 망령된 상이 바로 변계소집성(遍計所執性)이다. 이것은 망령된 상으로 실재하지 않는다.

의타기성(依他起性)은 조건과 인연에서 생겨난 것이다.

원성실성(圓成實性)은 인연 따라 생겨난 허망한 의타기의 존재에 대해 실제로 존재한다고 여겨 집착하는 변계소집성이 멀리 떨어져 나간 것이다.

마음으로 두루 헤아리는 것을 변계라고 한다. 마음으로 두루 헤아려서 허망한 모습, 관념, 대상을 만들어내고 그렇게 스스로 헤아려서 만들어낸 대상을 실체화하여 집착하는데서 생겨난 상이 바로 변계소집성이다. 당연히 이는 헛된 망상이다.

'의타기성'은 인연과 조건이 만나서 생겨난 인연생 인연멸의 존재들이다. 일체 모든 존재는 인연 따라 생겨나고 사라지므로 의타기성이라고 한다.

그렇게 인연 따라 만들어진 대상을 우리는 자기 식대로 헤아리고 분별하여 자기 망상 속에만 존재하는 변계된 모양을 또다시 만들어 집착하는 것이 '변계소집성'이다. 즉 의타기의 존재가 실제라고 여겨 집착하는 것이 변계소집이다.

'원성실성'은 의타기의 존재에 대해 실제 한다고 여기는 '변계소집성'이 떨어져 나간 것이다.

삼무성(三無性)

삼성에 의지하여 삼무성을 세운다. 부처님께서는 이와 같은 3가지 속성을 통해 일체법은 자성이 없음을 설하신다.

첫째 변계소집성은 마음으로 분별하고 집착해서 만들어낸 것으로 실존하는 것이 아니기에 실체가 없다.[相無自性]

둘째 의타기성은 상대적 조건으로 말미암아 발생되기 때문에 스스로 발생하고 존재하는 힘이 없다.[無自然性, 生無自性]

셋째 원성실성은 변계소집에서 집착된 아와 법을 멀리 떠난 것을 말한다.[勝義無自性]

위에서 설한 삼성 즉 변계소집성, 의타기성, 원성실성은 실체가 있어서 그렇게 설해진 것이 아니다. 그런 특별한 자성의 성품이 있다고 여기면 안 된다는 것이 삼무성(三無性)을 설하는 이유다. 삼성을 설했지만 그것은 모두 삼무성이라는 것이다.

변계소집성은 마음에서 분별하고 집착해서 헛된 상(相)을 만들어 낸 것이지만 그 상, 즉 모양은 실존하는 것이 아니기에 상무자성을 설한다.

의타기성은 인연 따라 말미암아 생겨난 모든 존재이기 때문에 독자적인 힘으로 발생하거나 생겨날 힘이 없다. 의존적으로만 생겨나고 사라질 뿐이다. 그러니 생겨났지만 사실은 생겨난 바가 없으니 생무자성이다.

　원성실성은 변계소집된 헛된 망상이 모두 떨어져 나간 것으로, 원만한 법의 성품, 깨달음, 본성을 말하지만 그렇다고 법의 성품이나 원성실성이라는 어떤 실체적인 열반의 성품이 따로 있는 것이 아니다.

　승의(勝義)란, 수승하고 뛰어나다는 뜻으로 원성실, 열반, 본성을 말하지만 그러한 승의도 실체가 아니라는 것이다.

불교 경전과 마음공부

초판 1쇄 | 2017년 3월 6일
초판 3쇄 | 2019년 1월 24일

지은이 | 법상
펴낸이 | 이금석
기획 · 편집 | 박수진
디자인 | 김국회
마케팅 | 곽순식
물류지원 | 현란
펴낸곳 | 도서출판 무한
등록일 | 1993년 4월 2일
등록번호 | 제3-468호
주소 | 서울 마포구 서교동 469-19
전화 | 02)322-6144
팩스 | 02)325-6143
홈페이지 | www.muhan-book.co.kr
e-mail | muhanbook7@naver.com

가격 15,000원
ISBN 978-89-5601-349-7 (03220)